U0534740

大国气象

隋唐五代卷

国史通鉴 第四部

方志远 著

商务印书馆
The Commercial Press

2018年·北京

图书在版编目(CIP)数据

大国气象:隋唐五代卷/方志远著.—北京:商务印书馆,2018
(国史通鉴)
ISBN 978-7-100-16145-9

Ⅰ.①大… Ⅱ.①方… Ⅲ.①中国历史—隋唐时代—通俗读物②中国历史—五代十国时期—通俗读物 Ⅳ.①K240.9

中国版本图书馆 CIP 数据核字(2018)第 109247 号

权利保留,侵权必究。

大国气象:隋唐五代卷
方志远 著

商务印书馆出版
(北京王府井大街36号 邮政编码100710)
商务印书馆发行
北京中科印刷有限公司印刷
ISBN 978-7-100-16145-9

2018年8月第1版	开本787×1092 1/16
2018年8月北京第1次印刷	印张23½
	定价68.00元

目　录

总序 …………………………………………………………………… 1

第一讲　历史宿命 …………………………………………………… 1
　　　　命运安排　得天下易　世界排名　出兵江南

第二讲　开皇之治 …………………………………………………… 15
　　　　突厥问题　圣人可汗　中央地方　治世不难

第三讲　大业盛世 …………………………………………………… 29
　　　　幸福烦恼　废长立幼　彪炳大业　国泰民安

第四讲　二世而亡 …………………………………………………… 43
　　　　天下事易　四处用兵　何如汉武　伟大昏庸

第五讲　隋末群豪 …………………………………………………… 57
　　　　流氓无产　豪强地主　瓦岗初兴　三大手笔

第六讲　隋唐易代 …………………………………………………… 69
　　　　胜利包袱　李氏父子　经营关中　当仁不让

第七讲　大唐帝国 ································· 83
　　瓦岗之觞　英雄所见　进退之间　扫平群雄

第八讲　优胜劣汰 ································· 97
　　崭露头角　秦府人物　各有权经　玄武门变

第九讲　王者气象 ································· 111
　　变数气数　为我所用　最大财富　纳谏不易

第十讲　贞观之治 ································· 123
　　为治之"体"　为治之"道"　人尽其才　民安其业

第十一讲　卫公英公 ······························· 135
　　"国际环境"　卫公李靖　威振北狄　英公李绩

第十二讲　恢宏气象 ······························· 149
　　一以贯之　心如铁石　吐蕃崛起　遣唐使者

第十三讲　牵于多爱 ······························· 161
　　圣人凡人　太子承乾　坐享其成　武家有女

第十四讲　一往无前·······················173
　　锁定目标　四大元老　家事国事　后台前台

第十五讲　千古一人·······················187
　　三种手段　"天后"手笔　种瓜黄台　傲视千古

第十六讲　继往开来·······················201
　　一生折腾　归宿何处　后人评说　乱象再生

第十七讲　拨乱反正·······················213
　　潞州别驾　太平公主　去旧迎新　后有姚宋

第十八讲　开元盛世·······················227
　　施政纲领　救时宰相　顺时而进　治吏宽民

第十九讲　天宝之宝·······················241
　　天降宝符　西域飞仙　李白进京　超级现象

第二十讲　盛衰之间·······················253
　　口蜜腹剑　大唐管家　霓裳羽衣　营州"杂胡"

第二十一讲　安史之乱 ·· 265
　　十节度使　暗潮涌动　英主昏君　马嵬兵变

第二十二讲　元气难复 ·· 279
　　胜负之间　睢阳得失　艰难收场　风光不再

第二十三讲　中兴不易 ·· 293
　　谁人之过　初行两税　"财神"刘晏　"山人"李泌

第二十四讲　夕阳余晖 ·· 307
　　田兴之兴　裴度之度　不克其终　扬一益二

第二十五讲　再现乱局 ·· 321
　　成盐败盐　"流寇"黄巢　"反贼"朱温　统乎乱乎

第二十六讲　五代群雄 ·· 333
　　朱李交恶　父志子承　"千古骂名"　黄袍加身

第二十七讲　世宗柴荣 ·· 345
　　汉辽联兵　一战成名　冯道不倒　天护英才

总　序

这是我和"百家讲坛"的第三次合作，和商务印书馆则是第二次合作。

和"百家讲坛"的合作始于2009年。那时的"百家讲坛"正处于鼎盛后期，朋友聚会、家人聊天，时时有人说及"百家"；阎崇年、王立群、易中天、于丹等老师也通过他们的讲课，引导人们从各种各样的"选秀""搞笑"节目中脱出身来，关注中国历史、中国文化。如果说上个世纪九十年代的一段时间，余秋雨教授以一己之力，通过《文化苦旅》搅动了中国人的文化热，那么，进入本世纪后的一段时间，则是"百家讲坛"扛起了传播中国传统文化、激发大众历史热情的大旗。

但是，当"百家讲坛"栏目组邀请我加盟时，我犹豫了。犹豫什么？说不清楚。当我们决定做一件事情的时候，我们可能有十分明确的目的，至少是直接动机；当我们需要做出一种选择而犹豫的时候，却很难说出十分清晰的理由。勉强要说，也许有三个担心：一是担心时间。手上有多个课题，从国家社科基金项目到横向合作项目，得亲力亲为完成，是否有时间和精力做"百家讲坛"的节目？二是担心内容。"百家讲坛"与大学讲台不同，大学讲台的核心价值是学术创见，百家讲坛的根本要旨是雅俗共赏。选择什么样的内容，采用什么样的方式表述，才能达到雅俗共赏？三是担心效果。我从来不畏惧上课，但素来不习惯"哗众"，不屑于"取宠"，直到现在，听到装腔作势的煽情就起鸡皮疙瘩，所以自我感觉不适合做大众节目。而电视节目恰恰是大众节目，讲究"收视率"和"回头率"，要让观众把屏幕停留在这个节目上，要让观众手上的遥控器转了一圈之后又回到这个节目来，不哗众、不取宠、不装腔作势地煽情，有收视率、有回头率吗？所有这些，心里都没有底。另外还有一个纠结：作为专业历史研究者，做大众节目是不是"不务正业"，同行怎么看？低头抬头都是圈子里的人，和圈外朋友友情客串毕竟不一样。

最后还是上了"百家讲坛"的"贼船"，否则就没有后来的故事。编导王珊小友曾经很得意地对我说，只要是她看中的老师，就很难逃脱"追捕"。在这个过程中，毛哥（佩琦）和商传兄的榜样，邵鸿的反复鼓励，李锋的多次鼓捣，都起了推动作用。但是，推动归推动，最终决定上船，主意还是自己拿的。长期以来，我和邵鸿以及其他朋友一直在交流史学的功能问题、史学的大众化问题。发挥史学的"人文"功能，让大众在历史的讲述中得到愉悦、得到感悟，向大众传播我们认为是"正能量"的历史观和价值观，这既是历史研究者的责任，也应该是十分快乐的事情。既然如此，还有比央视"百家讲坛"更好的平台吗？而王珊的诚恳态度也打消了我的一些顾虑：不过多考虑"收视率"和"回头率"，按照自己的风格讲，不是附和观众而是引导观众，把传播对象定位在中等及以上文化层面。

于是有了连续三次的合作，其间固然有无数次就内容与形式的"被修理"与"反修理"、"被控制"与"反控制"，但我与"百家讲坛"

的合作也越来越默契。不少朋友问我，听说"百家讲坛"很霸道，不断要求老师如此这般、这般如此。说心里话，没有这种感觉。不知道是因为我接受意见很虚心，还是"百家讲坛"对我很宽容。

第一次合作，讲的题目是"大明嘉靖往事"。似乎是讲嘉靖"皇帝"，但我把它讲成了嘉靖"时代"，而其中揭示的则是普遍的历史现象。其中的有些篇章，如"礼是打出来的""算账要算政治账""奸臣三部曲""忠臣是怎样铸成的"等，我认为是可以成为经典的。

第二次合作，讲的题目是"万历兴亡录"。同样，主要说的不是万历"皇帝"而是万历"时代"。万历时代是中国历史上一个自由奔放的时代，一个酷似"前资本主义"的时代，但中国社会并没有由此进入近代社会，而是乐极生悲地退回到了严峻冷酷的古代社会。《北京晨报》资深记者陈辉曾问我：《万历兴亡录》的电视节目已经有了很好的反响，你怎么评价由讲稿改编出版的著作，这部著作中有哪些地方比较精彩？我很自信地告诉他：我的文字表述能力超过语言表达能力、逻辑思辨能力超过形象描述能力，只要读下去，处处是精彩，而且是"未删节版"，所以著作应该比电视更精彩。从"是非张居正"到"飞语的力量"，从"词宗先生戚继光"到"打虎英雄落平阳"，从"事情怕就怕认真"到"与人方便自己方便"，从"人进我退"到"明朝国殇"，展示的是一个王朝由极盛到式微的各个方面的外在表现和内在因素，是一个王朝坍塌前无可奈何的多维背影。我甚至很得意地问他：你在其他著作中看得到这些信息吗？在中国历史上，曾经多次重复类似嘉靖、万历这样的"似曾相识"的乐极生悲的故事，所以，其意义远远不止在明代。

这两个题目讲述的内容都在我的研究范围之内，都是明代史的题目，其中包含着我的一些最新研究成果。但当栏目组希望我做第三个节目时，我觉得不能再做明代了，应该做一个更"大气"的题目，既是对自己的一次挑战，也争取给"百家讲坛"注入一些新的元素。

我曾经考虑彻底改变一下风格，讲一个"方志远说金庸之韦小宝"。《鹿鼎记》是金庸为读者提供的开启中国"江湖文化"和"庙堂文化"迷宫的钥匙，韦小宝则是破解中国古代"官场潜规则"和"黑道规矩"的向导，极有研究价值和解读意义。但"百家讲坛"希望维护我作为历史学者在屏幕的形象，否定了这个设想。

那么讲什么？我和王珊同时想到了司马光的《资治通鉴》，接着又想到了"中国通史"。经过反复商议，并征询了诸多朋友的意见，决定把"通史"和"通鉴"结合在一起，定名为"国史通鉴"，当时考虑分为4—5部，共100—125集，现在看来需要有6部150集。当时的两位制片人聂丛丛、那尔苏，还有央视科教频道副总监冯存礼先生，都认同这个主题和思路。"百家讲坛"过去讲的都是一朝一代，或者一个人物一本书，他们早就想做一个大的题目，上下贯通，从炎黄一直说到鸦片战争乃至清帝退位。双方做出这样一个决定的时间，是在2012年4月。

关于这个主题的宗旨，我在《国史通鉴》的第一集做了这样的表述：

> 这个"国"是中国，"国史"就是中国的历史，中华民族的历史，中华文明的历史……我们将尽可能地展示中华民族、中国文明的历史是如何悠久、如何无间断，对于它的记载又是如何详密。同时，我们也将讨论，在中华民族、中国文明的发展过程中，曾经发生过哪些问题，走过哪些弯路？我们的先人曾经犯过哪些本来可以避免的错误，他们为我们今天的发展提供了哪些借鉴？所谓"前事不忘，后事之师"，这也是我们为这次讲课取名为"国史通鉴"的原因。

也就是说，这个节目和这部著作是向大众讲述中国的历史、中华民族的历史、中华文明的历史，同时分析其中的利弊得失，以为今日之借鉴。

主题固然气势恢宏，难度也是非常之大。第一，取舍难。上下五千年，发生了多少故事，淘洗了多少英雄，应该选择哪些故事、哪些人物，又怎么讲述这些故事、这些人物？第二，把握难。无数的史籍史料，无数的专书专论，无数的考古发现，无数的民间传闻，如何把握尺度、彰显主题？第三，突围难。前辈的鸿篇巨制，前有钱穆《国史大纲》，后有李定一《中华史纲》，皆久负盛誉；范文澜《通史简编》影响巨大，蔡美彪积10卷本《中国通史》的功力推出《中华史纲》；樊树志在《国史概要》之后，又有《国史十六讲》。此外，更有白寿彝先生在《中国通史纲要》基础上主编的12卷22巨册《中国通史》，费正清、崔瑞德主编的15册《剑桥中国史》，以及尚未见到中文译本的《剑桥中国上古史》。如此等等，犹如横亘在面前的雄山大川，如何翻山越岭、跋川涉水，如何突出重围？

在确定《国史通鉴》这个主题时，也考虑过这些困难，但真正的困难总是在工作展开之后逐步显现、深刻感受的。这种情况在我的人生历程中，在我的学术生涯中，乃至在每一篇论文的写作过程中，时时发生。基本经验是，放弃意味失败，坚持可能成功，关键在于有自己的个性和特色。

写作的过程是一个学习的过程。范文澜先生关于中国统一多民族国家形成道路与西方国家的区别，钱穆先生对《国史大纲》读者要求的"诸信念"，李定一先生关于《中华史纲》自我勉策的"四规律"，《剑桥中国史》作者们置身山外揭开的"庐山真面目"，以及前辈学者和同辈朋友在各个断代史研究中所取得的真知灼见，都是在翻山越岭、跋川涉水过程中观赏到的绚丽风光，感悟到的敬业风范，他们在帮助我突出重围。

当年《万历兴亡录》出版的时候，有读者将其和黄仁宇先生的《万历十五年》进行比较，我很高兴，也很荣幸。因为我是《万历十五年》的忠实粉丝，而我们这一代人的"史商"，在一定程度上是由黄仁宇先生开发的。但这两本书其实是很难进行比较的，倒是可以进行互补。最近我在一个"总裁"班讲课，他们让我推荐几本明代史的著作，其中我推荐了《万历十五年》和《万历兴亡录》。为何同时推荐两个"万历"？因为这两部书都是以万历时期为描述对象，但重点不同，风格不同。前者是以散文方式撰写的学术性历史著作，重点放在"庙堂"，后者是以学术态度撰写的普及性历史著作，力求表现"多元"。学员及其他读者可以从两种不同风格的著作中体验万历时代。

《国史通鉴》也是以学术态度撰写的普及性历史著作，以上种种的多卷本、单本《通史》《史纲》和断代史著作，均为"参考文献"和"学术基础"。特别是由于先通过屏幕传播，再由文本传播，决定了这部《国史通鉴》是以"说"为基础，传播的对象首先不是翻开书本的读者，而是打开电视或电脑的观众。所以我和很多朋友说，这部书和其他"百家讲坛"的书一样，创作过程有点像明代的"小说"：先要有"话本"，这是一次创作；然后在"话本"的基础上讲课，这是二次创作；最后根据讲课和思考进行梳理、补充，这是三次创作。由于传播的对象首先是电视观众，所以，头绪不能太复杂，内容不能太生僻，论证不能太烦琐，形式不能太单调。

用学术态度撰写"普及性"历史著作，也决定了《国史通鉴》和以戏谑态度撰写的各种"历史读物""历史小说"有着根本性不同，"说教"固然不可以，"戏说"更是忌讳。应该以轻轻松松的语言、认认真真的态度讲述历史，而不是天花乱坠说评书、编故事、发议论，既不能过于"劳累"读者，更必须言之有据。

出于上述考虑，拟出了《国史通鉴》写作的"十二字方针"：定主线、选人物、说故事、论得失。而且，主线要清晰，人物要鲜活，故事要生动，分析要明快。这可以说是《国史通鉴》的基本特点。

《国史通鉴》这个150集左右面向大众的电视节目、120万字左右面向大众的历史著作，只能是一条主线。这条主线就是中国统一多民族国家的形成与发展，所有的内容都应该围绕着这条主线展开：在中国统一多民族国家形成与发展的过程中，经历了怎样的风雨，冲破了怎样的险阻，共享了怎样的太平？有过什么样的悲与喜、苦与乐？对于今天，应该记取什么样的经验与教训？但是，中华民族历史的悠久、记载的翔实和发展的无间断，决定了这条主线应该是多彩线而非单色线，它应该包含着政治、经济、文化、上层、下层、民族、宗教等多方面的内容。

历史由人组成，只有充分展示人物的活动，历史才能鲜活和灵动起来。中国统一多民族国家的形成与发展是一个绵长的渐进与累积过程，但又不断发生由杰出人物推动的由渐变到突变。我们把不被人们察觉的渐变过程交给学术论文去讨论，而把推动突变或产生影响的人物——无论是大人物还是小人物，无论是起过好作用产生好影响的人物，还是起过坏作用产生坏影响的人物——"选"到这个节目和这部著作中。当然，任何一个伟大人物，在我们这个节目和著作中都是一个过客，所以我们得选择他们最走运或最背运、最可爱或最可恶、最好玩或最窝囊的那些片断，一句话，选择他们在历史上划下最深刻痕的那些片断进行讲述。

"历史人物"从来都是和"历史事件"联系在一起的。当然，在我们这个节目和著作里，只有那些对历史进程产生影响的事情才能称之为"历史事件"，才是"大事"。皇位继承、朝代更替本来是大事，但是如果没有对历史过程发生明显影响，那它就是一家一姓的小事，不属于我们这个节目和著作的"故事"。而黄河边的一场连日大雨、穷秀才的一个报复念头，为节约开支而裁减冗员、为整肃法纪而抓捕走私，本来都是司空见惯的小事，或者是一个政权在行使正常权力，结果却掀翻了一个王朝、颠覆了一个政权、涂炭了几代生灵、改变了历史进程的方向，就成了荡气回肠的大事。这些才是我们要在节目和著作中大说而特说、大书而特书的"故事"。

关于历史学的社会功能，前人已经有过诸多的表述，最著名的莫过于孟子所说："孔子作《春秋》而乱臣贼子惧。"唐太宗所说："以史为鉴可以知兴替。"还有培根所说："读史使人明智。"有一种高考复习资料概括了历史学家们提出的历史学的五大社会功能：认识历史的途径、延续文明的纽带、传承精神的载体、治国安邦的宝库、启迪人生的向导。

乍看起来，真有道理。但坦率地说，虽然读了五十多年的历史书，教了三十多年的历史课，我还真不知道历史学竟然有如此多的功能，有如此大的威力。相反，一直在怀疑，一部《春秋》能否吓倒真正的"乱臣贼子"，学历史的人就真就比别人"明智"？以史为鉴固然可以知兴替，但如何才能使自己打磨出来的镜子照出来的是相对客观的历史，却绝对不是容易的事情。有时我想，历史学是否需要承受如此大的压力，是否需要揽下如此大的责任？但是，司马迁提出的"究天人之际、通古今之变、成一家之言"，却成了历史学者代代相传的"基因"，欲罢不能。所以，尽管《国史通鉴》是普及性的历史著作，仍然希望能在轻松愉快向大众讲述中国历史长河中所发生的"秋月春风"的同时，认真负责地向大众解析中国统一多民族国家形成与发展过程的"是非成败"。当然，讲述和分析是否得体，躲不过观众和读者的慧眼。

感谢关心这个节目播出和这部书出版的所有朋友，是你们的鼓励和支持给了我坚持下去的信心。感谢商务印书馆的编辑和领导，我和"百家讲坛"第二次合作节目的书稿《万历兴亡录》，就是由"商务"出版的。忘记不了"商务"为了推介《万历兴亡录》，在首都博物馆举行了盛大的首发式。首都博物馆郭小凌馆长、商务印书馆周洪波总编辑、"百家讲坛"制片人聂丛丛女士、"毛哥"佩琦等亲临助阵，邵鸿学兄在出席另一个会议的空隙来到现场，四百多人的大厅座无虚席，首发式成了一次学术演讲会。责任编辑蔡长虹的主持也成了一道风景线。这一次，因为《国史通鉴》的出版，更加深了我们之间的缘分。

无论是这个节目还是这部书,和以前的节目和书一样,也一定存在诸多错误。这些错误倒未必完全是因为以一人之力讲述几千年历史,因为即使是说自己"地盘"上的明史,也会发生错误。原因是多方面,用南昌话说,有时甚至是"边打锣鼓边出鬼",错得莫名其妙。所以我对很多朋友说,自从上了"百家讲坛",我就再也不敢说自己不犯错误,也更宽容别人的错误了。且不说不看讲稿连续讲四十多分钟,就是平时和朋友交流,也不免会有口误。当然,还有不少习惯性的错误。比如,一个字的读音,从小就没有读准,但以为就是这样读的;一个事情从来就是这样说,怎么可能会错呢?但恰恰一开始就可能记错了。这其实也很正常,电脑也可能有短路的时候。我能够做到的,是尽可能地减少错误,特别在节目制作的过程中,在著作校对的过程中尽可能地发现并纠正错误。

在与"百家讲坛"进行第三次合作之际,如果要我说对"百家"的认识,我想表达这样几个意思:第一,十分感谢"百家讲坛",使我有一个和大众交流、向大众传递我的历史观和价值观的平台。第二,由于种种原因,并不是每一位好学者都会上"百家讲坛",所以绝不能以是否上"百家讲坛"作为评价学者的标准。第三,上了"百家讲坛"的学者未必就是在自己的研究领域做得很好的学者,但能上"百家讲坛"的学者一定是能讲课的好老师,而且上了"百家讲坛"之后,课会讲得更好。第四,任何事物都有它发展的"常态"和"异态"。作为一个电视栏目,"百家讲坛"已经渡过了它开始的低迷和此后的极盛,进入一个"常态"发展期,"说三国""说论语"的风靡不可能再现,但只要用心打造,"百家讲坛"应该是央视的一个持续品牌,我愿意和大家一起珍惜和爱护这个品牌。

《大明嘉靖往事》播出第一集的时候,孙女爱爱正好两个月;《万历兴亡录》开播的时候,爱爱不但可以很清晰地叫"爷爷",还可以晃晃悠悠到处跑了。《国史通鉴》第一部预播时,爱爱三岁半,在电视机前看节目，据说看了"好一阵子"，兴奋地说：爷爷在电视里讲故事。"好一阵子"后发问了："爷爷的故事什么时候讲完啊？"我没有问"好一阵子"是多久，也许是三分钟、五分钟。三岁半的小孩能够听这个讲课"好一阵子"，除了感情因素之外，应该说节目还是有吸引力的。此后的发问，一定是觉得这个节目没有爷爷面对面地给她讲"从前有座山，山上有座庙，庙里有两个和尚，老和尚给小和尚讲故事……"好玩。我录制《国史通鉴》第三部的最后一集"南朝旧事"，想说说北朝民歌《木兰诗》，但关键处卡住了。一闪念，调出手机视频，六岁的爱爱童音清脆："万里赴戎机，关山度若飞。朔气传金柝，寒光照铁衣。将军百战死，壮士十年归……"谢谢，爱爱小朋友！

方志远

2014 年 3 月 10 日

于东航 MU5188 次航班

2016 年 8 月 12 日修订

于东航 MU5188 次航班

第一讲　历史宿命

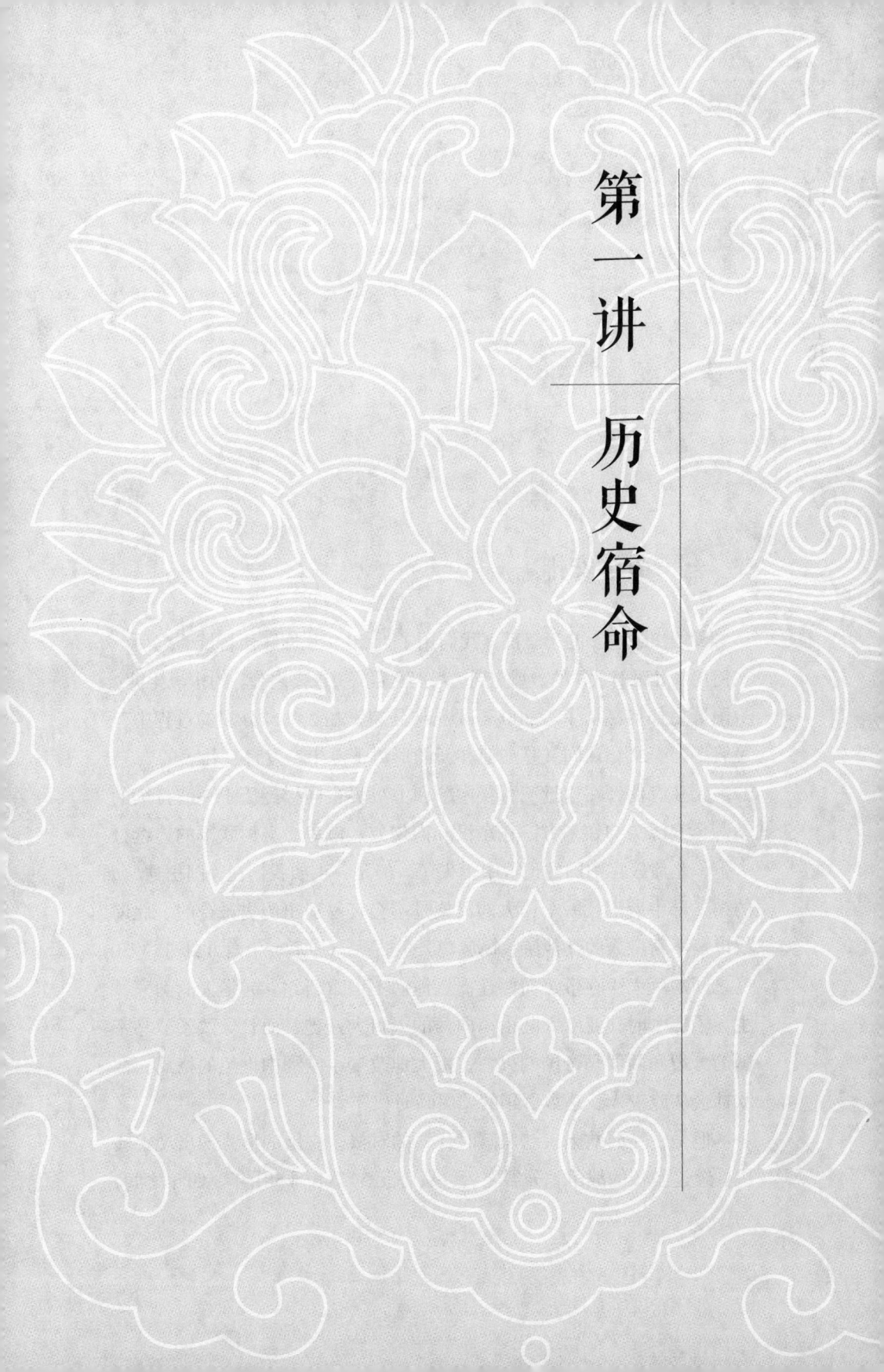

一、命运安排

《国史通鉴》的第三部，我们用了近20集，回顾西晋统一之后，如何由"太康时代"的极盛，到"八王之乱""永嘉之变"的乐极生悲；中国历史如何经历了近300年战乱与分裂，在战乱与分裂的过程中，民族融合、文化认同又是如何在新的形势下滋生、发育、壮大的。

无独有偶，在这近三百年中，西方世界也同样经历了一波持续的动荡，其源头却在东方。在东汉和南匈奴、鲜卑、乌桓联军的连续打击下，北匈奴在中国的记载中消失了。但是，正如我们在《国史通鉴》的第二部中所说，一个伟大的民族是不会轻易退出历史舞台的。北匈奴以及不断融入的其他游牧民族离开蒙古大草原后，沿着北纬35—50度之间的巨大生存带，向西迁徙。他们不但重新建立起强大的国家，主导了那个时代亚欧大陆由东向西的人口大迁徙，而且导致了罗马帝国的分裂和西罗马帝国的灭亡，极大地改变了欧洲中世纪的格局，西欧社会从此进入长达数百年的"黑暗时代"。

但是，在西欧陷入"黑暗时代"的时候，中国的形势却出现了转机。经过漫长的战争、分裂之后，从公元577年到581年，四年之间，历史的步伐突然变得急促起来，急促得有些诡异。怎么样"急促"？为何说"诡异"？

公元577年农历二月，北周武帝宇文邕灭北齐，因东魏和西魏、北齐和北周分立而陷入乱局的中国北方，重归统一。

一年多后，公元578年农历六月，宇文邕病逝，儿子宇文赟继位。

不到一年，公元579年农历二月，宇文赟传位给儿子宇文衍。

一年多后，公元580年农历五月，宇文赟去世。

又不到一年，公元581年农历二月，北周的"隋国公"杨坚禅代为帝，改国号为"隋"。杨坚也就是我们通常说的"隋文帝"，庙号"高祖"。

前后四年，每年一变。转眼之间，就由北齐、北周的分立过渡到了隋，真是急促得"一万年太久，只争朝夕"，而它的过程，则是由一个又一个的诡异事件构成。哪些诡异事件？

其一，北周武帝宇文邕的去世。从宇文家族核心人物的寿命看，宇文泰50岁，宇文护被杀时已经60岁，宇文邕死时才36岁，可以说是英年早逝。这时离北周灭北齐仅仅一年多，离宇文邕铲除堂兄宇文护也不过六年。灭齐之后，宇文邕的目标有两个，一是打击正在北边强势崛起的突厥，二是南下灭陈，统一中国。但是，当宇文邕准备实施第一个目标，来到长安北边三百里的云阳，准备北击突厥的时候，重病不起，只好下令停止进军，死在返回长安的路上。严格地说，宇文邕的去世也并是不太奇怪，因为在灭齐之前，他就已经患病，并因此而一度罢兵。这次可以说是旧病复发。宇文邕的死，令人产生无数遐想。有朋友认为，如果天假时日，以宇文邕的英明伟大，应该能够击破突厥、攻灭南陈。其实很难说，他好像是被上天安排来统一北方的，完成这个使命后就得升天了。还有与北周武帝宇文邕十分相似的一个人——后周世宗柴荣，我们以后再说。

其二，宇文赟的退位并死去。这个事情比宇文邕的死更加诡异，完全是宇文赟本人"作死"。因为儿子宇文赟从小不学好，老子宇文邕十分焦虑，经常棍棒交加，希望棍棒之下出孝子。但是，棍棒之下更可能出逆子。当然，不管儿子怎么不成器，宇文邕最终还是把皇位传给了宇文赟。中国人有一句古话，说是不"作"可能不死，"作"就一定会死，所以叫"作死"。用我们当代的时髦语，则是过于"任性"。而宇文赟的种种"任性"，又反映出那个时代的社会特别是上层社会的"任性"。梁武帝萧衍可以因为崇佛而四次舍身崇泰寺，北周武帝宇文邕也可以因为厌佛而大规模地灭佛，不管我们对崇佛和灭佛有何立场，都可以视为各种社会思潮碰撞中的"任性"。宇文赟的"任性"，则不仅仅表现在20岁继位、21岁时就把皇位让给7岁的儿子，还表现在儿子出生时，宇文赟只有14岁（注意，古人的年龄都是"虚岁"）。宇文赟的"任性"，更表现在提前结束老子宇文邕的服丧期，因为他要忙着自己寻欢作乐。他是中国历史上唯一的一位同时封了五个皇后的皇帝，一举突破当年后赵皇帝刘聪三个皇后并立的纪录。有了这些过度的"任性"或"作死"，宇文赟在22岁死去当然也就不太奇怪了。而他的"作死"，本身也带有一定的"宿命"色彩，似乎也是带着一种使命匆匆而来，然后又匆匆而去。

其三，杨坚的"侍疾"与辅政。宇文赟病重期间，将岳父隋国公杨坚招入宫中"侍疾"。这个决定背后的故事永远是个谜，但不外乎两种可能。一是被动行为，宇文赟此时已经被杨坚的人所控制；二是主动行为，宇文赟本人做出的选择，打算死后让杨坚主持北周政权。在中国历史上，帝王临终之前，"侍疾"之人一般就是所谓"托孤"之人，如西周的周公、西汉的霍光等，因而一般也是日后控制政局之人。至于能不能控制，则要看是否托付得人，其中也带有运气的成分。宇文赟死后，果然有遗嘱，由杨坚辅政。尽管几乎所有的史料都认定这个"遗诏"属"矫诏"，并非宇文赟本人的意志，而是杨坚及其同党的伪造。但这些"认定"也都是推测，没有任何依据。事实是，不管是否伪造，这个"遗诏"成了杨坚辅政的法律依据。

二、得天下易

不仅如此，我们如果分析一下宇文邕、宇文赟父子的所作所为与杨坚上位的关系，就更有意思、更加诡异了。宇文父子二人好像在进行一场接力：父亲宇文邕通过联姻杨氏，将杨坚力推上位；儿子宇文赟通过自毁长城，为杨坚上位扫除障碍。

有记载说，北周武帝宇文邕在生之时，不断有人提醒，说杨坚有帝王之相、帝王之度，建议对其保持警惕。说的人多了，宇文邕不免有所疑虑，悄悄问亲信术士，杨坚到底有无帝王之相？但是，这位术士恰恰是杨坚的好朋友，而且早就给杨坚看过相，认定杨坚以后当为帝王，所以不顾灭族之祸，一面敷衍宇文邕，说杨坚充其量只能做到大将军、上柱国，绝无帝王之相，但命中可以破灭南陈；一面又再次暗中叮嘱杨坚，说尊公日后将富有天下，当好自为之，要低调、低调、再低调。

古人相信命运，相信貌相。相师这样一说，杨坚更加深自收敛、如履薄冰，但也可能正是从这个时候，开始规划自己的人生目标。宇文邕也因为相师的断言，对杨坚放了心。以后凡有人拿杨坚说事，宇文邕就认为是别有用心，甚至撂下一句狠话："必天命有在，将若之何？"（《隋书·高祖本纪》）如果真的天命有归，杨坚该当做帝王，那也是天意，你们操哪门子心？何况，操心又有什么用？

在历史上，在现实中，事情往往朝着与人们的意愿相反的方向发展。宇文邕或许觉得，既然如此多的人惦记杨坚、忌讳杨坚，正说明他们害怕杨坚、妒嫉杨坚；而杨坚命中又只能做大将军、上柱国，不可能对皇位造成威胁。于是一个新的想法出来了，即如果和杨氏联姻，可以给不成器的儿子宇文赟加一道保险，用以防范宇文氏的兄弟、堂兄弟们对皇位的觊觎。应该说，正是基于这个认识，宇文邕做出了一个令人意想不到的决定，便是将杨坚的女儿杨丽华立为太子妃。

宇文邕的这个决定，大大提升了杨坚的威望和地位，杨坚也才有可能在宇文赟病重时期，以外戚之亲，侍疾禁中。大家说，宇文赟不是立了五个皇后吗，怎么被召入禁中侍疾的恰恰是杨坚？很简单，杨坚之女杨丽华本为太子妃，宇文赟继位之后，名正言顺做了皇后。宇文赟自称"天元皇帝"，封杨丽华为"天元皇后"，虽然后来又立了四位皇后，但只是封为"天皇后"或"左右皇后"，杨丽华地位仍然独尊。而杨丽华的个人修养和政治素养，更不是其他四位"花瓶皇后"比得上的。而此时的杨坚，已经是上柱国、大司马，位高权重，宇文赟每次出征或出巡，都是杨坚留守长安。这种关系，这种地位，宇文赟病重，理所当然是杨坚"侍疾"。若有不测，也理所当然是杨坚辅政。

有记载说宇文赟对杨家父女也有戒心，并且要杨丽华小心，否则要杀了她一家人。即使这一记载属实，更多应该视为是一种提醒、一种敲打、一种驾驭臣下的策略。我们在《国史通鉴》第三部曾经说苏绰向宇文泰传授法家驾驭臣下的权术，这种权术祖父宇文泰、父亲宇文邕懂，宇文赟应该也懂。从历代的帝王术看，越是要重用，越是要敲打。就像前些时间手机短信所说，领导批评谁，谁才有面子，才被领导视为"自己人"；如果领导对你客气，你就没戏了。

父亲宇文邕力推杨坚上位，儿子宇文赟则自毁长城，为杨坚上位清除障碍。我们说其中的两位。

第一位，宇文宪。宇文邕死后，在宇文家族中，最有才干并且拥有崇高威望的是宇文邕的五弟、宇文赟的五叔宇文宪。16岁的时候，宇文宪被派往安抚四川，显示出过人的担当和谋略。离任时，当地父老为其立碑颂德。宇文护在世的时候，宇文宪跟着堂兄南征北战，屡建战功。宇文邕发动灭齐之役，宇文宪居功至伟。《周书》评价说："(宇文宪)以介弟之地，居上将之重，智勇冠世，攻战如神，敌国系以存亡，鼎命由其轻重。"（《周书·齐炀王宪传》）甚至认为，比起宇文宪，韩信、白起用兵，不过如此。宇文邕一世英主，对这位比自己小一岁的同父异母弟弟却颇有忌讳。宇文赟继位不久，即以谋反罪杀宇文宪，未必不是宇文邕生前的安排。

第二位，宇文孝伯。宇文孝伯与宇文邕同年同月同日生，又是同学，感情极深。宇文邕不但让他做太子宇文赟的老师，在云阳病重时，更召至御前，嘱托后事。但宇文孝伯也被宇文赟所杀，公开罪状是不举报想谋反的宇文宪。宇文孝伯义正辞严地反驳："臣知齐王忠于社稷，为群小媒孽，加之以罪。臣以言必不用，所以不言。"（《周书·宇文孝伯传》）如果说我有错，错就错在无力制止你们杀宇文宪，自毁长城。

宇文宪被杀时，就有人认为"周祚之不永也"（《周书·齐炀王宪传》），宇文氏的政权难保了。杨坚后来对亲信们说："宇文孝伯实有周之良臣，若使此人在朝，我辈无措手处也。"（《周书·宇文孝伯传》）如果宇文孝伯还在，你我连下手的机会都没有啊。这一内一外、一文一武两道长城，都被宇文赟自己摧毁。大家说这怎么可能，但恰恰有这种可能。如同曹魏时期，尽管曹操猜疑司马懿，提醒儿子曹丕要警惕司马懿，但曹丕宁愿信任司马懿，也不信任弟弟曹植，并演绎出"煮豆燃豆萁"的故事。

历史的结局往往是由许许多多偶然因素造成，但在这些看似诡异、看似偶然的因素的背后，似乎有一种历史的"宿命"，杨坚上位的宿命。所以，对于杨坚取代后周，人们觉得运气太好、太轻而易举。清代学者赵翼是这一观点的典型代表："古来得天下之易，未有如隋文帝者。"（赵翼《廿二史劄记》）这类话听来有点熟悉，有点像当年阮籍说刘邦得天下之易："世无英雄，使竖子成名气。"（董逌《广川书跋·怀素洪州诗》）其实都是书生论政。

《资治通鉴》胡三省的注说，本来杨忠受封的爵位、继承的爵位是"随国公",但认为"随"不安定,改流动的"随"为固定的"隋"。这一说法流传甚广,并被写进历史教科书。其实,当时"随"和"隋"是通用的,《周书》中有八处作"隋国公",七处作"随国公"。但胡三省所说也有道理,因为杨坚改国号为"隋"之后,"随"就不再用了。

三、世界排名

由于人们普遍认为杨坚得国太易、得国不正,特别是隋朝又二世而亡,所以在历史上和现实中,人们对杨坚的评价并不高。古人列举历代伟大帝王,必言汉高祖、汉文帝及汉光武,尤其是唐太宗。毛泽东作《沁园春·雪》,则从秦皇、汉武到唐宗、宋祖,特别突出了成吉思汗。如果不是限于词牌篇幅,后面也许会列举明太祖或成祖,以及康熙皇帝。

但是,谁也没有想到,杨坚竟然是墙内开花墙外香。20世纪美国的一位天文学博士,名叫迈克尔·哈特,跨越国界和领域,写了一本影响很大争议也很大的书,翻译成中文,书名叫《影响世界历史100人》。在这本书中,杨坚竟然和孔子、蔡伦、秦始皇、毛泽东、成吉思汗、老子、孟子一道,名列其中。虽然排名相对靠后,杨坚却力压伟大的汉武帝和唐太宗入围,完全颠覆了我们的认识。因为在许多人看来,不要说汉武帝、唐太宗,就是比起同时代的宇文泰、宇文邕父子,以及其父杨忠,杨坚也颇有不如。因为无论是宇文泰、宇文邕,还是杨坚的父亲杨忠,都是一代英豪。

宇文泰在和高欢的邙山之战中,如果不是高欢的部下放水,几乎命丧疆场。宇文邕在进攻北齐的时候,曾经亲自率领千余骑兵攻入晋阳即太原的东门,但齐兵乘夜反击,入城周兵伤亡殆尽。齐兵想关闭城门,生擒宇文邕,但因死尸堆积,城门无法关上,宇文邕才带着几名贴身护卫逃出城外。父子两代如此出生入死，才有了北周的江山，才有了北方的统一。

杨坚的父亲杨忠是美男子，又以勇猛著称。曾经在众人的围观之下，赤手空拳斗猛兽，在与北齐的战争中，更是屡立战功。有人叹服，原来一直以为自己是天下之"健儿"，见了杨忠之勇，自愧不如。

杨坚既谈不上作战勇猛，也未见有出生入死的经历。进入官场，得益于当时以门第选官的惯例，"隋国公"爵位更是从父亲那里世袭而来的。而两次联姻则大大加强了杨坚的地位和影响。第一次联姻，是杨坚娶了西魏、北周重臣独孤信女儿为妻。第二次联姻，是杨坚的女儿嫁给北周武帝宇文邕的儿子宇文赟为太子妃。这两次联姻不但给杨坚及其家族带来巨大的人脉资源，更在关键时期发挥了极其重要的作用。宇文赟病重，如果不是女儿为皇后，杨坚根本不具备入内"侍疾"的资格；宇文赟去世，杨坚受"遗诏"辅政，作为女儿的杨皇后，即使不是同谋，也是"心甚悦之"。（《周书·宣帝杨皇后传》）而在杨坚辅政期间，妻子独孤氏致书鼓励："大事已然，骑兽之势，必不得下，勉之！"（《隋书·文献独孤皇后传》）

在中国古代乃至当代，或者是有意为之，或者是无意为之，婚姻往往是一种"政治行为"。杨坚的两次联姻是政治上的巨大成功。但是，西魏、北周那么多的鲜卑精英、汉人精英，独孤信凭什么把自己年仅14岁的爱女嫁给杨坚？宇文邕一代英豪，又凭什么把杨坚的女儿立为太子妃？特别是，杨坚又凭什么在北周诡异的政局中，虽然是如履薄冰，却又似闲庭信步，稳步提升自己的地位，不断扩大自己的势力？

这就不能不说，杨坚自有他的过人之处。杨坚的过人之处在哪里？在于沉稳的性格和与众不同的气度。这种性格和气度说来容易其实极难，它使得杨坚不怒自威，人不敢犯，并且给人们传递出一种靠得住、信得过的信息和气场。这种信息和气场在很大程度上是与生俱来、后天修为共同构成的，使警惕他的人惧怕，却使更多的人愿意追随。

有记载说，宇文泰一见16岁的杨坚，便惊讶地说："此儿风骨，不似代间人！"（《隋书·高祖本纪》）所谓"代间"即"世间"，人世间还有如此少年吗？也正因为这样，宇文宪向哥哥宇文邕说出自己的担忧："普六茹坚相貌非常，臣每见之，不觉自失。恐非人下，请早除之。"（《隋书·高祖本纪》）"普六茹"是宇文泰赐给杨忠的鲜卑姓，所以杨坚也叫"普六茹坚"。能让宇文泰认为世间罕见，能让宇文邕结为亲家，特别是能使才兼文武、功高震主的宇文宪自惭形秽、自愧不如的人，是什么人？独孤信以杨坚为婿，宇文邕与杨坚联姻，正是认为杨坚靠得住、信得过，是非常之人。

经受了太多战乱、太多折腾的中华大地，需要统一，需要安定。而这个统一，这种安定，被命运安排要由杨坚来完成，这恐怕也是历史的机缘。

完全可以认为，那位把杨坚列入影响世界100人的美国人，对中国历史并没有太多的了解，但门外汉的一句看似外行话，却往往能够点醒我们这些梦中人。正如苏东坡所说，我们经常"不识庐山真面目，只缘身在此山中"。

四、出兵江南

当然，如果只是性格沉稳、气度非凡，并不足以造就杨坚的伟大，也不可能被"老外"视为影响世界历史的伟人。杨坚的伟大，更在于继承了宇文邕的未竟大业，北击突厥、南下灭陈，重新统一中国。但是，杨坚的行事风格却和宇文邕完全不一样，也和当年前秦的苻坚、东汉末年的曹操不同，倒是和晋武帝司马炎有些相似。

隋文帝取代北周的时候，北周不但已经统一了中国的北方，而且夺取了原属南朝的今重庆、四川、贵州的大部，以及湖北、安徽、江苏长江以北的地区，南陈被真正挤压在了"江南"。这种形势对于杨坚的隋来说，比当年司马炎的晋有更大的优势。但是，杨坚并没有急于对陈发动攻势，而是采纳名臣高颎的建议：

第一，迷惑对手。每当南方农忙的季节，便调集散兵，扬言南下攻陈，使得南陈风声鹤唳、忙于奔命。几年下来，南陈明白了，原来是疲兵之计，所以不管隋兵怎么扬言出兵，均不予理睬。就像那个著名的故事《狼来了》，狼真的来了，也没人相信。

第二，消耗对手。高颎指出，说南方地下水位高，不像北方那样，收获的粮食藏在地窖里，而是储存在屋子里，屋子都是竹木、茅草盖的，于是不断派兵潜入，因风纵火，烧其储备，修了再烧。几年下来，南陈与隋相邻地区的公私储备，多被烧毁。

高颎的这两个建议，虽然是各为其主，但对于南陈的民生来说，却是极大的罪孽。高颎后来被隋炀帝冤杀，或许也是一种报应。

一切准备就绪，公元588年农历三月，隋文帝杨坚以居高临下、一统天下的态势，下诏历数南陈后主陈叔宝及其亲信的种种罪过：

> 陈叔宝据手掌之地，恣溪壑之欲。劫夺闾阎，资产俱竭；驱逼内外，劳役弗已；穷奢极侈，俾昼作夜。斩直言之客，灭无罪之家；欺天造恶，祭鬼求恩。……自古昏乱，罕或能比。……衣冠钳口，道路以目。（《资治通鉴·陈纪》）

你陈叔宝，还有以你陈叔宝为首的南陈贼子，你们占有的只是巴掌大的地方，却有着比溪水深潭还要深的贪欲，所以盘剥人民，致使民财被搜刮一空，民力消耗殆尽。阿谀奉承者昌，直言极谏者亡，昏乱至极，道路以目。这样的政权，只能让它尽快灭亡。诏书宣称"大隋"应天顺民，将士整装待发，将拯救江南民众于水深火热之中。这份诏书被抄写30万份，散布于江南城乡。什么叫"王者之师"？这就叫"王者之师"，吊民伐罪，先声夺人。

大家说，你杨坚的隋朝难道就没有问题吗？人民真的幸福、官员真的清廉吗？典型的以大欺小啊。有道理，真是有弱肉强食的味道，而且我们后面就要说到，杨坚的"大隋"问题也确实不少。但是，南陈统治者由于穷奢极欲已经失去民心，所以当被别人拿来说事的时候，连解释的机会都没有。就像四十年前的梁武帝萧衍，面对"羯胡"侯景的檄文，连反驳的底气都没有。

公元588年农历十月二十三日，隋文帝杨坚设"淮南行尚书省"于寿阳即今安徽寿县，以次子杨广也就是后来的隋炀帝杨广为尚书令，主持对南陈的战事。二十八日，杨坚以南征事祭告太庙，起兵51万，命次子晋王杨广为统帅，命高颎为"行军长史"即总参谋长，分兵八路，向南陈发起攻击。《隋书·高祖本纪》记："兵五十一万八千，皆受晋王节度。东接沧海，西拒巴、蜀，旌旗舟楫，横亘数千里。""淝水之战"时，前秦号称80万，但真正抵达前线的不过20多万，战场也主要在寿阳一带。而这一次，隋军51万，兵分八路，同时并进，令南陈首尾无法兼顾，所谓长江天堑，顷刻土崩瓦解。

公元599年正月初一日，南京城内城外，大雾弥漫。可能是燃放鞭炮的烟尘污染了空气，大雾之中，酸味扑鼻。这一天，南陈后主陈叔宝照常上朝，大会群臣。散朝之后，竟然因为空气的混浊而昏睡不醒。而就在这一天，隋军主攻建康的两支部队，一支由贺若弼率领，从扬州渡过长江，攻占京口即今镇江；另一支由韩擒虎率领，由庐州即今安徽合肥出发，在和县渡过长江，攻占当涂。接着，一北一南，两路大军，直取建康。贺若弼进据钟山后，受到陈军的顽强抗击，等到破敌入城时，韩擒虎已经乘虚攻进建康城内。

得知韩擒虎已经攻入建康，南陈后主陈叔宝惶恐无措。有官员劝他，事已至此，不如学学梁武帝萧衍在文德殿见侯景的样子，败要败得光棍，死要死得尊严。但陈叔宝哪里有萧衍的修为，他选择了逃命。但并没有能够逃出去，而是躲在宫中的一口枯井之中。当隋军用布帛将后主吊出时，觉得此人身体极其沉重。等到陈叔宝被吊出，军士们发现，一条布帛竟然绑着三个人，除了后主陈叔宝之外，还有他喜欢的两个妃子，一个是张贵妃，一个是孔贵妃，倒也真是多情的种子。

灭陈之役，充分表现出杨坚的行事的风格。轻易不行动，一旦行动就是雷霆万钧。而且，也不像当年前秦苻坚南下、东晋刘裕北伐、北周宇文邕灭北齐那样亲临前线，杨坚是坐镇长安，气定神闲，如同当年秦始皇统一中国、晋武帝扫平江东一般，这才是"扫平六合"的气度。

灭陈的同时，隋文帝杨坚还在部署对突厥的战争。那么，对突厥的战争又是如何展开的？

第二讲　开皇之治

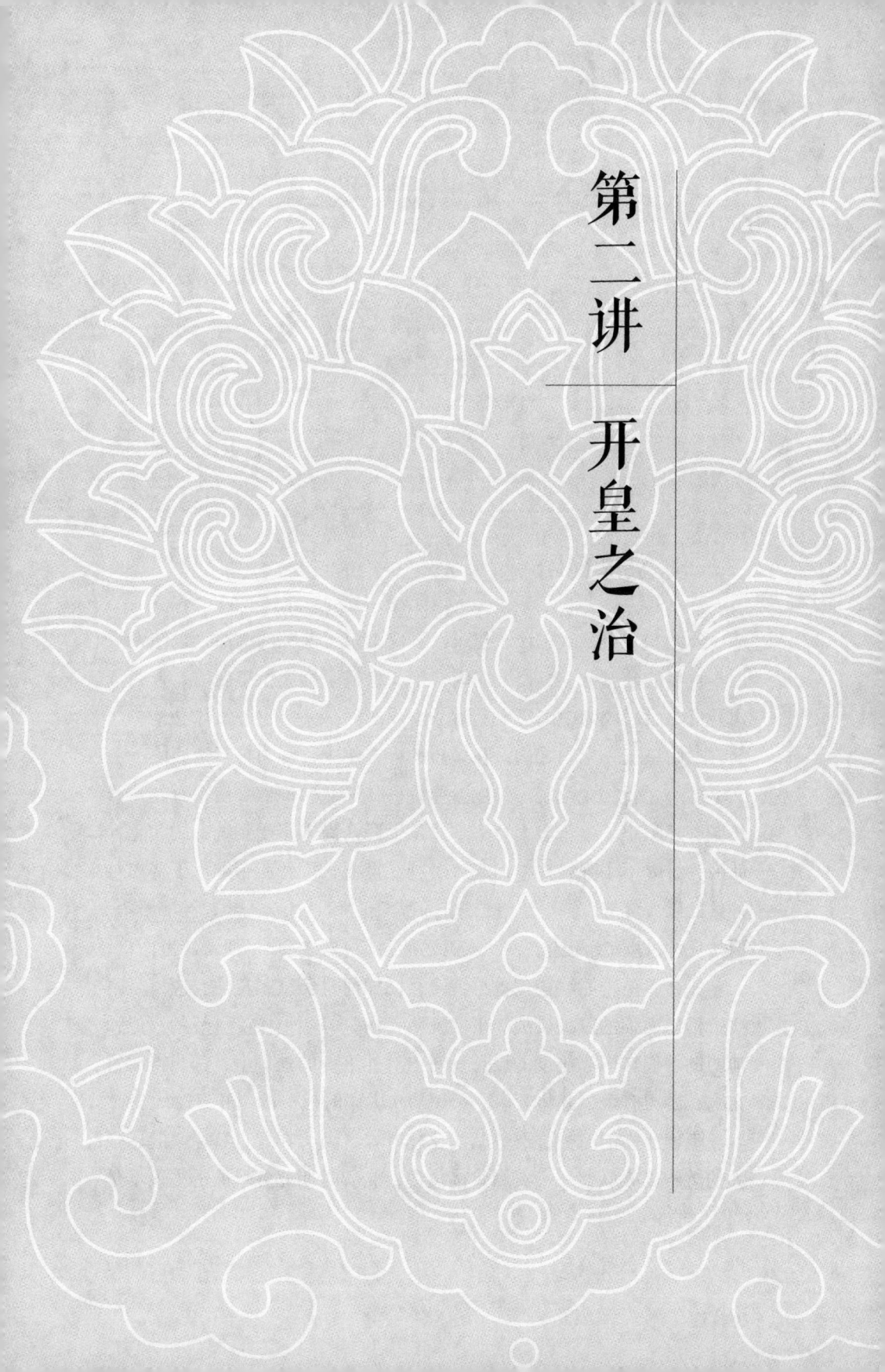

一、突厥问题

公元589年，隋军攻入建康，不仅结束了南陈的统治，也结束了近三百年的政权分立、南北对峙。隋文帝杨坚继秦始皇嬴政、晋武帝司马炎之后，成为中国历史上第三位开创统一皇朝的伟大君主。

秦始皇统一中国之后，在短短的十二年中，强力推行道路统一、文字统一、行为规范统一、度量衡统一，又北驱匈奴、南平百越，修长城、建陵寝。由于心太急、刑过酷，民众尚未享受到统一的实惠，就因为忍受不了强暴揭竿而起，秦朝二世而亡。晋武帝继承了曹魏对孙吴的巨大优势，扫平江南，开启了太康时代，社会安定，经济繁荣。但是任性过度，乐极生悲，"八王之乱""永嘉之变"，西晋二世而亡。

那么，是否能够避免重蹈覆辙，又如何避免重蹈覆辙，应该是隋文帝杨坚面临的巨大挑战。事实证明，杨坚是不怕接受挑战的，他和他的助手们在国家制度的设计、对内对外事务的处理上，都显得成竹在胸、游刃有余，并将开启一个超越"太康时代"的"开皇时代"。

隋朝建立的时候，形势其实比较严峻。因为在北方草原兴起了强大的游牧民族联盟——突厥。诸位说，北魏时期北方草原的主人不是柔然吗，怎么变成了突厥？如果我们仔细讨论，这个过程十分复杂，而且还有许多迄今没有弄明白的事情。我们只能对其做一个简单的描述：在中国农业地区的北边，东起大兴安岭，西至阿尔泰山，横跨内外蒙古，如此辽阔而又水草丰盛的大草原，是游牧民族的天堂。这里从来不缺乏主人，也不断地更换主人。战国秦汉时期，这里的主人是"匈奴"；两晋南北朝时期，曾经是"鲜卑"，鲜卑族主体南迁之后是"柔然"；柔然之后，换成了"突厥"；突厥之后，还有"回鹘""契丹""蒙古"等。

但是，无论是匈奴还是突厥，是契丹还是蒙古，都是众多草原民族、草原部落的联合体。由于生存的需要、文化的追求，他们和南方农业地区以汉民族为主体的各民族有着持续的联系，既有相互之间的经济文化交流，也有小规模的仇杀和大规模的战争，当然，还有相互之间的联姻、通婚，等等。这就是我们通常所说的民族关系。这种民族关系的发展，既可能走向民族的融合，也可能走向民族的仇恨，甚至融合之中包含着仇恨，仇恨之中也孕育着融合。这个融合，既包括游牧人口的"汉化"，也包括农业人口的"夷化"。

在北魏的连续打击下，在和北方其他游牧民族的斗争之中，柔然逐渐衰落了，并且在公元550年前后被突厥所灭。柔然民族联盟的一部分南逃到了北齐、北周，加速了和中原地区民众的融合，而留在草原的部分，则融入突厥、契丹等民族之中。突厥成了北方草原的新主人。

突厥的起源迄今没有定论，但一般认为至少具有西亚塞族和东亚匈奴的双重血统，并且融入了柔然、鲜卑、高车等各个民族。《隋书·突厥传》说到"突厥"的由来："突厥之先，平凉杂胡也。……世居金山，工于铁作。金山状如兜鍪，俗呼兜鍪为'突厥'，因以为号。或云，其先国于西海之上。"古籍中，对于来历不明、成分复杂的北方少数民族，一般称之为"杂胡"。"平凉杂胡"指突厥的先人曾经生活在今甘肃、宁夏一带，后来迁徙到新疆北部的阿尔泰山。这里矿产丰富，被当时的人们称为"金山"。突厥的先人就地取材，以生产铁器著名，可以想象，他们的兵器肯定非同一般。阿尔泰山主峰远远看去像武士头盔，当地民众称头盔为"突厥"，于是"突厥"成了这个民族的名称。但是，《隋书》的作者特别加了一句，"或云其先国于西海之上"，这也是后来的学者认为突厥的来源之一为西亚民族的重要线索。

当中原大地由北魏分裂为东魏、西魏及北齐、北周的时候，正是突厥发展壮大的时候。北齐、北周为了示好突厥，每年进贡不断。伟大的北周武帝宇文邕也不得不向突厥求婚，以便在与北齐的战争中免除后顾之忧。突厥汗曾经十分得意地显摆："我在南两儿常孝顺，何患贫也！"(《隋书·突厥传》)北齐、北周的皇帝被突厥汗称为两个孝顺儿子，这倒有意思。

隋文帝杨坚要开启新的时代，就必须改变与突厥的态势。他的做法是继续示好、联姻，但不再进贡。无论是站在民族利益还是国家利益的立场，与突厥保持良好的关系，对于刚刚建立的隋，对于刚刚安定的中原地区，都十分必要。但是，进贡既损害形象又劳民伤财，所以杨坚不干。当然，杨坚这样做，完全和隋朝的实力有关。北方已经统一，全国即将统一，国力正在强大，这就是杨坚的底气。

对于南边发生的变化，突厥首脑们也在关注。或周或齐，或隋或唐，我们不管，也管不了，但东魏、西魏或北齐、北周的分立对突厥的好处却是十分明显。中原皇朝对北边的游牧民族有一个著名的手段，叫"以夷制夷"。北边游牧民族对于中原农业民族的态度也一样，希望看到它的分裂。所以，北周武帝宇文邕出兵进攻北齐的时候，突厥就大举进攻幽州，给北周以颜色；宇文邕一旦灭了北齐，也准备对突厥进行打击。这可以说是当时中原政权和草原政权关系的"常态"。

隋文帝杨坚对突厥策略的变化，和统一北方之后的北周武帝宇文邕是一脉相承的。但对于突厥贵族来说，经济上固然受到重大损失，军事上也面临着来自南方的威胁，所以打算通过武力给刚刚建立的隋以教训，公开的理由是：北周和突厥的亲戚，杨坚说废就废了，太不给面子了！这当然是强词夺理，你突厥和北周的关系又好到哪里去？面对突厥的挑战，杨坚像当年秦始皇对付匈奴那样，一面调集民夫修筑长城，一面在幽州、并州一带集中兵力，准备迎击。而在整个态势上，却是突厥主动而隋朝被动。

但是，由于一个人物的出现，使得刚刚建立的隋在与突厥的对抗中逐渐由被动转为主动。此人是谁？长孙晟。

二、圣人可汗

长孙晟是鲜卑人，当然，是一位汉化很深甚至已经完全汉化的鲜卑人。但是，此时的"汉人"和两汉时期的"汉人"是有区别的，它融入了大量的"胡人"因素。当然，两汉的"汉人"其实也是春秋战国以来长期民族融合的结果。

从高祖开始，长孙晟的家族就跟随北魏孝文帝到了洛阳，所以史料记载其为"洛阳人"。知道长孙晟的朋友一定也知道，他有一个很著名的儿子和一位更著名的女儿：儿子名叫长孙无忌，是唐太宗李世民发动"玄武门之变"的主谋，女儿是李世民的长孙皇后。长孙晟是他们的父亲。

长孙晟生性豁达而机敏，身手矫健，不但箭术高明，弹弓也玩得转，所以说是"善弹工射"。当时的北周贵族，无论是汉人还是鲜卑人，从小崇尚武艺，每次比试，长孙晟总是艺压众友，所以人人敬服。不仅如此，长孙晟还读过一些书，这就和一般鲜卑少年、汉族少年不同。18岁的时候，长孙晟为"司卫上士"，是宫廷卫队的下级军官。虽然尚未闯下名头，杨坚已经在关心这位年轻军官，有次还拉着他的手，向人推荐："长孙郎武艺逸群，适与其言，又多有奇略。后之名将，非此子耶？"（《隋书·长孙晟传》）原来只知道长孙上士武艺超群，原来还多谋略，日后定为一代名将。正是因为杨坚的慧眼识英雄，使得日后在与突厥的角逐中逐渐由被动转为主动。

北周宣帝宇文赟时期，突厥沙钵略汗请求通婚。那时，包括通婚在内的使节往来是很好玩的事情，双方都派出武艺高超的勇士，在异国他乡展示一番，扬本国的威风、压对方的志气。这种风气一直延续到清朝，康熙皇帝在承德建避暑山庄，每年一度于"木兰围场"，既是满、蒙结好的团结大会，也是满族武士、蒙古武士展示技艺的角斗大会。

当时，宇文赟将自己一位叔叔的女儿千金公主送往突厥，给沙钵略汗为妻。送亲的正使比较好办，从宇文家族中选一位有身份的长辈即可，当然，最好是要身材魁梧、相貌堂堂，不能折了面子。副使则难以寻找，因为不但要相貌堂堂，更要武艺高强，有特殊本领，以便接受对方的挑战。长孙晟被选为送亲副使。虽然史料没有明确的记载，但非常有可能是出于对长孙晟极为赏识的上柱国、大司马杨坚的推荐。

长孙晟不辱使命，一亮相，一出手，便艺压群雄，而且知识渊博、善于应对，与许多突厥贵族、突厥勇士成了好朋友。突厥人和匈奴、鲜卑人一样，服英雄。沙钵略汗见识过数十位北周使臣，都看不上眼，唯独对长孙晟极为敬重。婚事办完后，沙钵略汗将正使打发回长安，留下长孙晟切磋武艺。一天，沙钵略汗率众游猎，抬头一看，远处两只大雕正在争食，便抽出两支羽箭，交给随行的长孙晟。又是一场考验。长孙晟催动坐骑，弯弓搭箭，但见两只大雕正纠缠在一起，用评书演员单田芳先生的话，"说时迟那时快"，长孙晟一箭射去，两只大雕应声落地。开始是一片沉寂，随后是一片欢呼，人人惊讶，人人赞叹。沙钵略汗大喜，命子弟们好好向长孙晟学习弹射技艺。长孙晟在突厥一年，广交朋友，各地的山川形势、各部的力量强弱、首领关系的亲疏远近，尽在胸中，并且通过自己的方式向开始是丞相、后来是皇帝的杨坚做了详尽报告。

此后，长孙晟又多次奉命出使突厥，利用突厥内部父子之间、兄弟之间、首领之间的隔阂，制造矛盾，分化瓦解，把一个貌似统一的突厥生生分裂成东突厥和西突厥。当然，长孙晟分化瓦解的伎俩能够成功，关键还是身后有统一了北方、统一了全国并且保持着血性、有较强战斗力的隋朝大军。否则，你一个长孙晟再怎么挑唆，别人再怎么分裂，照样可以按着揍你，而你对别人一点办法都没有。

突厥不但分裂为东、西两部，在东突厥和西突厥的内部，又有诸多势力相互猜忌。杨坚乘机派遣大军，屡破突厥。东突厥的一位首脑在内部斗争中失败，投奔隋朝。长孙晟知道这位失败者在突厥中的地位和价值，力劝隋文帝给予高规格接待，将其立为"启民可汗"，并将一位宗室的女儿嫁给他。启民可汗感激隋朝在危难中帮助了自己，上表尊隋文帝杨坚为"圣人可汗"，内附称臣。启民可汗后来成为东突厥的大汗，成为隋朝抵御西突厥的一道防线。

我们知道唐太宗被突厥尊为"天可汗"，但"天可汗"之前，还有杨坚这位"圣人可汗"。

三、中央地方

成功解决突厥问题，既是隋文帝开皇时代社会发展、经济繁荣的基本保障，又是"开皇盛世"的重要内容，也使得隋文帝能够在国家制度建设方面投入更多的精力。

从西晋末年开始，三百年动乱，国家制度也陷入紊乱。如果我们梳理当时的问题，问题有三：第一，在中央，官多官乱。为了笼络人心，特别是笼络军事将领，官员的设置越来越多，名头也越来越大。以东魏、西周为例，中央有大丞相、小丞相，有大行台、小行台，开始有八柱国、十二大将军，后来的柱国、将军多如牛毛。第二，在地方，十羊九牧。

由于连年战乱，南北分立、东西割据，地域的归属自然常常变化，今天被南朝控制，明天可能归了北朝；今天是北齐的属地，明天又被北周占领；原来的一个郡被分成了若干个郡，原来的一个县也被分割为若干个县。郡县越分越小，设官自然越来越多。第三，官多衙门多，政出多门，对于君主集权、中央集权极为不利；官多支出多，民众负担重，民穷国贫。

我们仅仅是从制度紊乱的本身说当时的情况，如果加上官员的贪污腐败、吏员的敲诈勒索，问题就更加严重。

任何一个负责任的政府、有能力的政府，无论从政权稳定还是政府财政考虑，无论从社会安定还是民众负担出发，都必须改变这种状况。而任何一个伟大的时代，都是从健全制度开始的。代周之后，隋文帝杨坚立即开始对国家机器进行整顿，目的是八个字：君主集权，中央集权；做法也是八个字：精简机构，裁减官员。

经过一段时间的酝酿和改革，中央制度明确为三省六部，地方则为州县二级。

所谓"三省"，指尚书省、门下省、内史省。这是由北齐、北周制度简化而来的。尚书省职掌国家各项事务，设尚书令一人，这是主官，左右仆射各一人，这是副职。门下省职掌封驳，对朝廷决策进行审议，设纳言二人，这是主官，侍郎四人，这是副职。内史省是由北齐、北周中书省改名的，职掌是"出内帝命"，掌管皇帝诏令的起草及颁布，设监、令各一个，后来废监，设内史令二人，这是主官，侍郎四人，这是副职。

由于在起草及颁布诏令的过程中，可以提供建议，甚至左右决策，所以内史省被后来的史家们定义为"决策"机关，与门下、尚书构成决策、封驳、执行的关系。这样解释倒是整齐划一，但也太高看内史省的作用了。其实，三省之中，尚书省最为显赫，下有吏、礼、兵、都官、度支、工六部，所以《隋书·百官志》说尚书省"事无不总"。

人们知道的从唐朝一直延续到清朝的吏、户、礼、兵、刑、工六部，就是由隋朝奠定的，只是都官改名为刑部、度支改名为户部，职责却是一致的。隋唐中央机构，人们统称为"三省六部"，而六部皆隶属于尚书省。

有朋友问我，"尚书省"相当于现在的什么机构，我毫不犹豫地说，"国务院"。那么，谁任尚书令？隋朝杨坚让次子晋王杨广做尚书令，就是后来的隋炀帝；唐朝李渊让次子秦王李世民做尚书令，就是后来的唐太宗。有意思吧？

隋唐的"三省"和秦汉的"三公"是有区别的，是把秦汉时期"丞相"的职务一分为三的结果，军事上没有相当于"太尉"级别的主官，军令发布在尚书省下的兵部，领兵的是十二卫，各有大将军一人，皇帝亲自任命。可见，无论是政务还是军务，权力更加集中于君主。

曾经担任过度支尚书的杨尚希的上表，加速了隋文帝杨坚对地方制度整顿的步伐：

> 当今郡县，倍多于古。或地无百里，数县并置；或户不满千，二郡分领。具僚以众，资费日多，吏卒又倍，租调岁减。……所谓民少官多，十羊九牧。（《隋书·杨尚希传》）

有学者（严耕望）统计，隋初，州和郡的数量分别是东汉末年的22倍和6.5倍，不到百里的范围有几个县，民户不到一千竟然由两个郡分领，这就叫"十羊九牧"，必然是官多民贫。隋文帝决心整顿，把从东汉末年以来形成的州、郡、县三级，精简为州、县两级，郡被取消。州设刺史，县设县令，都由中央的吏部任命。同时对州、县进行合并。到隋炀帝的时候，曾经存在的近600个州郡合并至190个，减少了三分之二。县的数量也减少到1200多个，每个州平均辖县6个。所有的州、县，根据所辖人口的多少，规定官员及从员的编制。

那么，有朋友要问，多余的官怎么办？那个时代相对比较好办，因为人口相对少，土地相对多，北魏推行的均田制仍然在沿用，官员及吏员本来就拥有土地，回到家乡仍然是富翁。当然，能够做到这一步，统一国家的强大控制力是根本保证。否则，有人提出，我既要广占田地做地主，又要做着官员捞好处，你怎么办？就像几百年后宋太祖赵匡胤"杯酒释兵权"，兵权是那么好释的吗？别人出生入死搏得的功名，你一杯酒就夺了？这就得靠强大的掌控力，你别敬酒不吃吃罚酒，到时间兵权没了，酒也没得喝。有这种威慑力在，"杯酒"才释得了兵权，否则你试试？

四、治世不难

隋朝定制并为后世继承的"三省六部制"，是隋文帝和他的助手们对秦汉以来国家制度改革的重大贡献。和中国历史上的许多伟大君主一样，隋文帝的统治风格并非所有的事情都是亲力亲为、事必躬亲，而是服高人、用能人，如当年齐桓公之于管仲、鲍叔牙，汉高祖之于张良、韩信。隋文帝讨灭南陈，攻入建康的是韩擒虎、贺若弼；对付突厥，"深入敌后"的是长孙晟；谋划大计、建立制度，用的则是高颎。当然，韩擒虎、贺若弼、长孙晟、高颎只是代表，他们的身后是一批人，是一个集团。

高颎的父亲自称是渤海蓨人，即今河北景县人，与北魏、东魏权臣高欢是同乡，其实有些来历不明。既有可能是鲜卑化的汉人，也有可能是汉化的鲜卑人，这在当时并非个别现象。北齐、北周对峙的时候，高颎的父亲投奔了北周，成为独孤信的幕僚，其实就是家臣，被赐了一个鲜卑姓，独孤，所以高颎又可以叫独孤颎。这样，高颎父子和杨坚就有了一层关系，因为杨坚为隋王时的王妃、称帝后的皇后独孤氏，就是独孤信的女儿。所以，高颎也可以说是独孤皇后的"娘家人"。

中国人有一个传统观念，说是"大器晚成"，甚至把"少年得志"视为人生三大悲剧之一。其实，成大事者多从年轻的时候开始就崭露头角，至于后面的事情，就要看机遇和把握机遇的能力了。高颎从小明事理、有气度，思维敏捷、处事得体，17岁的时候被宇文邕的弟弟宇文宪聘为齐王府"记室"即秘书，参与了东灭北齐、北平叛胡的战争，从中得到历练，但晋升却十分缓慢。真正发现高颎这块美玉的是杨坚。公元580年，40岁的杨坚辅政，托人找到和自己同龄的高颎，希望得到高颎的帮助。明眼人都知道，杨坚下一步要做的事情是改朝换代，这是风险极大的事情。高颎义无反顾地表示，愿受驱使："纵令公事不成，颎亦不辞灭族。"（《隋书·高颎传》）甘冒灭族之祸，与公同进退。

杨坚要的就是高颎的这个态度。当时有一股强大的反对势力向尚未完成改朝换代的杨坚发起挑战，诸将都在观望，人心因而浮动，连帮助杨坚起草辅政遗诏的心腹们也在关键时刻掉了链子。但高颎挺身而出，亲临前线，协调众将，平灭了反对势力，为杨坚解除了大患。杨坚建立隋朝之后，以高颎为尚书左仆射兼门下纳言，这就是当时的宰相了，而且入相出将，多次领兵击破突厥，特别隋军灭陈之役，名义上的统帅是晋王杨广，真正居中调遣的却是"行军长史"高颎，"三军咨禀，皆取断于颎"。但是，人们往往忽视，高颎对于隋文帝杨坚，最大的贡献是在制度建设，正如《隋书》据说："制度多出于颎。"那么，在隋文帝的主持下，高颎及其助手们在制度建设方面有哪些贡献？除了中央"三省六部"、地方"州县"二级的设计，我们再举两项。

第一，普查人口，摸清家底。这是通过推行"大索貌阅"和"输籍法"进行的。从两汉到魏晋，形成了一批广泛占有社会资源，同时又是文化载体的大家族，人们称之为"世家大族""名门望族""门阀士族"；两晋南北朝时期，又产生了一批在战乱中结寨自保、筑坞为营的地方势力。虽然这些家族或势力中的许多在战乱中自生自灭，但仍然有一批延续到了隋朝。他们广占土地、少交钱粮，广占人力、少服徭役。这种状况在国家统一时是不可能允许继续存在的。由高颎等人主持，隋朝对人口进行普查，根据户籍对照相貌，清理为了逃避国家义务而隐瞒的人口及诈老诈小的人口，这叫"大索貌阅"。户口上是10岁，查对本人，大小伙子了；户口上60岁，一对面，却是个壮汉。这就叫诈小或诈老，目的是逃避税收。同时，根据人口和财富的多少，编排户等，作为国家征收赋税、征发徭役的依据，这就叫"输籍法"。结果，清出了164万隐瞒人口、诈老诈小的男丁44万，保证了国家税收，以及兵役、力役的来源，强大了国家的经济基础。

第二，精简刑法，规范行为。这是通过制定《开皇律》进行的。晋末以来，政局乱，法律也乱，刑法条例多、执法酷刑多。隋朝建立后，先是由高颎、郑译领衔，后由苏威、牛弘领衔，修定了以"疏而不失"著称的《开皇律》，全律共12卷500条，在中国法制史上具有划时代的意义。删去旧律死罪81条、流罪154条、徒刑杖刑等1000多条，刑名只保留笞、杖、徒、流、死五种，死刑也只留绞、斩两种。由于这个刑律是在隋文帝开皇年间制定，所以叫《开皇律》。著名的唐朝《永徽律》，以及宋、元、明、清各代的法律，都是在这一基础上进行"微调"的。

中国历史上，曾经有过一些被称为"盛世"或"治世"的时代，如西汉的"文景之治"、西晋的"太康时代"、刘宋的"元嘉之治"等。其实，一旦结束了战争、建立了统一的国家，盛世或治世并不是太难实现，但需要一个基本前提。什么基本前提？统治者不折腾。

应该说，隋文帝还真是一位既有雄才大略又不爱折腾的皇帝。生活节俭，不好游乐，不穷兵黩武。所以他在位期间，整个社会呈现出蒸蒸日上、欣欣向荣的景象，被称为"开皇之治"。用南宋杨万里的话："隋文帝取周败陈，以混一百年四分五裂之天下，开皇之治，汉以来仅此尔。"（杨万里《诚斋集》）同样雄才大略的明太祖朱元璋尤其称赞他的不折腾："隋高祖勤政不怠，赏功弗吝，节用安民，时称平治。"并将隋文帝杨坚与汉高祖刘邦、光武帝刘秀并称："皆有君天下之德而安万世之功者也！"（《明太祖实录》卷92）

但是，就在人们津津乐道于开皇之治，津津乐道于隋文帝的节俭爱民的时候，谁也没有想到，接替他的儿子杨广，竟然是中国历史上最爱折腾并且因折腾而亡国的君主。

那么，杨广又是如何折腾并因折腾而亡国的？

第三讲 大业盛世

一、幸福烦恼

　　隋文帝杨坚灭南陈、降突厥，定制度、创大业，不但继秦始皇、晋武帝之后成为第三位统一中国的伟大帝王，而且开创了中国历史上的又一个治世：开皇之治。不仅如此，隋文帝杨坚还有可以让秦始皇、晋武帝羡慕不已的事情。什么事情？夫妻恩爱，儿子优秀。

　　隋文帝杨坚的独孤皇后是西魏、北周时期的名臣独孤信的女儿。"独孤"是一个鲜卑姓，金庸武侠小说《笑傲江湖》中有一位没露面的顶尖高手，由于打遍天下无对手，所以有一个外号叫"独孤求败"，还留下了一套剑法"独孤九剑"。金庸用的，就是这个鲜卑姓，"独孤"。独孤信是西魏、北周时期的"八大柱国"之一，有八个儿子、七个女儿。七个女儿之中，一位是北周明帝宇文毓的皇后，一位是唐高祖李渊的母亲，最小的女儿则嫁给了杨坚，这就是隋文帝的独孤皇后。

　　这个关系有点意思，通过独孤信的几个女儿，北周的皇室、隋朝的皇室、唐朝的皇室都成了亲戚，隋文帝杨坚和宇文毓、和李渊的父亲李昞成了连襟。隋文帝杨坚是唐高祖李渊的小姨父，唐高祖李渊和隋炀帝杨广是表兄弟。这倒好玩。

北魏孝文帝迁都洛阳后，推进汉化，把鲜卑姓改为汉姓：拓跋为"元"，独孤为"刘"。宇文泰掌控西魏的时候，为了笼络六镇鲜卑，恢复鲜卑旧姓，并且赐给汉人鲜卑姓。如杨坚的父亲杨忠，被赐姓"普六茹"，所以宇文宪称杨坚为"普六茹坚"。杨坚代周之后，汉人全部恢复汉姓，鲜卑则各随其意不做强求，所以独孤皇后仍然姓独孤。

出生在这样一个家族的独孤皇后，极具政治头脑，得知丈夫受命辅政之后，立即让人送信，力挺丈夫取代北周称帝。杨坚对这位贤内助十分敬重，为了她远离嫔妃，为了她保持节俭。更为圆满的是，夫妇二人琴瑟和鸣；杨坚的五个儿子，全是独孤皇后所生，个个相貌英俊、聪明好学。人生如此，更复何求？所以，杨坚不无自得地时时向大臣们炫耀：

> 前世皇王，溺于嬖幸，废立之所由生。朕傍无姬侍，五子同母，可谓真兄弟也。岂若前代多诸内宠，孽子忿争，为亡国之道邪！（《北史·隋宗室诸王传》）

以前的各代帝王，嫔妃众多，因此而纠纷不断。你们看看朕，和皇后相亲相敬，五个儿子都是一母所生，这才是"真兄弟"。前代那些因为废长立幼、废嫡立庶而亡国的闹剧，在我大隋是不可能发生的。

但是，中国有句古话："月满则亏，水满则溢。"老祖宗的话你还不能不信，岂止是月满、水满，话说满了也会有现时报应的。杨坚的现世报应正是由"真兄弟""子忿争"而起。

在所有的儿子里面，杨坚和独孤皇后更钟爱次子杨广。《隋书》说："（杨广）美姿仪，少敏慧，高祖及后于诸子中特所钟爱。"（《隋书·炀帝上》）杨坚和独孤皇后钟爱杨广是有道理的。第一，这个儿子不但和其他儿子一样，生得俊秀、长得机灵，爱好读书、能写文章，而且，"沉深严重，朝野属望"，少年老成，遇事沉着冷静，被人们一致看好。

这就有乃父杨坚当年的风范了。第二,这个儿子不但被人们一致看好,还特别懂事,特别会体贴父母。每当离开父母出征或出镇的时候,杨广都会表现出恋恋不舍,甚至默默流泪;而在外地,杨广总会不断致信问候并且派人送来一些当地土特产品,表示对父母,特别是对母亲的思念之情。杨广这样做,到底是真情流露还是矫情做作,立场不同会有不同的看法,但至少隋文帝,尤其是独孤皇后认为这个儿子有孝心。不但是他们,我想换任何一个父母都会这样想。这样的儿子不喜欢,难道喜欢平时绝无问候,问候就是要钱要物的儿子?没有这个道理。

当然,钟爱归钟爱,长幼有序却不能打破,嫡长子杨勇才是法定继承人。杨坚为隋国公,杨勇为世子;杨坚称帝,杨勇为太子。杨勇和杨广一样,也好读书,文章辞赋同样写得好,特别是性格仁厚宽和,这本来是历代统治者比较推崇的接班人的形象。但由于老二杨广过于优秀,过于突出,使得杨坚心里就多了一些疑惑,这也是幸福的烦恼。有点像人们所说的挑衣服、选对象,可选择性越多,越是容易看花眼,甚至看走眼。杨坚也有点看花眼了。但没关系,杨坚有一个优点,服高人、用能人,他身边有各类高人,其中包括精通相术的高人。

我们曾经说过,北周武帝宇文邕曾经请相师暗中给杨坚看相,但这位相师多年前已经给杨坚看过相,认定他有帝王之相,将富有四海。所以一面宽慰宇文毓,说杨坚最多只能做到大将军、上柱国,一面却再次提醒杨坚,当好自为之。有记载说,这位相师名叫赵昭,也有记载说名叫来和,也许本是一人,也许宇文邕问过不止一位相师。来和一直活到了杨坚称帝,当杨坚对儿子们拿不定主意的时候,请来了来和,请他不动声色地给儿子们看看相,看看谁有帝王之相,谁才能真正继承自己的大业。来和逐个看过之后,毫不含糊地告诉杨坚:"晋王眉上双骨隆起,贵不可言。"(《隋书·炀帝纪下》)眉上有双骨隆起,就是富贵相?我们不懂,但古人相信。这也很正常,据说现在20岁就是一个"代沟",我们和隋文帝有多少代沟了?他们的世界我们有很多不懂，所以不能一概予以指责或者不屑。

早在杨坚称帝十多年前，来和就已经有了预言。所以，来和关于晋王"贵不可言"的话，杨坚自然坚信不疑，这就是"天命所归"。何况和哥哥、几个弟弟相比，杨广都明显更为优秀。正是因为杨坚对太子的问题有了想法，才请来和给儿子们看相。我们也可以推测，来和是否已经揣摸到了杨坚有想法，或者得到了某种暗示，所以力挺杨广？但是，当一种技艺修炼到极高境界时，修炼者一般来说是有自己的信仰的。所以，我宁可认为，来和或赵昭虽然和杨坚是朋友，但他们更相信他们所认定的"天意"。

二、废长立幼

公元600年即开皇二十年十月初九日，隋文帝下诏，废长子、太子杨勇为庶人；十一月初三日，再次下诏，立次子、晋王杨广为皇太子。

有关杨坚废长立幼的原因，有许多传说。所有的流说无非是两个指向：第一，太子杨勇过于任性，私生活不检点，宠妾太多，不知珍惜母亲独孤氏为他挑选的端庄的太子妃元氏，却宠爱妖艳的次妃云氏，致使元氏不明不白死去，引起父母，特别是母亲独孤氏的强烈不满，而独孤氏是有话语权的。第二，晋王杨广处心积虑，一面千方百计讨好母亲，一面结成党羽，罗织太子的罪状，导致太子一再被父母误解，无法为自己洗刷。

所有这些传说，既有对废太子的失望而产生的惋惜，也有对废太子的同情而产生的猜测，更有隋亡之后唐朝君臣为了给自己正名而对亡国之君杨广连带对废太子的抹黑。就像当年废太子杨勇活着的时候都无法为自己洗刷一样，九泉之下亡国之君杨广更没有办法为自己辩解。这些传说，真与假、合理与不合理混杂在一起，给小说家和文学艺术家提供了无限的想象空间。

但是，我在这里要说的是，杨坚这个层面的政治家，儿女情长固然有，但皇朝的千秋大业是压倒一切的。正如隋文帝自己所说："人生子孙，谁不爱念。既为天下，事须割情。"况且，"知臣莫若于君，知子莫若于父"（《隋书·高祖下》）。你们以为我这个决定的做出是轻松愉快的吗？谁不疼爱自己的子孙？谁不懂得手心手背都是肉的道理？但是，为了大隋的江山社稷，我必须做出在你们看来残忍的选择，我的痛苦你们哪里感受得到呢？你们有谁比我更了解自己的儿子呢？

谁也没有资格嘲笑秦始皇，嘲笑他做秦朝江山一世、二世乃至千世万世的美梦。试想，有谁打下江山，不希望江山万万年？难道打天下像小孩搭积木，搭起来又推倒重来吗？秦始皇希望万万年，司马炎希望万万年，结果却都是二世而亡。究其原因，至少从现象上看是接班人没有选好，一个糊涂，一个痴呆。既然是这样，杨坚就必须选好接班人，不能让二世而亡的故事再三发生。如果进行综合考核，五个儿子中，杨广应该是最好的选择，不但有种种优秀品质，而且是经历过风雨、接受过实践考验的。

第一，灭南陈。开皇八年冬，隋军51万大举攻陈，尽管实际主持战事的是行事长史高颎，攻入建康的是名将贺若弼、韩擒虎，但"行军元帅"即全军统帅则是20岁的晋王杨广。在名义上的主帅晋王杨广的统一指挥下，隋军很快攻入建康，灭了南陈，这在当时是"定鼎"之功。进入建康之后，不知是高颎或其他人的建议，还是杨广自己的主张，杀了南陈后主陈叔宝五位民愤极大的宠臣，以谢三吴父老，又下令封存府库，公私财物，一无所取。这些举措深得人心，"天下称贤"（《隋书·炀帝本纪》）。

第二，镇扬州。自东晋以来，南方的管理一直比较松散，士族欺压寒门，富人剥夺穷人，隐瞒人口、逃避赋役成为常态。隋灭陈后，把北方的管理方式移置南方，引起士族及富人的不满，又有谣言传出，说朝廷要把江南的富人迁往关中，于是人心动摇，多处发生暴动，有记载甚至说，"陈之故境，大抵皆反"（《资治通鉴·隋纪》），其实规模都很小。隋文帝命晋王杨广坐镇扬州，命越国公杨素领军平叛。叛乱平息了，杨广虽然没有到前线，功劳当然是少不了的。

第三，御突厥。边境告急，说是突厥进犯，杨坚命晋王杨广为"行军元帅"，领兵出击。师至灵武即今宁夏一带，突厥已经撤退。虽然没有斩获，可见杨坚对杨广的信任。

这一系列事情其实很值得玩味。当年高欢、宇文泰、高洋、宇文邕，以及魏道武帝拓跋珪、太武帝拓跋焘等，都是亲自主持前方战事，世子、太子留守，这就给世子、太子们留下了立功的机会。隋文帝杨坚改变了这一传统，自己坐镇长安，运筹帷幄，显示出当年秦始皇、晋武帝一般君临天下的气势。但是，前方统帅既不是德高望重的将领，更不是太子杨勇，而是晋王杨广。老二晋王杨广在外立功，声名卓著，与将士建立了生死情、血肉情，这个资源不可忽视。相反，老大太子杨勇窝在父亲身边，虽然说参与国家事务，参与决策，但什么板也拍不了，什么事情也没做，不但寸功未立，而且除了东宫侍臣，什么关系也没有，两眼一抹黑。这个问题就严重了。太子杨勇最终被废，晋王杨广最终上位，可以说早就埋下了伏笔。

人们说唐承隋制，唐朝的制度多继承隋朝，连错误也继承了隋朝。杨坚、杨勇、杨广父子身上发生的事情，二十年后在唐朝李渊、李建民、李世民父子身上重演，这倒是很好玩的事情。

三、彪炳大业

公元604年农历七月，杨坚带着人生的满足、事业的满足，也带着对太子杨勇的愧疚、对未来皇朝的牵挂，在距离长安三百里外的行宫仁寿宫去世，享年64岁。太子杨广继承皇位，这就是著名的隋炀帝，时年36岁，改年号为"大业"。

隋炀帝继位之后，人们立即看到了一位充满活力、充满抱负的君主继往开来，要将大隋的江山由"开皇之治"推向"大业盛世"。如果我们历数隋炀帝在位期间的所作所为，不能不感叹他内心的强大、精力的旺盛，略举其中的几件。

第一，首创科举。

"科举制"比起"三公九卿制""三省六部制"，影响更为深远。"三公九卿制""三省六部制"是国家机器的构成方式，解决的是通过什么方式进行管理；"科举制"则决定着国家机器的构成内容，解决的是由什么人组成国家机器、用什么人进行管理。

所有制度的形成都有它的时代需求，之所以发生在这个时代，这是历史的必然性；同时也有统治者个人的喜好，之所以发生在此人统治时期，这是历史的偶然性。科举制在隋朝隋炀帝时代发生，既有它的必然性，也有它的偶然性。

隋炀帝的才学为人称道，自己也颇为自负："天下皆谓朕承藉绪余而有四海，设令朕与士大夫高选，亦当为天子矣。"（《资治通鉴·隋纪》）天下人都说我这个天子是从父亲那里继承的，这不假。但如果和天下读书人比写文章，这个皇帝也是我的。继位之后不久，隋炀帝明确下诏："君民建国，教学为先。移风易俗，必自兹始。……十步之内，必有芳草，四海之中，岂无奇秀。"（《隋书·炀帝本纪》）这个诏书的结果是恢复了一度被隋文帝废除的中央国学和地方各级官学，通过教育培养人才。

公元607年即大业三年，隋炀帝再次下诏，"令十科举人"，以10个标准选拔各类人才：孝悌有闻、德行敦厚、节义可称、操履清洁，这是关于个人品德的标准；强毅正直、执宪不挠，这是关于官员操守的标准；学业优敏、文才秀美，这是关于文章辞赋的标准；才堪将略、膂力骁壮，这是关于将士选拔的标准。而且，诏书中明确指出："有一于此，不必求备，朕当待以不次，随才升擢。"（《隋书·炀帝本纪》）人才不求其全，10个标准中有一项优秀即可录用，这就叫"十科举人"，也可以说是"分科取士"。10个标准中，因为"学业优敏"或"文才秀美"而被选拔录用，开了后来科举取士的先河，所以唐朝人认为："古之选士必取行实，近世专尚文辞，自隋炀帝始置进士科。"（《资治通鉴·唐纪》）关于隋炀帝首开科举的具体内容，我们只知道是"试策"（《新唐书·选举志》），即后世的"策论"，即对时局发表看法，通过策论，可以看出应试者的文学功夫和政治见解，相当于明清时期科举考试的最后一场"殿试"。

第二，营建东都。

自从西周定都镐京、营建洛阳，中国的政治中心就在长安、洛阳之间游动。比起洛阳，长安坐拥"金城千里、天府之国"的关中，三面险阻，一面诸侯，更有帝王气象。比起长安，洛阳为天下之中，四通八达，传输便利，胸怀更显博大。随着江淮、江南地区经济地位的日渐加强，洛阳与东部经济地区的关系比长安更为密切，对东部地区的控制也比长安更为便利。

隋朝建立以后，关中发生饥荒，隋文帝曾带饥民往洛阳"就食"，而江南地区曾经的动荡也历历在目。所以，隋炀帝即位的当年，下令营建洛阳，为迁都做准备。关于洛阳的营建，唐朝所修《元和郡县志》有一条很有意思的记载：

> 炀帝尝登邙山、观伊阙，顾曰："此非龙门耶？自古何因不建都于此？"仆射苏威对曰："自古非不知，以俟陛下。"帝大悦，遂议都焉。

这位苏威，就是曾经向宇文泰灌输法家治国方略和驭下权术的苏绰的儿子。苏威继承了其父苏绰的文学和才干，同时也在官场的沉浮中修炼成马屁精。隋炀帝登上洛阳西北的邙山，眺望洛阳西南的龙门，伊水在两山夹持中奔腾而出，不由得心潮澎湃、豪气满怀，回头问道：这就是龙门吧？如此形胜之地，古人怎么不在这里建都呢？苏威当时为仆射，尚书省的长官，应声答道：古人不是不知道，只是不敢建而已。龙门胜地，就等陛下您啊！这马屁拍得都不带打草稿的。隋炀帝听了高兴，即位之后的第一件大事就是营建洛阳。督建的是越国公杨素，这是隋炀帝的铁杆拥护者；负责设计并施工的是当时也是中国历史上最负盛名的建筑大师宇文恺。

两年之后，位于洛阳故城以西的新京建成，成为隋炀帝时代的京城。同时，在洛阳以东建洛口仓即兴洛仓，周围20里，挖3000窖；在洛阳北边建回洛仓，周围10里，挖300窖。这两个仓为新都洛阳提供了巨大的物资保障。

第三，开凿运河。

由于地势的原因，中国长江以北的河流多自西向东，南北流向的较少，南北交通多为"车载"，少有"船运"。为了加强洛阳为天下之中的地位，营建洛阳的同时，隋炀帝下令开凿多处运河，通过人工运河与天然河流的结合，由四个河段组成伟大的隋朝大运河：

一、通济渠，全长约2000里，从洛阳以西引谷水、洛水入黄河，再从洛阳以东的板渚引黄河水入汴水、接泗水，在盱眙入淮河。二、山阳渎，全长约350里，以春秋时期吴国所开的邗沟为基础，拓宽、拉直，从淮河南岸的山阳即淮安到长江北岸的扬州，直达长江。三、永济渠，全长也将近2000里，从洛阳以北的黄河支流沁河向北，经卫河、永定河等，经天津到涿郡即今北京。四、江南河，长约700里，从长江南岸的镇江到杭州。此外，从长安到潼关，还有一条300里左右的运河，叫"广通渠"，接通长安与潼关。这些运河，总长在5000里以上。

仅仅这三件大事，就足以使隋炀帝跻身中国最伟大的君主行列。

浩浩荡荡的运河，连接了钱塘江、长江、淮河、黄河、海河五大水系，改善了中国东部的交通格局，对于加强南北交流、巩固国家的统一，具有重大意义。后来的京杭大运河，正是在隋运河的基础上改造的，至今仍然在发挥它的作用。洛阳的营建，推动了中国政治中心的东移，改变了中国的政治格局，其意义在中唐以后开始显现出来。分科取士的科举，通过唐、宋时期的制度化，成为文官选拔的重要途径，到明清时为选择文官的唯一"正途"。时至今日，科举虽然被废除，种种的考试仍然带有科举的痕迹。当然，天生万物，有利就有弊。科举制度一方面为广大寒门子弟开辟了一条通向官场的道路，打破了中国古代以门第取士的传统，加强了中国的社会阶级、社会阶层的相互流动，但是，科举制度也使读书作文变得功利起来，成了进入官场的敲门砖，贪污受贿开始成为官场的痼疾，这却是隋炀帝始料不及的。

四、国泰民安

父亲隋文帝杨坚给儿子隋炀帝杨广留下的江山，可以说是内少忧患、外少强敌。"开皇之治"造就了社会的安定、经济的繁荣、国库的富足，对突厥分化瓦解与军事进攻的两手战略，缓解了外部的边患。正是在这个基础上，隋炀帝在短短的时间内营建洛阳、开凿运河，并且通过开科取士获取了更多的社会认同。

社会在发展，经济在繁荣，国泰而民安，开皇治世在延续，大业盛世在开启，隋朝进入了开创以来乃至中国有史以来最富庶的时代。隋文帝时在长安的东南建了"大兴城"，为长安的新城，也是"开皇"时代的都城所在。大兴城包括宫城、皇城、外郭城三部分，呈方形设计，面积是汉代长安城的两倍多，外郭城的南北东西，街道纵横，规制整齐，成为此后中国城市建设的样板。后来的唐朝长安城就是这个大兴城。隋炀帝时在洛阳旧城西面营建的东都，规制和长安大兴城相似，规模虽然比大兴城略小，但设计更为精美，宫殿楼阁更多。这东、西两都的设计，都是宇文恺的杰作。隋炀帝的《东宫春》对洛阳赞美有加：

> 洛阳城边朝日晖，天渊池前春燕归。合露桃花开未飞，临风杨柳自依依。小苑花红洛水绿，清歌宛转繁弦促。长袖逶迤动珠玉，千年万岁阳春曲。

隋炀帝的发祥地扬州，经过多年的打造和发展，繁荣程度不亚于东西两京，也是隋炀帝感受江南文化最深并最为向往的地方。运河开通之后，隋炀帝曾多次来到扬州，同样留下了他的得意诗作：

> 舳舻千里泛归舟，言旋旧镇下扬州。借问扬州在何处？淮南江北海西头。（《泛龙舟》）

唐人皮日休虽然对隋炀帝的龙舟不以为然，却对隋炀帝开通运河的伟业赞叹不已：

> 尽道隋亡为此河，至今千里赖通波。若无水殿龙舟事，共禹论功不较多。（《汴河怀古》）

国家繁荣了，对周边的国家和少数民族自然产生巨大的影响，来自日本、高句丽，特别是西域的使者络绎不绝。隋炀帝是个好客的皇帝，更是好面子的皇帝，他盛请西域诸国酋长来到新都洛阳，让他们见识中华文化，并把他的"面子工程"推向极致。

公元610年即大业六年正月，连续半个月，中国有史以来乃至全球有史以来最大的文艺演出在洛阳皇城端门外的长街举行。这里设置了盛大的戏场，通宵达旦，灯火通明。从全国各地征集而来的

18,000名艺人，表演中国的、西域的各种戏曲，号称"百戏"，声闻数十里。

来到洛阳的各国使节和商人，都享受了"大业盛世"的成果。所有的客栈酒楼都装饰一新，所有的新老客商一概免费用餐，并且被告知："中国丰饶，酒食例不取直。"（《资治通鉴·隋纪》）我中华帝国物产丰富、人民富足，餐馆酒楼概不收费，你们再看看路边的树木，缯帛缠绕，为什么？我中华帝国贮藏太多，库仓堆放不下啊！

但是，中国皇帝的面子，往往被"老外"打脸。来到洛阳的西域及其他各地的使者和商人，开始的时候应该有些惊讶，但马上发现破绽，吃饱喝足之后，还要揭短，说我们发现洛阳街头也有饥不择食、衣不遮体者，这是怎么回事呢？怎么回答？没法回答。

不幸的是，正是这个没法回答的问题，使"大业盛世"急剧坠入万丈深渊，一代伟人隋炀帝身首异处，成为亡国之君。

第四讲 二世而亡

一、天下事易

在伟大的隋炀帝杨广的统领下，大隋的航船乘风破浪，驶向"大业盛世"。但是，谁也没有想到，陡然之间，船破人亡，隋朝轰然坍塌。其间过程，让人目瞪口呆。如果不是全国人民都知道隋炀帝是亡国之君，一定会觉得奇怪，这怎么可能呢？我也有时会迷糊，这怎么可能呢？

就知名度而言，隋炀帝杨广可以秒杀他的父亲隋文帝杨坚；就聪明才学而言，隋炀帝也无疑超过他的父亲。但是，隋炀帝和他父亲隋文帝相比，最大的问题在于对天下、对民生的态度。有句时髦话，说是"态度决定一切"，放在隋文帝、隋炀帝父子身上，千真万确。

清朝赵翼书生论政，说"古来得天下之易，未有如隋文帝者"（《廿二史札记》）。但隋文帝得天下其实并不容易，过程中忍辱负重、如履薄冰，精心谋划、积极经营，一有不慎，祸至灭门，哪里是赵翼之流的书生所能想象得到的。做了皇帝之后，隋文帝仍然是生活节俭、处事谨慎，不敢有一丝一毫的懈怠。需要对付突厥的时候，和南陈保持友好；突厥的问题安顿好了，才集中力量进攻南陈。不出兵则已，一出兵就是八路齐发，以雷霆万钧之势，速战速决。

但是，隋炀帝杨广和外人一样，显然也认为父亲的天下得来得实在是太容易，所以才发表言论，说即使和读书人比写文章，这皇帝也是他的。不仅如此，继位之前自己经历过的灭陈、平叛、御突厥，即位之后的几个大手笔，开科取士、营建洛阳、开凿运河，看上去也是容易得很。或许正是因为一切皆易、一帆风顺，使得隋炀帝产生了错觉，以为天下之事不过尔尔。这样一来，对待国家的事情、周边的事情，特别是对待民生的事情，态度就和父亲完全不同了。隋文帝是事事谨慎，决不折腾。隋炀帝则以天下为易事、视民生为儿戏，处处折腾，好大喜功之心也油然而生。结果，本来应该是造福万代之事，却被弄成祸国殃民之举。以两个伟大工程——营建东都和开凿运河为例。

营建东都的工程从公元605年即大业元年三月开始，一年时间，到大业二年正月，主体工程大抵竣工，每月征调民工200万人以上。为了使洛阳更快地繁荣起来，迁徙各地富商大贾数万户，充实人口和财富。在东都宫殿区的西边，建起了巨大的皇家园林，称"西苑"，周围200里内有周边10里的大湖，称为"海"。海中堆起蓬莱、方丈、瀛洲等山，又有十六院等建筑，曲径幽廊、殿阁台楼，极尽华丽。同时，从长江以南、五岭以北采集奇材异石，又命各地搜罗嘉木异草、珍禽奇兽，装点洛阳的园苑。这些需要动用多少民力，史书没有记载。保守估计，营建东都期间，应该有300万人服役。

开凿运河也是从公元605年即大业元年开始的。开始是征调河南、淮北民工100多万，开通济渠，从洛阳到盱眙；同时征调淮南民工10多万人，开山阳渎，从淮安到扬州。大业四年，征调河北军民100多万开永济渠，从洛阳到涿郡即今北京，由于丁男严重不足，征调丁女，男女齐上阵。大业六年，征调民工开江南河，所用民工数量不详，从规模看，应该是修山阳渎的两倍即二三十万人。这样，开凿运河，在役民工也应该不下于300万人。

东都的兴建、运河的开通，无疑有利国家的统一和各地区间的经济文化的交流，但它们的作用却被隋炀帝的大规模巡幸所掩盖。为了便于巡幸扬州，隋炀帝下令，从长安到扬州，沿途建离宫40多所。同时命各地造龙舟及杂船数万艘，因工期紧急，督役严厉，被征调的民工死亡近半，尸体堆积。通济渠和山阳渎刚开通，隋炀帝便带着浩浩荡荡的船队，从洛阳向扬州进发，开始他做皇帝之后的第一次大规模巡幸，人们记载了这一次巡幸的盛况。

隋炀帝乘坐"小红船"，从洛阳西苑出发，在洛口进黄河，换乘"龙舟"。龙舟长200尺，大约相当于现在的60多米。说明一下，有朋友根据流行本的《资治通鉴》，说龙舟长200丈，这应该是元朝胡三省注本《资治通鉴》在抄录或印刷时的错误。当然，也有可能是司马光写作班子采用资料时未加审视而产生的错误。当时的200丈，换算成现在的度量单位，那就是600米。试想，这个巨无霸在中国、在世界，哪个河流容得下？中华书局点校本的《资治通鉴》在200"丈"后面附了另外两个版本的记载，指出"丈"应该是"尺"之误。龙舟长200尺，高45尺，分为四层，最上层有正殿、内殿和东、西朝堂，这是皇帝居住及上朝的地方，是移动朝廷。中间两层有100多间房，应该是为嫔妃及侍从宦官提供的，底层居侍卫。皇后萧氏乘坐的是"螭舟"，"螭舟"也是龙舟，但"螭"是没有角的龙，以示与皇帝的区别。还有大大小小几千艘船只，载着大隋朝的嫔妃、皇子、公主、百官，以及僧尼、道士，还有从西域请来的各国酋长以及他们的随员，船队经通济渠、山阳渎驶向扬州。用于拉船的军士和民夫共达8万人，挽着彩旗的女子也有近万人。另外还有各类战船数千只，乘载十二卫将士，战船拉挽是士兵的事情。

这个浩浩荡荡的船队，旌旗飘扬，铺天盖地，前后连绵200多里，这才真是前面的看不到尾，后面的看不到头。两岸是骑兵护卫，气势雄伟，刀光剑影，辉映日月。所过地区，五百里内都得贡献食品，各地官员为了讨好皇帝，供给唯恐不精、不多，耗费民财，无法计算。

为了国家的长治久安、人民的安居乐业，不得已而大兴土木，尽管可能也有怨声载道，但政治家们认为，所有的伟大事业，芸芸众生只是事后才会知道它们的伟大。但是，隋炀帝的伟大工程，人们在尚未来得及分享它们的成果时，看到的、感受到的，却是以隋炀帝为首的统治者的肆无忌惮的挥霍和浪费，给当时的民众带来的巨大灾难。所以说，本来是造福万代之事，却被弄成祸国殃民之举。

二、四处用兵

既然以天下为易事、视民生为儿戏，以隋朝的国力和隋炀帝的性格，自然而然由国内玩到周边、玩到国外、玩到海外，自然由好大喜功演变为穷兵黩武、四面出击。

向南，攻占林邑。大业元年三月，营建东都之役刚开始，进攻林邑即今越南南部的战争也开始了。隋军的将领名叫刘方，虽然不像韩擒虎、贺若弼、杨素那样著名，却是有勇有谋。林邑王征调许多大象，组成象阵，冲击隋军。隋军猝不及防，狼狈而退。刘方命士兵挖掘许多小坑，上面复盖草皮，看上去与平地无异，然后派兵挑战。林邑兵再次驱象陷阵，结果多陷坑内，象阵顿时大乱。刘方早已布置好弩手，万弩齐发，从坑中爬出的大象掉头而逃，林邑将士多被践踏而死。刘方挥军冲杀，占领了林邑国都，林邑王逃亡海外。隋朝在这里设立林邑郡进行管理，刘方刻石纪功而还。但士兵因为水土不服，死者近半，刘方染病身亡。不久之后，林邑王回归，林邑郡重新成为林邑国了。

东北，大破契丹。大业元年八月，契丹劫掠营州即今辽宁朝阳一带，隋朝当然要予以反击。隋炀帝命负责与东突厥联络的外交官韦云起说服突厥起兵。韦云起将2万突厥兵编为20营，分四组进行训练，闻鼓声而进、闻角声而止。三令五申之后，命击鼓而进。有突厥将领不听约束，立斩以徇，全军肃然，于是进兵契丹。契丹本来依附于东突厥，见是突厥兵到，不以为备。韦云起下令发起攻击，俘虏契丹4万余人。此时，韦云起干了一件极其残忍的事情，将这4万契丹人，杀其男子，妇女和牲畜一半赏给突厥，一半作为战利品献给朝廷。隋炀帝大喜，向人夸耀，说韦云起用突厥破契丹，才兼文武，这种人才，是我亲自发现的！

　　向东，出师海域。大业三年，命羽骑尉朱宽入海，抵达流求，地点在现今我国台湾地区。其后，朱宽再次入海，招抚流求，但没有成功。隋炀帝命"虎贲郎将"陈棱等率领万人船队，从义安出海，进入流求。经过几次战斗，斩流求酋长，虏其民万余口而还。大业四年三月，招募熟悉南海者，由屯田主事常骏等率领，出使赤土，地点在现在的泰国中部；当年十月，常骏等抵达赤土，赤土酋长器用极其珍丽，热情接待了常骏一行，并且派儿子随常骏入贡。

　　向西，打通西域。自张骞出使西域之后，丝绸之路开辟，西域和中原的联系极为频繁。十六国时期，鲜卑慕容部的一支由吐谷浑率领，来到了现在的青海一带，势力开始扩张，占有今青海、甘肃一带，仿效中原的制度，建立政权，一方面和中原的前后政权保持良好的关系，一面控制着中原与西域的交通和贸易。隋炀帝时期，为了加强在河西走廊的地位，与西域各国建立直接的联系，与北边的铁勒诸部，共同对吐谷浑发起进攻。吐谷浑兵败西逃，原来活动的地区，东起青海湖，西到塔里木盆地，东西四千里、南北两千里，尽入隋朝。隋炀帝在这一辽阔地区，从东到西，设河源、西海、鄯善、且末四郡，隋朝版图达到极盛。但是，如此大的地方，由于隋朝没有驻军，没有移民，无法进行管理，不久之后，吐谷浑重新回到了这片土地上。

　　向北，示威突厥。对于突厥，隋炀帝继承了隋文帝时期的策略，修筑长城，防御西突厥；恩威并济，招抚东突厥。东突厥的启民可汗娶了隋朝宗室之女，是隋文帝的女婿，也是隋朝的忠实粉丝，多次到长安、洛阳，对中原的文化羡慕得不得了，请求赐给隋朝的冠带，隋炀帝开始婉言拒绝。但启民可汗持续上表恳请，并称隋炀帝为"圣人可汗"。隋炀帝高兴了，对身边的侍从说，启民可汗这才是真正归化于我大隋啊！

大业三年五月，隋炀帝带着50万大军，战马10万匹，出塞巡视东突厥，旌旗辎重，千里不绝。所谓上有所好，下必甚之。长期对突厥进行分化瓦解的长孙晟，也变得阿谀奉承了，他为隋炀帝的巡视做前期安排，见启民可汗的牙帐杂草丛生，便糊弄启民可汗，指着帐前的杂草说，此草草根奇香无比。启民可汗好奇，趴在地上闻半天，说没闻到香啊？长孙晟告诉他，天子所过的地方，诸侯都要亲自开辟道路、清扫营帐，以表敬意。您的帐内帐外，杂草丛生，这是不敬啊。我说留香，就是提醒您啊！启民可汗恍然大悟，连说失敬，拔出佩刀，亲自除草，诸部首领也纷纷仿效，东西三千里，举国为隋炀帝除草清道。隋炀帝骄傲啊，对长孙晟也更加赞赏。

为了向突厥显摆中原的文化和国力，隋炀帝特别让宇文恺干了一件事。什么事？塞外的八月，秋高草肥，牛羊遍野，突厥、契丹以及其他北方草原慕名而来的各族首脑，纷纷前来参拜大隋皇帝、圣人可汗。就在某天早上，人们突然发现，辽阔的草原上竟然在一夜之间立起了一座巨大宫殿，都以为是神物，远近十里，人人屈膝而拜。这个大殿，就是宇文恺的杰作，被称为"观风行殿"。事先设计并制作好无数的预制板材，随军而行，一夜之间，在草原上拼装了一座雄伟的殿堂，成为中国建筑史上的佳话。

隋炀帝在这一夜拼装而成的大殿之中接受各族首脑的拜见，这才叫天下一统，骄傲啊！于是吟诗一首："呼韩顿颡至，屠耆接踵来。……何如汉天子，空上单于台！"（《隋书·突厥传》）

这是一首以古喻今、傲视古人的诗。"呼韩"指汉元帝时期到长安来朝见汉天子的匈奴首领呼韩邪单于，"屠耆"也是匈奴首领，曾经和呼韩邪争夺汗位。隋炀帝是以这二人比喻当时的以启民可汗为首的突厥及其他民族的首脑，这些首脑接踵而来，拜见大隋天子。"汉天子"指的是汉武帝，传说汉武帝曾经登上位于今内蒙古呼和浩特市以西的匈奴可汗台，以期在这里接受匈奴首领的参拜。但他来到可汗台的时候，连匈奴人的影子都没有，汉武帝只能凭台惆怅，哪里比得上当今的大隋天子，各方朝拜。在隋炀帝的眼里，汉武帝是不在话下。现在可以明白了，原来隋炀帝耀兵突厥，是在和汉武帝一比高下。

三、何如汉武

但是，与汉武帝相比，隋炀帝还缺少一个能够过得硬的检验。什么检验？说汉武帝的伟大，不能不说和匈奴的战争，卫青、霍去病，动辄深入二千里，动辄斩首数万级，令其妇女"无颜色"，令其牛羊"不蕃息"。而迄今为止，隋炀帝所有的战争，捏的都是软柿子：第一，吐谷浑虽然活动区域比较广，但人口不多、丁口更少；第二，东突厥虽然臣服，西突厥并不买账；第三，林邑、流求都是远疆小域，并没有惹过隋朝。当然，还有一个政权，一直在辽东一带和隋朝捣乱，没有来得及收拾。如果隋炀帝要和汉武帝比，那就必须再干两件事。第一，把西突厥打残；第二，把在辽东捣乱的那个政权灭了。这两件事情做好，那才真有本事。

不知道隋炀帝当时的想法是否这样，反正他做出了一个决定，先把在辽东捣乱的那个政权灭了，这个政权的名称叫"高句丽"。

传说高句丽的祖先出于西汉时期在今吉林建立过政权的"扶余"部族，在扶余的内讧中，迁徙到现在的朝鲜北部，后来势力扩张，向南占领了汉江流域，向西扩张到今辽宁东部。中国的北朝时期，朝鲜半岛南边的新罗和百济两个政权联合抗击高句丽的扩张，高句丽丢失了朝鲜半岛的汉江流域，却向中国的辽西地区即今辽阳一带推进，这样，就和北周、隋朝发生冲突了。隋文帝的时候，高句丽一面上表称臣，一面继续向辽西出兵，从而导致了两国之间的战争。隋军因为后方供给不继、前线士兵疫疾，无力进攻，高句丽也因为害怕隋军势大而上表请罪，高句丽王自称"辽东粪土臣某"，战事暂告中止，但仍然摩擦不断。

隋炀帝继位之后，要做的事情太多，精力太过分散，直到大业六年，才把高句丽的事情排上日程。当时隋炀帝巡视塞外，高句丽的使者正在东突厥，启民可汗不敢隐瞒，带着一道拜见。隋炀帝让人向高句丽使者宣旨：

> 朕以启民诚心奉国，故亲至其帐。明年当往涿郡。尔还日语高丽王，勿自疑惧，存育之礼，当如启民。苟或不朝，将帅启民往巡彼土。（《资治通鉴·隋纪》）

这个"圣旨"要求高句丽国王向突厥启民可汗学习，早日归属隋朝，隋朝当对启民可汗一样善待，否则，朕当带着启民可汗一道去高句丽巡视。巡视是客气，其实就是扫荡。

我们今天读这样的材料，可能觉得不是滋味，但这又是中国历代君主对周边少数民族及国家首脑一贯的傲慢态度，应该说从商周以来就已经形成。所谓"中国"，就是居天下之中、受万邦拱卫，这个观念一直延续到清朝，才被西洋和东洋的坚船利炮所粉碎。

隋炀帝说到做到。公元611年即大业七年农历二月，北方还是天寒地冻，隋炀帝下诏，命河北、山东一带打造战船，为讨伐高句丽做准备。四月，隋炀帝从扬州启程，乘龙舟经山阳渎、永济渠，抵达涿郡新宫，统一部署讨伐高句丽事宜。

这里稍稍做个解释。我们曾经说过，隋文帝时候，地方由原来的州、郡、县三级精简为州、县二级，怎么又出了一个涿郡？这是因为隋炀帝继位之后，恢复秦汉的旧制，把"州"改为"郡"，所以本来是"涿州"，就成了"涿郡"。

对于这一次战争，隋炀帝可以说是高度重视。一、命天下府兵，不管远近，均调往涿郡，准备给高句丽致命一击；二、因为高句丽临海，从江淮一带征调水手一万人，弩手、长矛手各三万人；三、命各地打造战车、辎重车，以及兵器、盔甲，运往涿郡；四、命于洛口等仓，运送粮食至涿郡。如此大规模地调遣军队、动用民工、调配物质，自然是举国骚动。一些民工因为造船，被监工逼在水中长时间的作业，下身腐烂，据说十死三四，这个比例应该有夸大，但死亡的数量绝对不在少数。一些民众为了逃避力役或兵役，不惜自残手、足，称之为"福手""福足"，因为这只手、这条腿，保住了性命。

经过一年时间的准备，讨伐高句丽的战争从公元612年即大业八年的春天开始。据《隋书》记载，当时调集的军队达113万，运送粮草物资的有200多万人，这是什么概念？隋朝当时有户口890万户，每3户有1人直接参与到这场战争之中，间接参与的以及其他正在服兵役、劳役的不在其内。这100多万人的军队，分左右两路，各12军，向辽东进发。隋炀帝亲自检阅部队，花了整整40天的时间，前面的部队到了辽东，后面的部队刚刚接受完检阅，从涿郡开拔。百万部队，首尾千里，旌旗招展，极其壮观。《隋书·炀帝本纪》感叹说："近古出师之盛，未之有也。"岂止近古，应该是盘古开天辟地以来所未见。

如此多的军队、如此大的动静、如此大的场面，好像不是去打仗，而是去游行、去观光。这使我们想到了在此之前两百多年的一次军事行为。前秦皇帝苻坚大举进攻东晋，战线长达万里，犹如南下观光团。就隋炀帝的内心深处，根本不相信高句丽敢和大隋对抗。而且，自隋炀帝带兵、继位以来，隋军还真没有面对什么真正强劲的对手。所以，隋炀帝以天下为易事、视民生为儿戏的态度也延续到了对高句丽的战争。他可能认为，只要百万大军一到辽东，根本用不着打仗，高句丽国王就会腿软。如果是这样,那汉武帝真是要被自己比下去了。汉武帝千里迢迢跑到可汗台,匈奴的影子也没见到,朕稳坐涿郡,只等前方报捷,高句丽王乖乖前来朝见。

四、伟大昏庸

隋炀帝不但视这场战争为易事、为儿戏,为了表示天朝大国的博大胸怀,还给前方将领下达了类似于"缴枪不杀、优待俘虏"的指令,这个指令很好玩,我们看看是怎么说的:

> 王者之师,义存止杀;圣人之教,必也胜残。天罚有罪,本在元恶;人之多僻,胁从罔治。若高元泥首辕门,自归司寇,即宜解缚焚榇,弘之以恩。其余臣人,归朝奉顺,咸加慰抚,各安生业,随才任用,无隔夷夏。营垒所次,务在整肃,刍荛有禁,秋毫勿犯。……(《隋书·炀帝纪下》)

王者之师以仁义为先,圣人之教不喜杀戮,所以要把经常向天朝挑衅的高句丽国王以及他的帮凶,和普通的军民区分开来。即使是高句丽国王高元,如果能够自知罪孽深重,像三国时期的吴主孙皓那样,让人捆绑起来,带着棺材向我军投降,那也可以既往不咎,过去的罪孽一笔勾销。国王都可以原谅,以下人等,更不在话下,不但让其各安其业,天朝不分华夷,量才录用。既然如此,大隋将士就要有王者之师、仁义之师的样子,对高句丽的民众,对高句丽的一草一木,都要秋毫无犯。

这道诏书很有意思,完全不像战前的"动员令",却是进驻高句丽后的"禁扰令"。有这个"禁扰令",将士在前方打仗当然有顾虑,是奋勇杀敌,还是手下留情?当然,更可以成为一些将军临阵退缩的借口。

与此相反，高句丽的上上下下却视这场战争事关国家、民族的生死存亡，决心和隋军周旋到底。态度决定一切，双方对待这场战争的态度不同，结果提前可知了。

从隋炀帝放出攻打高句丽的风声，到隋军真正向辽东进发，一年半的时间，高句丽做了充分的备战，各个关隘都做好了迎击隋军的准备。而隋炀帝的"缴枪不杀"令、"优待俘虏"令，却充分被高句丽所利用。每到紧急关头，高句丽便派人请降，一旦缓过气来，继续抵抗。这个仗还怎么打？

正面进攻，毫无结果。那深入敌后，隋炀帝让辽东大军分出30万人，绕过高句丽的防线，和另一支从海上进军的隋军一道，进攻高句丽的都城平壤，但溃败而归。

百万大军，在辽东进退两难，时间一长，后勤供给就发生问题。无奈之下，隋炀帝下令撤兵。而在这个时候，山东民众因为不堪忍受连年的兵役、劳役，纷纷起而反抗。一位名叫王薄的邹平人，集结了一批农民、手工业者和商人，占据本地的长白山，自称"知世郎"，并且让人作了一支歌曲，叫作"无向辽东浪死歌"（《资治通鉴·隋纪》），杀官劫库，拉开了隋末农民大起义的序幕。

但是，对于这股"草寇"的闹事，隋炀帝毫不在乎。为了挽回面子，第二年，即613年，御驾亲征，再次攻打高句丽。但是，这个时候，隋朝的内部发生分裂，曾经为隋炀帝父子立下丰功伟绩的越国公杨素的儿子杨玄感公开起兵，进攻洛阳。隋炀帝闻报大惊，立即回师救援，第二次进攻高句丽又以失败而告终。

伟大的君主和昏庸的君主不到盖棺定论，有时还真是很难区分的。因为他们常常干看上去差不多的事情，如国内的面子工程，对外的连续战争。但是，二者最大的区别在于，伟大的君主知道玩到什么时候该收手、回头，昏庸的君主却是一条道走到黑，一直玩到身败名裂，玩到身首异处。

比如,伟大的汉武帝,在国内矛盾激化的时候,知道低下高贵的头,知道下"罪己诏",知道改弦易辙。但隋炀帝不知道,他认为天下事情没有他搞不定的,他认为民众天生就是供他驱使的。所以,尽管两次攻打高句丽失利,隋炀帝还要打第三次,结果又失败;不但要打高句丽,还忘不了到塞外炫耀,结果被突厥困在了雁门关;更忘不了要到扬州去感受江南的文化,结果却永远留在了扬州。

618年,隋炀帝大业十四年,这是中国历史上划时代的一年。这一年,曾经伟大的隋炀帝死于叛将之手,第三次统一中国,并且经历开皇之治、大业盛世的隋朝,竟然和曾经统一过中国的秦朝、西晋一样,又是二世而亡。也就在这一年,李渊在长安称帝,开创了中国历史上又一个伟大的朝代——唐朝。在这个过程中,涌现出了一大批光耀当时、留名后世的伟大人物,发生了许多回肠荡气的故事。

第五讲 隋末群豪

一、流氓无产

隋炀帝营建东都、迁都洛阳，改变了中国的政治格局，开凿运河、沟通南北，改变了中国的交通格局，首创科举、文章取士，改变了中国的官场结构，完全可以跻身中国历史上最伟大的君主行列。但是，隋炀帝以天下为易事，视民生为儿戏，好大喜功，进而发展到穷兵黩武，一条道走到黑，最终成了中国历史上最为昏庸的君主之一，也导致隋朝最终没有能够避免重蹈秦、晋之覆辙，二世而亡。

第一次攻打高句丽尚在筹备之中，山东王薄已经揭竿而起，代表着底层民众对连年累月的徭役、兵役的强烈不满；第二次攻打高句丽的时候，杨素的儿子杨玄感在黎阳发动兵变，代表着上层贵族趁火打劫的心态。虽然首义的王薄屡次被隋军所败，反叛的杨玄感也兵败自杀，但他们所点燃的烈焰正在蔓延。所有这些，本来可以视为"上天警示"，如果隋炀帝此时学学汉武帝，改弦易辙，再不济学学秦二世，暂时停止征发兵役徭役，形势未必不会发生转变。

但是，以天下为易事、视民生为儿戏的习惯和观念已经深入骨髓，使得隋炀帝无法在好大喜功、穷兵黩武的轨迹上回头，所以全然无视国内各种矛盾的激化，在此后的三年时间里，每年一个大动作：公元614年，第三次进攻高句丽，无功而返；615年，再次耀兵塞北，被困雁门；616年，第三次巡幸扬州，从此被困。在这个过程中，官员之中凡有持不同意见的，或者被贬谪，或者被诛杀。但是，也就在这几年之中，江淮之间、大河南北，各种反隋势力渐成燎原之势，此伏而彼起、此败而彼兴，仅史料记载的就有一百多股，动辄拥众几万、十几万乃至几十万，陈胜、吴广"王侯将相宁有种乎"的口号再次被叫响，称王称帝的大有人在，被后来的文学作品称为"三十六家反王、七十二路烟尘"。

在这无数的"反王"和"烟尘"之中，到公元616、617年间，有三股大的势力脱颖而出：杜伏威的江淮军、窦建德的河北军、李密的瓦岗军。所谓乱世出英雄，杜伏威、窦建德、李密，出身不同，性格各异，但都有自己的过人之处。

杜伏威是齐州章丘即今山东章丘人，似乎从小就是孤儿，无依无靠，与当地辅公祏结成生死兄弟，以偷盗为生。辅公祏姑母家大概是养羊专业户，辅公祏多次将羊偷出，接济杜伏威。摊上这样的侄子，姑母也算是倒了八辈子的霉，自己管不住，只好报官。由于官府的缉捕，杜伏威逃离家乡，辅公祏也跟着一起逃亡，二人竟然组织了一个以打架斗殴、偷盗抢劫为业的少年团伙。这种团伙在当时被视为"恶少"，即无良少年，杜伏威、辅公祏就是这帮无良少年的首领。如果要划阶级成分，他们应该属"流氓无产"型。

这个时候杜伏威16岁。大家说这么年轻就做了抢劫团伙的头头？这就要看出身什么样的家庭、有着什么样的生活经历了。我们曾经说过，北魏道武帝拓跋珪，16岁的时候就扯起了复国大旗，开始与久负盛名的后燕皇帝慕容垂周旋。我们稍后还要说，唐太宗李世民18岁的时候，策动父亲李渊起兵反隋。杜伏威从小游荡，虽然只有16岁，但在打架斗殴、偷盗抢劫的这个行当中，已经是行家里手。特别是为人讲义气、敢担当，心中装着别人，处处关照弟兄，每有活动，总是出手在前、收手在后，如同今天我们说的冲锋在前、撤退在后。如此人物，怎么可能不得到大家的拥护？辅公祏死心塌地护着杜伏威，追随杜伏威，既是佩服他的本事，更是佩服他义气。

由于隋炀帝的好大喜功、穷兵黩武，致使天下大乱。乱世出英雄，杜伏威琢磨得带着弟兄们干点大事、有点出息，打算投奔占据山东长白山的一股大的反隋势力。但是，别人瞧不起这支由恶少组成的童子军，不接纳。怎么办？杜伏威有自己的个性，决定单干。为了壮大声势，杜伏威自称将军，带着自己的弟兄，向南谋求发展，一路扩大势力。

路过下邳的时候，遇上一股同样的恶少团伙，杜伏威让辅公祏代表自己去谈判，说大家都是因为活命、因为反抗朝廷的欺压而起兵，势分则弱，不免被各个击破，势合则强，可以和隋军决一死战。下面一段话很有意思："若公能为主，吾当敬从；自揆不堪，可来听命。不则一战，以决雌雄。"（《旧唐书·杜伏威传》）你如果有本事做头头，我听你的；你如果没本事，那就听我的，我做头头。如果你既没本事做头头，又不听我的，那就按江湖规矩，打一架，谁赢听谁的。这就是江湖好汉的行事作风，光明磊落，赢要赢得丈夫，输要输得光棍。对方掂量了一阵，决定归属杜伏威。

当然也有不服的。杜伏威率部渡过淮河，继续向南进发，来到海陵，即现在的江苏泰州一带，遇上一支更为强大的反隋武装，首领叫赵破阵。这个名字很有气势，专门破官军之阵。杜伏威同样让辅公祏去谈判，同样是那番说词。赵破阵觉得自己不但人多势大，而且有本事，完全可以做首领，让杜伏威归属自己。杜伏威说好哇，让辅公祏领兵在外，准备应变，自己带着十来个弟兄，当然个个都是身怀绝技的亡命之徒，牵着牛、挑着酒，来见赵破阵，表示服软。赵破阵大喜，将杜伏威一行迎入自己的大帐之中，召集属下将领，纵酒高会，欢迎杜伏威入伙。但是，谁也没有想到，酒至酣处，杜伏威突然拔出佩刀，将赵破阵的脑袋砍了下来。十来个亲随，每人制服一位对方首领，其余的不敢动了，统统表示归降。这个场面，比"楚汉相争"中的"鸿门宴"，比《三国演义》中关云长的"单刀赴会"，更加惊心动魄。

杜伏威的势力越来越大，率兵逼近扬州。隋炀帝第三次巡幸也到了扬州，闻报大怒，高句丽不好打，突厥不好惹，难道一伙毛贼还收拾不了吗？曾经带领万人船队到流求的隋将陈棱，奉隋炀帝之命，率领八千精兵讨伐杜伏威。两军相遇，各自安营扎寨。杜伏威兵多势大，陈棱想避避锐气，坚守不出。杜伏威让人送来女人服饰，称陈棱为"陈姥"，陈老太太，以示羞辱。陈棱有血性，但没定性，一被激怒，挥师而进。杜伏威列阵以待，亲自来到两军阵前，耀武扬威。陈棱部下有神箭手，越阵而出，一箭射去，正中杜伏威的前额。可能由于距离过远，也可能这位神箭手的弓没拉满，当然，也可能是杜伏威的头骨太硬，这一箭竟然没有射穿杜伏威的脑袋。杜伏威大怒，指着神箭手说：老子先杀了你，再拔这支箭！说罢，向神箭手扑去，神箭手见状，赶忙逃入自己阵中。杜伏威跟着冲入敌阵，辅公祐带着五千敢死队，奋勇跟进，隋军大乱。杜伏威亲手格杀了神箭手，拎着他的脑袋向陈棱扑来。隋军大溃，陈棱带着一帮亲随，狼狈逃窜。

杜伏威声势大振，破高邮、占历阳，江淮一带的反隋势力纷纷归属，部众有几十万人，隔断了扬州和中原的联系，隋炀帝从此被这些"毛贼"困在了扬州。

二、豪强地主

杜伏威威震江淮，窦建德则在河北崛起。因为唐高祖李渊的妻子、唐太宗李世民的母亲姓窦，所以有关隋唐易代的小说、戏曲，遂称窦建德是李渊的大舅子、李世民的亲舅舅。其实此窦非彼窦，中国的"窦"氏有多个来源，这两个"窦"风马牛不相关。

李渊妻子窦氏的父亲是北周鲜卑贵族窦毅，这个"窦"姓，是北魏孝文帝推行汉化时，由鲜卑姓"没鹿回""纥豆陵"改的。其母为宇文泰的女儿、北周武帝宇文邕的姐姐。所以，无论是父族还是母族，李渊的妻子窦氏是地道的鲜卑人。窦建德则是贝州漳南即今河北漳南世代务农的汉人。当然，十六国以来，河北一带是汉民族和羯族、鲜卑族的杂居地，窦建德的这个"窦"是传统意义上的汉族，还是和鲜卑族的"窦"氏或其他家族有某种血缘关系，还真不好说。但是，至少在五服之内，窦建德的家族和李渊妻子窦氏的家族之间，并没有发现有什么瓜葛。

大凡后来成为领袖的人物，总是从小心中装着别人，时时关心别人。杜伏威尽管是偷盗抢劫团伙的头头，却处处护着小兄弟，所以得到群豪的拥戴。窦建德也一样，一旦乡邻有困难，总要想到倾力相助。和杜伏威出身贫苦、以偷盗为生不同，窦建德的家境富裕，广有田产，加上勇武过人，好管闲事，所以被选为里长。父亲下葬的时候，有上千人前来送葬，可见在当地有一定的人脉和势力。《水浒传》中的托塔天王晁盖，上梁山之前既是本乡财主，又是本地保正，仗义疏财，倒和窦建德的身份有些相似。所以，如果划成分，窦建德可以划入"豪强地主"。

隋炀帝张罗打高句丽，窦建德被征入伍，因为家中富饶、本人勇武，被选为二百人长。这就有点像秦末发难的陈胜了。当时的山东、河北一带，阴雨连绵，不少民工及士兵逃亡。窦建德的一位朋友名叫孙安祖，因为抗拒服役，杀了县令，前来投奔。窦建德先是把孙安祖藏在家里，后来听说王薄在长白山一带公开聚众反抗官府，又见河北、山东民众纷纷仿效，天下已显乱态，于是招募了几百人，交给孙安祖。为什么这样做？窦建德鼓励孙安祖："丈夫不死，当立大功，岂可为逃亡之虏也。"（《旧唐书·窦建德传》）当今皇帝四处用兵，民不聊生，还能长久吗？窦建德让孙安祖带着自己招募的几百人，占据高鸡泊，退可自守，进可劫掠，待时而动，也许可以干一番大事业。可见，豪强地主出身的窦建德，和流氓无产出身的杜伏威，当乱世到来之际，竟然有同样的想法。孙安祖对窦建德十分感谢，同时也热血沸腾，从此在高鸡泊即今河北衡水一带聚众结伙，与官府对抗。

虽然如此，窦建德自己一时还下不了公开与官府对抗的决心。他和孙安祖、杜伏威不同，有田有舍，有家有室。如果没有变故，窦建德将是113万隋军中的一员，是一位二百人长，要开赴辽东前线的。他的想法是，自己在体制内，兄弟在体制外，如果天下有变，进退比较方便。但是，有人向官府报告，说大大小小的"劫匪"，劫财劫物，却唯独不到窦建德做里正的那个地方去，这不正说明他和劫匪有瓜葛吗？这种猜测并非空穴来风，窦建德不但和劫匪有瓜葛，至少是其中一股的幕后首脑、大股东。如果隋炀帝停止进攻高句丽，迅速稳定形势，窦建德这样的幕后首脑可能永远就不会到前台。但是，当地官府十分尽职，派人把窦建德的家人全部抓起来，不分男女老幼，统统杀害。奇怪的是，地方官府干这件事的时候，竟然没有或者没有来得及通报窦建德所在的军队，而朋友们却向窦建德传递了这个消息。官府的这个做法，就是逼着窦建德造反了。

悲愤之中，窦建德带着自己手下的二百士兵，也都是对隋朝不满的血性男人，公开反叛隋朝。由于为人仗义，又有谋略，到了公元617年，也就是隋炀帝大业十三年初，窦建德的部队发展到十多万人，成了河北各路义军中最大的势力，自称"长乐王"。

这年七月，隋将薛世雄率领三万幽燕精锐，从涿郡向洛阳进发，要去扫荡瓦岗寨的义军，来到河间即今河北沧州一带，阴差阳错地闯入窦建德的地盘，在完全没有提防的情况下，遭遇到窦建德军的袭击，全军溃散。薛世雄为一代名将，北周时候曾经参与过灭北齐的战争，战功卓著。入隋之后，在北边屡败突厥，攻破吐谷浑，又从征高句丽，独立战功。薛世雄麾下的幽燕精骑为各路反隋义军所忌惮，竟然还没有出河北就全军覆没。

从此，窦建德名声大振，在河北各地建立官署、委任官员，成了一方的割据力量，整个河北不复为隋朝所有。

三、瓦岗初兴

当然，在隋末所有的义军之中，最为著名的自然是瓦岗军。瓦岗军的著名，既是因为确实是当时所有反隋义军中声势最为浩大的一支，也是因为《隋唐演义》《说唐》《兴唐传》等小说、戏曲、评书的传播。在民间的影响力，《说唐》几乎不下于《三国演义》。我小的时候也是《说唐》迷，常常和同学一起说程咬金的三板斧、王伯当的神箭、罗成的枪法、杨林的双龙棒，一起说秦琼卖马、徐茂公玩阴谋诡计、李元霸活劈宇文成都、尉迟恭单鞭救唐王，等等。和"三国"的故事一样，人们几乎分不清哪些是历史上真实的人物，哪些是艺术家塑造的形象。

但是，瓦岗军的真正领袖，前期是翟让，后期是李密。

如果说杜伏威出身流氓无产者、窦建德出身豪强地主，翟让则是下层小吏。翟让是韦城县即今河南滑县人，在郡城做司法部门的小官，因犯死罪而下狱。有位姓黄的牢头佩服翟让的骁勇，认为他应该是干大事的人，所以冒险将其放走。翟让不但骁勇，而且仗义，有人放走自己固然好，但是岂不连累了别人？所以坚决不出狱。黄牢头急了，说你以为我是为了你才铤而走险吗？我认为你可以干大事，可以为民众谋福祉，怎么这样婆婆妈妈，算什么男人？

翟让感动了。出狱之后，他搜罗一批为逃避徭役、兵役而四处流亡的人，进入滑县南部的瓦岗山，建立山寨，以为立足之地，人称"瓦岗寨"。后来力量壮大，他的军队被称为"瓦岗军"，当然，隋朝官方称其为"瓦岗贼"。最早投奔翟让瓦岗寨的著名人物，是《说唐》

中说到的单雄信"单二哥",以及完全被小说家、评书家说走了样的徐世绩,也就是《说唐》中的"徐茂公"。

单雄信是翟让的韦城老乡,和翟让一样骁勇善战,听说翟让占山为王,带着一帮同伴前来投奔。徐世绩不但勇猛过人,而且擅长谋略,虽然只有17岁,早已是江洋大盗。徐世绩不但给瓦岗寨带来了一帮"恶少",还贡献了一条计策,说我们虽然占据了瓦岗山,但附近都是乡里乡亲,不便打劫。西边荥阳,东南梁郡,特产丰富,水运便利,如果到那一带劫官船、夺商旅,那可是财源滚滚啊!大家说,这是什么计策,不就是打劫吗?只是兔子不吃窝边草而已。当然是打劫,但这就叫"劫富济贫"。劫的是官府、是富人,济的是穷人,特别是到瓦岗寨入伙的穷人。

这一招果然厉害,瓦岗寨成了富寨,没饭吃的穷人纷纷投奔瓦岗寨,队伍很快从千余人扩大到万余人。《说唐》中的神箭手王伯当也在这时投奔了瓦岗寨。经过王伯当的引荐,又来了一位更加了得的人物,李密。

李密的祖籍在辽东襄平,也就是现在辽宁辽阳一带。这个家族从南燕慕容垂开始,历经北魏、西魏、北周,代代出名将。到李密的曾祖父李弼,在西魏和宇文泰、独孤信以及李渊的祖父李虎等人,并为"八柱国";李密的祖父在北周时期为"邢国公",父亲在北周、隋朝时为柱国、封蒲山郡公。李密继承了父亲的爵位,为"蒲山公"。这个身份比杜伏威、窦建德、翟让不可同日而语,既是官僚贵族,又是世家大族,和隋文帝、隋炀帝父子,和唐高祖、唐太宗父子,有多种瓜葛。《隋书·李密传》说:"(李)密多筹算,才兼文武,志气雄远,常以济物为己任。开皇中,袭父爵蒲山公,乃散家产,周赡亲故,养客礼贤,无所爱吝。"(《隋书·李密传》)是一位既有本事又有抱负的角色。如果隋朝稳定,李密可以成一代名臣或名将,但隋朝被隋炀帝折腾得国无宁日,于是,可能的名臣就成了乱臣。这种事情在历史上经常发生,比如曹操,如果是治世,那就是"能臣";但生逢乱世,就成"奸雄",这也叫时势造人。

　　李密和杨素、杨玄感父子的关系极为密切,杨玄感乘隋炀帝攻打高句丽,在黎阳起兵,向李密请教方略。李密提出了上、中、下三策:上策,直取涿郡,这样可以将杨广阻在辽东,不到一个月,粮草用尽,军心自乱,不战而溃。中策,夺取长安,这样可以关中为根本,进可攻、退可守。杨广即使回师,能奈我何?下策,攻打洛阳,但东都兵精粮足,未必能克,所以胜负未知。但杨玄感却认为,李密的下策恰恰是上策。为什么呢?跟随杨广出师的隋军将士,家属多在洛阳,攻下洛阳,以家属胁迫,隋军不是乱了吗?这就有点龌龊了,但也有依据,当年东吴陆逊袭击荆州,就是利用安抚家属的手段,瓦解了关羽的军心。

　　但是,杨玄感攻打洛阳没有成功,兵败而死。李密逃往关中,被当地官府抓获。逃脱之后,隐姓埋名,出没于各路反隋群豪之中,兜售自己夺取天下的谋略。开始没人相信,久而久之,人们发现,形势的发展竟然不出李密之所料,隋炀帝果然困在扬州,天下果然大乱。这时,有一个童谣正在流传,说是"杨氏将灭、李氏将兴"(《资治通鉴·隋纪》)。不知道这个传言是否是李密本人的杰作,反正有人犯嘀咕了:人说王者不死,李密屡屡死里逃生,童谣说的"李氏"是否就是斯人?于是人们开始相信李密,试图接纳李密。但李密并不轻易入伙,他和杜伏威、窦建德不同,他出身高贵,有远大抱负,要寻找一个适合自己的平台,实现自己的抱负。考察的结果是,李密选中了翟让,于是通过好朋友王伯当的关系,加入了瓦岗寨。

四、三大手笔

　　贵族出身而又有抱负、有谋略的李密入伙瓦岗寨,果然有大手笔,瓦岗军迅速发展成为反隋群豪中的主力,洛阳及其以东地区,成了瓦岗军和各路隋军缠斗的主战场。

李密的第一个大手笔，是全歼了隋军张须陀部。张须陀是在镇压隋末群豪的过程中打出威名的隋军将领，麾下网罗了秦叔宝、罗士信等猛将，长白山首义的王薄以及包括翟让在内的许多义军首领，都吃过张须陀的苦头。山东、河北一带义军，可以说是谈张色变。隋炀帝虽然没有见过张须陀，却根据战报亲自向臣子们画出张须陀的攻战图，可见对他的欣赏。大业十二年底，公元616、617年之交，翟让、李密率军逼近荥阳即今郑州一带，张须陀领兵驰援。翟让听说迎战的隋将是张须陀，先有几分胆怯，打算退兵，惹不起，躲得起。但李密给众人鼓气，说张须陀并没有什么可怕，此人勇有余而谋不足，完全可以战而胜之，既可以为瓦岗寨扳回面子，也可以给数以万计被张须陀杀害的义军报仇。于是定下计策，翟让率军迎战张须陀，打着打着顶不住了，且战且退，退进大片的林区。张须陀率军，紧咬不放。但是，这恰恰中了李密的计策。张须陀并非有勇无谋，只是因为胜仗打多了，开始骄傲起来，视打仗为易事，完全没有想到李密的精锐就埋伏在林区。李密率部从侧后向张须陀发起了攻击，翟让也率部返身死战。奋勇当先的，是曾经的江洋大盗的徐世勣。隋军腹背受敌，顿时大乱。张须陀好不容易杀出重围，返身又突进重围，解救部属，结果死于乱军之中。杀了张须陀，各路义军士气大振，隋军为之丧气。

李密的第二个大手笔，是夺取隋朝最大的粮仓洛口仓。隋炀帝营建东都洛阳时，为了保证粮食供给，在洛阳东边150里今河南巩义市河洛镇一带建了洛口仓，又叫兴洛仓。有朋友根据洛口仓有窖3000，窖可储粮8000石的记载，断言洛口仓储粮达2400万石。这种简单的乘法并不可取。第一，古人的记载往往是"概数"，洛口仓未必一定就是3000窖，每窖也未必就一定能储8000石，即便3000窖、8000石都属实，窖窖是否都储满粮食，也是问题。第二，隋朝最盛时，在册人口890万户，以官方规定的每户每年纳粮3石计，每年纳粮理论上近2700万石，但由于水旱灾害及其他原因，政府能收上2000万可谓极限，不可能全都往洛口仓堆。当然，洛口仓是隋朝最大的粮食储存地却是事实。李密说服翟让向荥阳进军，目的就在夺取洛口仓："昏主蒙尘，播扬吴越……东都士庶，中外离心……明公亲率大众，直掩兴洛仓，发粟以赈穷乏，远近孰不归附？百万之众，一朝可集。先发制人，此机不可失也。"（《隋书·李密传》）大业十三年（公元617年）春，瓦岗军夺取了洛口仓，不但自己有了粮食，而且发布通告，远近民众，不分男女老幼，任其所取。于是，"老弱繦负，道路不绝"（《隋书·李密传》）。

  李密的第三个大手笔，是建立"大魏"政权。杀张须陀，夺洛口仓，此后又屡败官军，短短的一年时间，瓦岗军发展到30万人以上，成为最负盛名的反隋武装。包括名将秦叔宝、罗士信、程知节在内的众多隋军将领归属了瓦岗军。由于小说、评书的影响，这三个人物曾经在中国大陆家喻户晓。在《说唐》《隋唐英雄》中，秦叔宝不但武艺出众，而且极讲义气，是山东群豪的领袖；罗士信被改了一个名字，叫罗成，是个帅小伙，罗家枪法，天下无敌，但有些小心眼儿；程知节本名就是程咬金，同样勇冠三军，被民间文学家塑造成"混世魔王"的经典形象。随着李密威望的提升，翟让感到自己再也无法驾驭全局了，在王伯当等人的劝说下，让位给李密。李密以洛口仓为基础，建了一个周边40里的城池，叫洛口城，以为都城；建立了一个政权，国号"魏"，自称"魏公"。政权建立之后，瓦岗军的面貌也发生根本性变化，成为所有反隋势力的旗帜。李密出兵夺取了洛阳北边的有300窖的回洛仓，下一个目标，是夺取东都洛阳。

  李密的朋友杨玄感曾经攻打过洛阳，兵败身亡，李密也跟着落难。那么，李密自己攻打洛阳，将会是什么结局？

第六讲　隋唐易代

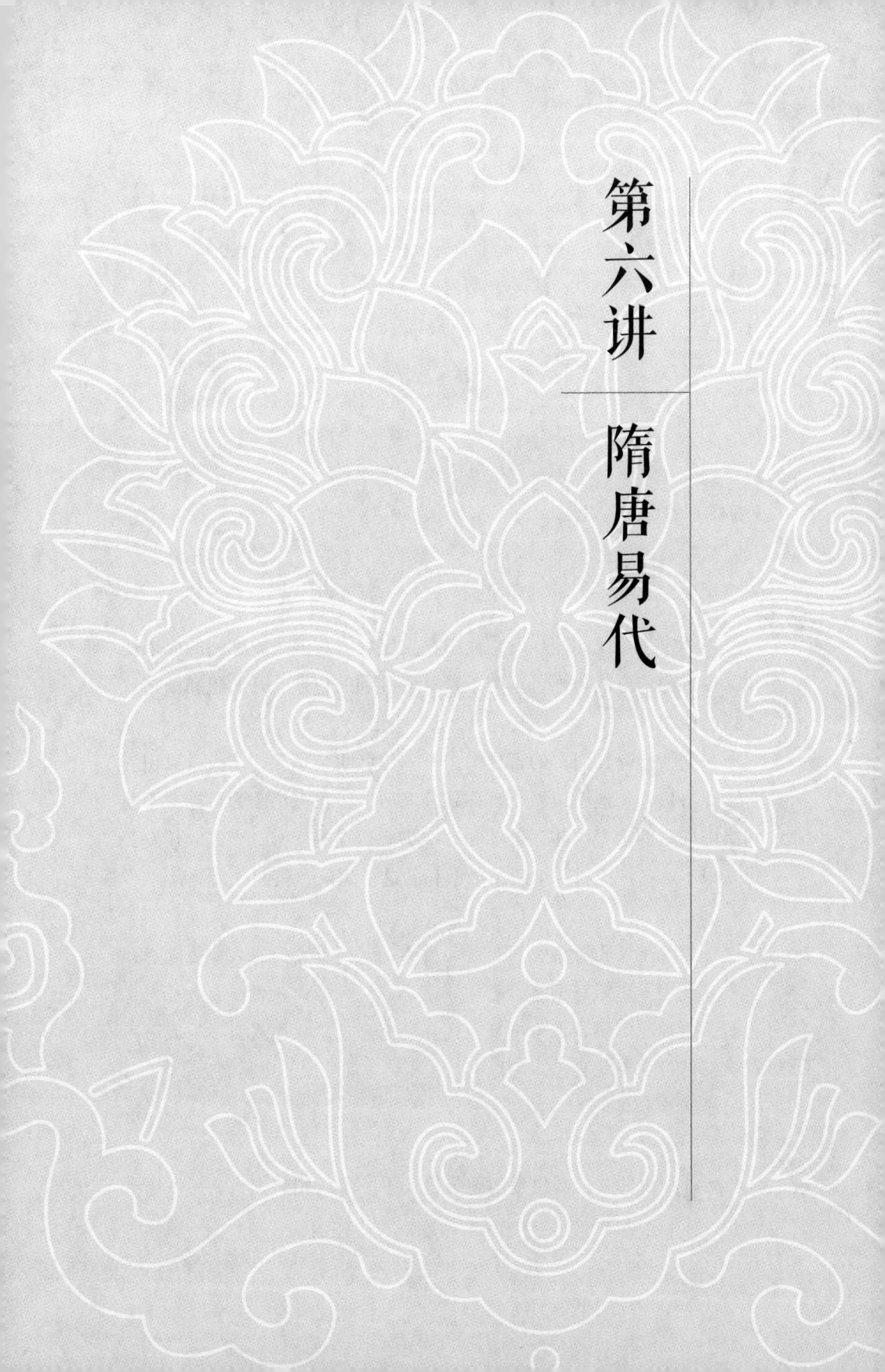

一、胜利包袱

在李密、翟让的领导下，瓦岗军发展壮大。但是，胜利的成果往往又会成为前进的包袱，李密正是背着胜利的包袱，开始犯和杨玄感一样的错误。

在隋朝归降瓦岗军的官员中，有一位名叫柴孝和的，极具见识。李密夺洛口仓、建洛口城、自称魏公之后，以攻占洛阳为目标，不断和洛阳周边的隋军缠斗，柴孝和有些担心，提醒李密，当先取长安，建立根本。各种史料都记载了柴孝和的这个建议，我们择其要者：

> 秦地阻山带河，西楚背之而亡，汉高都之而霸。如愚意者，令（裴）仁基守回洛，翟让守洛口，明公亲简精锐，西袭长安，百姓孰不郊迎，必当有征无战。既克京邑，业固兵强……天下可定。但今英雄竞起，实恐他人我先，一朝失之，噬脐何及！（《隋书·李密传》）

柴孝和说的裴仁基也是隋朝降将，手下不乏精兵强将。《说唐》

塑造了一位少年英雄裴元庆，手舞双锤，为天下第三条好汉，说是裴仁基的儿子。当然这是小说家言。柴孝和建议让裴仁基和翟让分守回洛、洛口二仓，请李密亲率精锐，直取长安，关中空虚，可不战而下。然后以关中为根本，天下可定。这是当年项羽失败、刘邦胜利的教训和经验。柴孝和特别提醒，现在群豪还没有醒悟，如果有人捷足先登，那就后悔莫及了。柴孝和打了一个非常形象的比喻，说那个时候想得关中，就像用自己的嘴咬自己的肚脐一样，够不着啊！

夺取关中，是几年前李密给杨玄感出的上、中、下三策的"中策"，杨玄感没有采纳李密的中策，而是采纳了下策，攻打洛阳。结果洛阳没有攻下，兵败身亡。奇怪的是，李密竟然也不采纳柴孝和弃洛阳而取长安的建议，说这个事情我已经考虑了很久，"仆思之久矣"。占领长安确实是上策，但很难实施，因为：第一，隋炀帝还在，隋兵尚多，关中山河阻隔，不是那么好打的。第二，我军将士都是河南、山东人，洛阳未下，怎么可能愿意去长安？第三，将领多为草莽出身，让他们留守洛口、回洛，我自领兵西去，谁节制得了，那还不乱套吗？

李密所言，句句在理。但这些道理后面的制约因素，是正在转化为包袱的两大胜利成果：第一个包袱，是洛口、回洛二仓的丰富储藏。这使"魏公"李密和他的将士们成了拥有几千窖粮食的大富翁。这就产生了一个十分正常的思维：屁股下面是粮仓，难道还得去要饭？当年刘邦的将士，不也是留恋洛阳的财富而不肯入关吗？第二个包袱，是迅速壮大的瓦岗军队伍。李密如今是统领几十万大军的统帅，但这几十万大军是在短短一年的时间里膨胀起来的。李密的地位既是自己打下的，也是翟让出让的，自己一走，翟让和他的死党，以及其他并不完全亲附自己的将领，是否会闹独立？李密"思之久矣"而决定不打长安，应该是背上了这两个包袱。

《资治通鉴》记载了一个流传很广的故事。说李密选择翟让、投奔翟让，并且向翟让分析天下大势的时候，翟让对出身高贵又富有谋略的李密怀着深深的戒意，说我们占据瓦岗寨为盗，不过是苟且偷生而已，您说的那些天下大事，不是我们管得了的："吾侪群盗，旦夕偷生草间，君之言者，非吾所及也。"（《资治通鉴·隋纪》）小庙供不起大神仙，您愿意在此入伙，就和我们一起打家劫舍，否则，请另谋高就。翟让的这个态度，和《水浒传》中占着梁山泊的白衣秀士王伦有点相似。八十万禁军教头林冲投奔，王伦碍于小旋风柴进的面子，勉强接纳；晁盖带着吴用、公孙胜、阮氏三雄等人，带着劫来的10万贯生辰纲投奔，王伦干脆就要送客。翟让、王伦的担心是有道理的，李密投奔瓦岗寨，是因为看中了翟让的队伍；晁盖投奔梁山泊，则是因为看中了王伦的地盘，都没安着好心。

翟让身边有一位名叫贾雄的术士，善于阴阳五行说，擅长以天象测人事，深得翟让信任，用为军师，言无不从。李密知道这层关系后，便与贾雄结交，让贾雄在翟让面前疏通。随着李密的威望越来越高，翟让更不放心了，私下和贾雄商议，李密继续在瓦岗寨混下去好不好？贾雄应该也是折服于李密的出身与本事，回答了四个字："吉不可言！"而且借天象说了一句更直截了当的话："公自立恐未必成，若立斯人，事不无济。"这就是要翟让让位了。翟让奇怪，如果像你所说，李密当成大事，那他自己另立山头就是了，干吗跑到我们瓦岗寨来？贾雄展示了他术士的伎俩，说"事有相因"：将军您姓"翟"，翟者"泽"也，李密在隋朝是蒲山公，他这个"蒲"在您这个"泽"中才能生存。原来如此，不由得翟让不信。（《资治通鉴·隋纪》）

从此，翟让不但接纳了李密，还在众人劝说下推李密为全军统帅。当然，翟让这样做，既是迫不得已，本事不如人，也许还有贾雄的另一番劝说，将军之名为"让"，该让时就得让啊！但是，翟让虽然让了，心里不可能舒服，身边的人也觉得窝囊，密谋夺回权力，这就是不识时务了。结果，一场类似宫廷政变的惨剧在瓦岗军中上演，翟让被李密所杀。李密除了翟让，建立了在瓦岗军中的绝对权威，但因此而产生的内部裂痕也难以弥补。

李密是精于算计的，但是人算不如天算，就在李密背着两大胜利包袱，一面铲除异己，一面与洛阳及周边隋军缠斗的时候，消息传来，长安被别人占了。果然不出柴孝和之所料。占长安的是谁？隋朝的唐国公、唐朝的开创人李渊。

二、李氏父子

李渊是陇西狄道即今甘肃临洮人，十六国时期西凉政权的创始人李暠为其七世祖，祖父李虎和宇文泰、独孤信以及李密的曾祖父李弼等一道，为西魏"八柱国"。北周建立后，追赠已故的李虎为"唐国公"，由李渊的父亲李昞袭封。李渊七岁的时候，父亲去世，这个"唐国公"的爵位便落在了他的身上。

史料没有关于李渊的出生有何古怪、体貌有何与众不同的记载，比如红光满室、白气贯堂，比如眉骨入额、双手过膝之类，这在开国帝王之中是少见的。《旧唐书·高祖本纪》只是说了李渊的性格："倜傥豁达，任性直率，宽仁容众，无贵贱咸得其欢心。"一位典型的性格开朗、心地善良的官二代、富二代形象。《新唐书·高祖本纪》则发掘出了李渊的一个体貌特征，说是"体有三乳"，这也好意思拿出来说事，真是没事找事。

我们曾经说过，由于独孤信几个女儿的关系，把宇文家族、杨坚家族、李渊家族联在了一起，独孤皇后是李渊的小姨，李渊是隋文帝杨坚的外甥，隋炀帝杨广是李渊的表兄。由于这层关系，杨坚代周之后，给了李渊一些关照，先后出任谯州（安徽蒙城）、陇州（陕西陇县）、岐州（陕西凤翔）刺史。隋炀帝继位后，李渊历任荥阳（河南郑州）、楼烦（山西静乐）二郡的郡守，又曾经调到洛阳任职。隋炀帝第二次进攻高句丽，李渊奉命督运粮饷，发现杨玄感在前线的弟兄们纷纷潜逃回来，有谋反嫌疑，于是向隋炀帝报告。隋炀帝立即回师，讨平杨玄感的叛乱，李渊因功受命为弘化留守，驻今甘肃东部的庆阳，"关右"即关中诸郡的军队均由其节制。后来又为河东慰抚大使，带兵讨伐反隋武装、抵御突厥南下。性格开朗，心地善良，使得李渊每到一处都结下了很好的人脉关系。而且，李渊年轻时和不少贵族子弟一样，苦练武艺，箭法极精，一次讨伐义军，一连射出70箭，箭箭命中。《说唐》中瓦岗英雄单雄信和李渊、李世民父子为仇，说是因为李渊一箭射死了单雄信的哥哥。故事出于杜撰，但李渊的箭术高明却是事实。

隋炀帝第三次巡幸扬州，命李渊为晋阳留守。经过春秋末年晋国赵简子的经营，晋阳即今太原成了军事重镇，所谓"燕赵奇侠之士"就来自以晋阳、邯郸、蓟州为中心的地区。东汉末年的董卓、北魏末年的尔朱荣、东魏的高欢都曾经据有晋阳，虎视洛阳。当时群雄并起，天下大乱，洛阳以东地区成为主战场，隋炀帝困守扬州，隋朝呈土崩瓦解之势。李渊父子以防御突厥、讨平群盗为由，招兵买马，并且开始学习杨玄感，准备趁火打劫了。

大业十三年（公元617年）五月，李渊父子在晋阳起兵，李渊自为大将军，建大将军府，有兵三万，分为三军，自领中军；长子李建成为陇西公、左领大都督，率领左军；次子李世民为敦煌公、右领大都督，率领右军；四子李元吉为镇北将军、太原留守；晋阳留守衙门的官员及李渊的故旧都在军中任职。

打仗亲兄弟、上阵父子兵，从结构看，李渊组建的是一支完全由家族、故旧为骨干的军队。大家说，怎么不见李渊的另外一个儿子，《说唐》中的第一条好汉、双手舞动800斤铁锤的李元霸？这个李元霸完全是小说家虚构的人物。李渊的第三个儿子名叫李玄霸，在起兵前三年已经去世了。但是，李渊第三个女儿平阳公主却是巾帼不让须眉。她当时正在长安，知道父亲将在晋阳起兵，遂和丈夫柴绍商议，柴绍潜回晋阳，那正缺人手，平阳公主自己则潜出长安，招募军队，响应父亲。这就有意思了，不仅仅是父子兄弟，而是女儿姑爷全上阵。现在我们知道李密的难处了，既不见兄弟，也不见儿子，手下都是刚刚收编或刚刚归属的草莽英雄，以及隋朝的降官降将，凝聚这些人是要花费时间的。

这年七月，李渊和突厥始毕可汗达成了日后共同瓜分成果的协议："若入长安，民众土地入唐公，金玉缯帛归突厥。"（《资治通鉴·隋纪》）突厥派了一支数百人、两千匹马的部队帮拳。李渊留四子李元吉守太原，自己带领长子李建成、次子李世民及左、中、右三军，沿汾水南下。虽然受到多处隋军的抵抗，但李渊父子目标明确，直趋长安。所以，一路之上，城池能打则打，不好打则弃之不顾。九月，大军在河东板蒲即今山西永济渡过黄河，进入关中。

华阴县的县令主动归降李渊，并且献上了一份厚礼——永丰仓。永丰仓位于当时的华阴县渭水南岸、广通渠渠口，这里还有一个十分著名的关口——潼关。虽然永丰仓没有洛口仓著名，却是关中地区最大的粮仓，通过广通渠为京师长安提供粮食。

三、经营关中

进入关中后，李建成、李世民兵分两路：李建成的左路军一部屯兵永丰仓，驻守潼关，关闭洛阳通向关中的大门；一部由李建成亲自率领，沿着渭水南岸向西进发，驻军灞上。李世民的右路军与平阳公主招募的军队汇合，经略渭水北岸的战略要地，进逼长安。关中的反隋势力和对隋朝不满的民众纷纷投军，李渊父子集结在长安的军队迅速扩大到20万人。

虽然天下大乱，隋朝的各级官员仍然不希望看到王朝就此坍塌，他们的利益毕竟和隋朝联系在一起，不仅如此，从传统道德和职责操守出发，他们也得为隋朝卖命。李渊密谋起兵的时候，把长子李建成、四子李元吉从河东郡召回,女婿柴绍也回到了晋阳,太原郡的守官就怀疑李密有异谋,打算寻找机会将李渊父子拘捕,但消息走漏,反被李渊所杀。从太原出发,在霍城、永济等处,都遭到隋军的顽强抵抗。兵临长安,李渊反复派人劝降,城内守将不但置之不理,而且把李渊的祖墓给挖了,以表示守城的决心。但是,毕竟隋军主力被李密的瓦岗军拖在洛阳以东,被杜伏威阻在江淮一带,关中的军队也多增援洛阳,所以长安空虚,这恰恰是柴孝和、李渊都看准的隋朝软肋。

大业十三年(公元617年)农历十一月,李渊在太原起兵后的半年,攻占长安。攻占长安之后,李渊做了三件事:

第一,另立皇帝。李渊将在长安被俘的隋炀帝的孙子、13岁的代王杨侑立为帝,遥尊远在扬州的隋炀帝为"太上皇"。这样做的好处是,既可以削弱隋炀帝对全局的影响,又可以减少隋朝官员的敌对情绪,却不妨碍李渊对关中的控制。李渊以新皇帝的名义,尊自己为大丞相、唐王、大都督内外诸军事,总揽万机;三个儿子李建成、李世民、李元吉分别为唐王世子、秦国公、齐国公,李世民更为京兆尹,掌控长安。

第二,进取巴蜀。虽然整个中原地区义军和隋军、义军和义军之间打得热火朝天,巴蜀地区地却异常平静。李渊派了两支偏师分略巴、蜀,真正是"有征无战""传檄而定"。对巴蜀的占领不但保障了关中的右翼,更给李渊政权提供了源源不断的物资。与此同时,派兵遣将,对关中的隋朝残余势力、零星义军进行收编。

第三,安抚民众。李渊占领长安之后,一是不断接见来自关中各地的父老,咨询民意;二是停止关中的各项劳役、与民休息;三是学习刘邦的约法三章,与民约法十二条,废除隋朝的苛政酷刑。老百姓对官府的要求其实很简单,安定的生存环境,少折腾、少骚扰,除了老弱病残需要救济,吃饭穿衣的事情人们自己会解决,用不着官府操心。

这样,关中局势迅速稳定下来。比起杜伏威、窦建德、李密及其他隋末群雄，李渊起兵最晚，占有的地盘却最大，以关中、巴蜀为基地，雄视天下。

李渊占领关中的消息传来，正在和洛阳王世充及其他隋军缠斗的李密倒吸了一口凉气，果然被柴孝和言中。同时，又觉得这个李渊太不够意思。为什么？因为李渊刚起兵时，曾派人和李密联络，李密致书李渊：

> 与兄派流虽异，根系本同。自唯虚薄，为四海英雄共推盟主。所望左提右挈，戮力同心，执子婴于咸阳、殪商辛于牧野，岂不盛哉！（《资治通鉴·隋纪》）

李渊的祖父李虎、李密的曾祖李弼，同为西魏"八大柱国"，和隋炀帝的祖父杨忠都是战友。李渊、李密同姓，所以李密说"根系本同"，但李渊出自陇西李氏，李密则出自辽东李氏，所以说"派流虽异"。李密自称"为四海英雄共推盟主"，希望李渊派兵来到军前助阵，其实是加盟，天下英雄在自己的率领下，如同当年在周武王的统领下推翻商纣王、在汉高祖刘邦的统领下推翻暴秦那样，共同推翻隋朝，重建江山。谁是当代的武王、沛公，当然是李密自己，这就不免有些吹嘘，有些忘乎所以了。

李渊见到李密的书信，笑着对身边的亲信说：李密妄自尊大，随他去吧！我们的目标是关中，如在书信中与李密争高下，等于树敌。那怎么办？李渊的策略是：

> 卑辞推奖以骄其志，使为我塞成皋之道、缀东都之兵，我得专意西征。俟关中平定，据险养威，徐观鹬蚌之势，以收渔人之功，未为晚也。（《资治通鉴·隋纪》）

你想做盟主，我就尊你为盟主，懒得和你争虚名，让你帮我阻隔隋朝的信息、拖住隋朝的军队。我们看重的不是虚名，不是"盟主"，是实惠，是夺取关中。等到关中到手，看你鹬蚌相争，我坐收渔翁之利。诸位看看，李渊倒颇有当年刘邦"老成练达"的风范。此时的李渊52岁，比入关中时候的刘邦大一岁。

李密收到李渊充满谦恭而又推崇备至的"卑辞"，十分高兴，也笑着对身边的亲信说："唐公见推，天下不足定也！"连李渊也服了我，天下还不是我的吗？

但是，李密万万没有想，李渊一面和自己书信不断，说是为自己防御突厥、抚安山西，一面却趁自己和隋军血战之际，迅速抢占关中、据有巴蜀，捡了个天大的便宜，比当年的刘邦还狠啊！不是明摆着将来要和自己争天下吗！李密怎么办？一点办法也没有，谁让你一心做盟主啊，源源不断的隋军云集河南，与义军盟主李密缠斗。不要说关中，洛阳都过不去。正如柴孝和所说，此时想要关中，如同想用嘴咬自己的肚脐眼，够不着。

四、当仁不让

那么，困在扬州、被李渊免去皇帝尊为"太上皇"的隋炀帝此时怎样？隋炀帝至死未必完全明白，天下之事并非易事，民生之事绝非儿戏，但有一点他应该是明白的，即大势已去，隋朝被自己玩完了。

这个时候的隋炀帝，和三十年前的陈后主一样，既然知道无力回天，干脆抓紧时间尽欢。在扬州的行宫有上百处行院，每处由一位嫔妃主持。隋炀帝和萧后带着众多宫女逐院巡游，每天一院，由该院嫔妃做东请客，酒菜自然是当地官府提供。日日宴饮，隋炀帝是"酒卮不离口"，"从姬千余人亦常醉"（《资治通鉴·唐纪》），这才是真正的醉生梦死。

隋炀帝是个文化皇帝，不但文章诗赋写得好，而且精通星相卜筮。皇后萧氏出身于兰陵文化世家，高祖为梁武帝萧衍。她不但聪明美貌、性格温顺，而且擅长文学，天文地理，无不涉猎。所以，萧后不但是隋炀帝的皇后，也是隋炀帝的文化挚友、文学同志。隋炀帝对南方文化的倾心，待在扬州不愿回洛阳、不愿回长安，很大程度上应该是受萧后的影响。

被困扬州，隋炀帝和萧后经常夜观天象。但天象令人失望，隋炀帝不由得对萧后发出感慨："外间大有人图侬。然侬不失为长城公，卿不失为沈后，且共乐饮耳！"(《资治通鉴·唐纪》)现在的上海话中，"侬"是"你"的意思，"我"是"阿拉"。但是，隋唐时期的"吴语"，"侬"是指"我"，这里是隋炀帝说自己。"长城公"指南陈后主陈叔宝，建康城破后送到长安，被隋文帝封为"长城公"，"沈后"则是陈叔宝的皇后沈氏。隋炀帝的意思是说，虽然天下大乱，图谋害我、夺我皇位的大有人在，但也无所谓，大不了做个亡国君，像陈后主那样被人俘虏，我封个长城公，你也不失为长城公夫人。所以，活一天算一天，活一天醉一天。一次，隋炀帝在铜镜中看到自己，虽然年届半百，却风采不减当年，不禁对镜自怜："好头颈，谁当斩之！"萧后说不必如此悲观，隋炀帝倒是很坦然："贵贱苦乐，更迭为之，亦复何伤！"(《资治通鉴·唐纪》)人生无常，世道沧桑，有什么值得伤感的呢？但是，他从不检讨，一个好端端的大隋帝国，为何被自己弄得如此不可收拾；生活稳定不是太久的民众，又是如何被自己推进无穷的徭役、兵役之中。这倒是所有昏庸之君、亡国之君的共同特点：从来不在自己身上寻找原因，不是把责任推给别人，就是以"天意""宿命"为自己开脱。

虽然如此，隋炀帝仍然不想坐以待毙。北方难回，学学东晋，学学南朝，定都建康，划江而治，有何不可？于是他动了迁都的念头，并且开始付诸实施。但是，随行的护卫、各卫的将士都是北方人，谁愿老死他乡？而且，眼看群雄并起，隋炀帝无力回天，于是纷纷潜逃。隋炀帝闻讯大怒，凡是逃跑被抓回的将士，统统斩首。回乡无望，前途无望，将士之中充满着愤懑之情，兵变也随之发生。叛军推举右屯卫将军宇文化及为首领，于公元618年农历三月十一日（丙辰），将隋炀帝勒死在扬州的行宫中。隋炀帝没有做成"长城公"，但唐朝后来给了他一个谥号"炀"，所以后世称之为"隋炀帝"。有意思的是，这个谥号，恰恰是陈叔宝死后隋朝给他的谥号。隋炀帝没有能够像陈叔宝那样，生前做"长城公"，却继承了陈叔宝的谥号，死后成为"炀帝"。

根据古代的"谥法"，"逆天虐民曰炀"。这"逆天虐民"四个字，倒真是晚年隋炀帝由"英主"向"昏君"退化的写照。

有一个传说，说隋炀帝还是小孩的时候，就倾慕南陈后主陈叔宝贵妃张丽华的美貌，统兵灭南陈时，叮嘱行军长史高颎，一定要保护好张丽华。但是，固执的高颎竟然把张丽华处死，说是"红颜祸水"，陈后主固然昏庸，张丽华也脱不了干系。恨得隋炀帝咬牙切齿，说我一定好好报答您，即位之后，杀了高颎。又有传说，说隋炀帝被困扬州时，做了一个梦，梦见已经死去的后主陈叔宝和张丽华。但是，朦胧之中也看不清张丽华到底是什么模样，只是觉得舞姿极美，连连夸奖。陈后主晕了头，竟然问：这张丽华和陛下的萧后，谁更美？原来，隋炀帝、陈后主二人竟然是一路货色，都惦记着别人的皇后。隋炀帝说了一句经典的话："春兰秋菊，各一时之秀也。"（颜师古《隋遗录》）一是春天的幽兰，一是秋天的艳菊，春兰秋菊，各呈其芳啊！

隋炀帝扬州被杀的消息像一声炸雷，惊呆了隋末群雄。在洛阳的隋朝文官武将，拥戴隋炀帝的长孙越王杨侗为帝，表示隋祚尚存。江淮的杜伏威拒绝了宇文化及的收买，但向在洛阳的杨侗上表效忠，被封为楚王，在江淮推行安民政策，俨然成为一方诸侯。河北的窦建德派出使者前往河间郡郡城吊唁，下令全军准备拦截北上的叛军。

最为气定神闲的，是夺了关中的李渊父子。隋炀帝被杀于三月十一日，两个多月后，五月二十日，李渊即当仁不让，废去半年前立的隋朝皇帝杨侑，自立为帝，改国号为"唐"，建元"武德"。李渊成了唐朝的开国之君，死后被尊为"高祖"，就是"唐高祖"。

当然，这个时候的"唐"，还只是据有关中、巴蜀，严格地说，还只是隋末群雄中比较大的一股势力，中原逐鹿远未结束。

在隋末群雄之中，貌似最为强大的势力仍然是李密的瓦岗军。但是，处境最为凶险的，恰恰也是李密的瓦岗军。为什么这样说呢？

第七讲　大唐帝国

一、瓦岗之殇

公元618年农历三月，隋炀帝被杀；农历五月，李渊在长安称帝。但是，中原逐鹿还远未结束。在隋末群雄之中，最为强大的势力仍然是李密的瓦岗军。但是，处境最为凶险的，恰恰也是李密的瓦岗军。我们可以用苏轼的一句词来形容李密和瓦岗军的处境："高处不胜寒。"高高在上，但没有着落。

由于屡败隋军，瓦岗军被隋末群雄视为翘楚，李密更以群雄盟主自居。但是，当隋炀帝在扬州被杀、李渊在关中称帝的时候，李密拒绝了部属和各路"反王"的劝进，仍然保留着"魏公"的称号，不但没有称"帝"，连升格为"王"也没有。什么原因？李密说是洛阳未下。洛阳未下的潜台词，是瓦岗军虽然看似轰轰烈烈、风光无限，但并没有根据地。李密称"魏公"时围着洛口仓建的洛口城是四战之地，有城无市；据以进逼洛阳的金墉城，不过是东都郊外的一座小城。所以，李密的瓦岗军不要说比不上占据关中的李渊，就是比河北窦建德、江淮杜伏威，以及我们将要说到的山西刘武周、陇西薛举、河西李轨，也颇有不如。李密和东都洛阳的隋军打了一年多仗，虽然是胜多败少，但建筑大师宇文恺设计并且主持营建的东都洛阳，仍然固若金汤。洛阳就像是阻隔李密进军关中的一堵墙，这堵墙坚挺在西，宇文化及的隋朝叛军又在东边出现，瓦岗军东西两面受敌。

宇文化及率领的从扬州撤回的隋朝军队有10万人，其中多有骁勇敢战之士。隋军的高级将领多和李密、李渊一样，出身高贵；而中下级军官既有贵族出身，也有窦建德般的豪强、杜伏威般的恶少。而隋军的士兵则和瓦岗军的士兵一样，多为穷苦农民出身，只是一些入了隋军，是为"兵"，一些入了瓦岗，是为"匪"。

隋军沿着运河北上，本来是想回东都洛阳，但是，洛阳的越王杨侗已经称帝，从扬州来的军队被指名为"叛军"。况且，回洛阳的路已被李密的瓦岗军隔断。回不了洛阳怎么办？10万军队、数万马匹，以及包括隋炀帝的萧后在内的嫔妃宫女、随行家属人等，粮食成了极大问题。宇文化及率军渡过黄河，准备攻取永济渠和黄河之间的黎阳即今河南浚县。夺黎阳的目的，是要夺取县城以西、永济渠东岸的黎阳仓。这里是隋朝在黄河以北最大的粮仓，曾经是杨玄感的老巢，现在是李密的地盘。驻守黎阳的，是曾经的江洋大盗、当下的瓦岗名将徐世绩。

徐世绩得知隋军北上，更知道此行的目的是黎阳仓，遂集中兵力，专守黎阳仓城。宇文化及的军队占领了黎阳，将黎阳仓城团团包围。徐世绩则指挥瓦岗军在黎阳仓城的周围挖起深沟，令隋军难以接近仓城，又从沟中挖掘地道，通向隋军营寨，时时进行偷袭。

为了避免两线作战，李密做出一个十分愚蠢的决定，接受了洛阳新皇帝杨侗的官爵，这就表示接受"招安"了。随后，李密亲自率领两万精兵，渡过黄河，增援黎阳，在卫县的清淇（今河南滑县境内）修筑壁垒，与黎阳仓城的徐世绩烽火相望。

李密知道宇文化及乏粮，所以并不急于交锋，只是隔着永济渠和隋军对峙。每当隋军向黎阳仓城进攻的时候，李密便率军从隋军侧后发起攻击。三番五次，宇文化及恼羞成怒，置黎阳仓城于不顾，率军渡过永济渠与李密决战，徐世绩则带着驻守黎阳仓城的瓦岗军尾随而来，投入战斗。双方大战于卫县的童山之下，从早上一直打到傍晚，这个仗才真正称得上是惨烈。双方殊死格斗，尸横遍野，血流成河。隋军固然没有想到瓦岗军如此顽强，瓦岗军也从未遇上如此凶悍的对手。虽然隋军最终放弃黎阳仓向北撤退，但在与这支没有退路的原隋炀帝的羽林军的格杀中，瓦岗精锐也是伤亡惨重，李密自己中箭昏厥，如果不是秦叔宝拼死护卫，已经死于疆场或被隋军所俘。

瓦岗军和宇文化及的战斗刚刚结束，坐山观虎斗的洛阳隋军便汹涌而来。大家说，洛阳隋军为何不和宇文化及一道夹击瓦岗军？那不行，宇文化及是"叛军"，瓦岗军是"贼兵"，就是要让他们搏斗，两败俱伤。等到两败俱伤了，再收拾残局。这就是洛阳的隋军主将王世充的算盘。

王世充是一位已经汉化的"西域胡人"，本姓"支"，祖父死后，祖母嫁给王姓汉人，所以从父亲开始改姓"王"。王世充谙熟儒家经典及历代史事，特别喜好兵法及术数，而且性格坚韧、处事机警，所以深得隋炀帝的赏识，提拔为扬州通守。在与"反王"们的战争中，王世充广揽亡命、收留死士，锤炼出一支忠于自己的强悍军队。李密攻占洛口仓，建洛口仓城；王世充奉命为洛阳通守，一年之中，与李密大小百余战，可以说是三天一小战、十天一大战，虽然胜少败多，却屡挫屡战，成为瓦岗军的死敌。

虽然经过黎阳血战，瓦岗军的"劲兵良马多战死，士卒疲倦"（《旧唐书·王世充传》），但洛阳隋军仍然对瓦岗军心有畏惧。为了鼓舞士气，王世充说自己梦见最早营建洛阳并且心系洛阳安危的周公。为了感谢周公的在天之灵，王世充在洛水之滨建起一座周公祠，让巫师当众祭祀。折腾一阵之后，巫师睁开双眼，说是刚刚见到周公并得到周公垂示：速攻李密，当有大功；否则，天降瘟疫，兵将皆死于非命。

王世充的将士多从江淮而来，笃信鬼神，听了巫师的鼓捣，激昂请战。王世充从中挑选了两万精锐、两千战马，阵于洛水之南，与李密隔水对峙；另选三百余骑，潜渡洛水，隐藏于李密大营后面的北山密林之中。

李密在黎阳大败宇文化及，王世充又是手下败将，所以对洛水对岸的这支隋军有些掉以轻心，既没有像对付宇文化及那样深沟高垒，也没有派出巡逻骑兵监视隋军动向，终于铸成大错。第二天黎明时分，王世充率军渡过洛水，向李密大营发动攻击，瓦岗军仓促应战，潜伏在北山的隋军鼓噪而下，纵火烧营，瓦岗军顿时大乱。李密且战且退，本拟退回洛口城，但守城将领竟然已被王世充收买，不但不让李密进城，反而出兵夹击。

所谓"骄兵必败"，所谓"细节决定成败"，李密常胜之余，也和隋炀帝一样，开始视战争为儿戏。而且从道义上说，由于李密及瓦岗军名义上接受了洛阳城中杨侗的"招安"，所以，他们所面对的是"政府"军，自己则是"叛军"，理不直气也不壮。结果，完败给了从失败中吸取教训、在战争中学习战争的曾经的手下败将王世充。

什么是"兵败如山倒？"这时的瓦岗军真是"兵败如山倒"。曾经八面威风的瓦岗军，竟然一战而溃。骁将秦叔宝、程咬金、单雄信等，或因力尽，或因受伤，或因对李密的不满，降于王世充，唯徐世绩坚守黎阳。

二、英雄所见

重创之下，有人劝李密撤往黎阳，与徐世绩汇合，重整旗鼓，再与王世充决战。但是，这个时候的李密，第一，已经失去与王世充再战的勇气，更确切地说，是九死一生之后，已经失去对胜利的信心，也看不到自己和瓦岗军的前途。作为领袖必备的信念，李密远不及死敌王世充。第二，由于众多将领的背叛，李密很难相信别人了，特别是自己曾经杀害翟让，而徐世绩和单雄信是最早投奔翟的，单雄信已经投降了王世充，徐世绩会怎样对待自己？

那怎么办？李密决定，投奔曾经推戴自己、如今占着长安称帝，其实一直在看着瓦岗军和隋军搏杀、坐收渔翁之利的李渊。这既可以说是"英雄末路"，也可以看出李密的格局。在李密看来，隋末群雄，只有李渊的出身可以和自己相匹。至于坚守黎阳的徐世绩，不但是翟让的人，而且曾经是江洋大盗，不屑为伍。

当李密带着好友王伯当等数十人以及残余部众两万多人来到关中的时候，沿途受到李渊属下高规格的接待，李密开始得意了，开始回顾自己当年的威风。但到长安之后，李密发现李渊并不把自己当回事，既没有给予期望中的接待，更没有给自己认为应该得到的官爵，于是开始失落、愤怒。有句话说，"曾经沧海难为水"，曾经的盟主李密，无法忍受落汤鸡的待遇，背唐而去，结果被杀，传首长安。王伯当劝阻无效，也跟着李密一道叛逃，和李密一道被杀，传首长安。

此时，被李密猜忌的徐世绩却表现出另外一种姿态。李密降唐之后，徐世绩也向李渊致书投诚，但声明是追随李密，给了李密极大的面子；李密死后，徐世绩又致书李渊，请求为李密收尸。结果，李密的尸体被迎回黎阳，徐世绩以高规格厚葬。作为领袖，李密的信念固然不及王世充，而作为部属，徐世绩的格局也和为李密陪葬的王伯当不同。

要说到格局眼光，不能不说李渊父子。

抢先攻占长安、占据关中，表现出李渊的战略眼光。但是，在李渊攻占长安的四年前，李密就曾经向杨玄感提出攻占长安的主张；李渊刚在晋阳起兵时，柴孝和也向李密提出过同样的主张，并且警告说，如果有人捷足先登，"噬脐何及"；就在李渊攻占长安不久，已经在陇西称帝的薛举，兵锋也到了扶风。

可见，在历史发展的某个节点上，"英雄所见略同"是经常发生的事情。如同四百多年前，占据冀州的袁绍、占据许昌的曹操，都被人提醒汉献帝奇货可居，结果袁绍犹豫，失去主动；曹操行动，占了先机。这就叫"先发制人，后发制于人"（《汉书·项籍传》）。

从具有战略眼光到形成战略决策并坚决实施，这个过程受着诸多因素的影响。袁绍犹豫而曹操捷足先登，史书上的记载是说袁绍喜欢的小儿子正生着病，所以不愿远行，但不排除从冀州到安邑路途遥远、鞭长难及的问题；而曹操从许昌到洛阳，却是近在咫尺。杨玄感、李密下不了决心直驱长安，则是因为无论从黎阳还是洛口城到长安，都有东都洛阳阻隔其间。从杨玄感的兵败及李密和王世充的角逐可以看出，隋炀帝营建东都之后，洛阳城池的巩固、洛阳驻军的战斗力绝不可小觑。如果弃洛阳而趋长安，洛阳守军尾随而来，前后夹击，事情确实不好办。

但是，充分利用主观、客观条件并且创造运气、改变运气，却需要领袖和核心人物的胆识和勇气。刘邦趁项羽和秦军血战，直趋关中，并非完全没有风险，攻洛阳不下，攻南阳也曾经失利。如果当年袁绍有足够的胆量，派出军队往安邑迎取汉献帝，如果杨玄感、李密没有那么多的顾虑，直取关中，也许未必不能成功。而李渊起兵入关中，也同样不是人们想象的那么轻松。

三、进退之间

公元617年农历七月初五日，李渊在太原誓师，当时有众三万。十四日，抵达太原南边300多里的灵石县贾胡堡。但是，也就在这不到10天的时间里，已经有两万隋军驻防在贾胡堡南边50里的霍邑，领兵的是隋虎牙郎将宋老生。另外，隋左武侯大将军屈突通也奉命到了河东郡，这里是从山西到长安最为便捷的渡口，地点在今山西永济县境黄河的东岸。

这两支军队都是由洛阳的越王杨侗派出，任务是阻挡李渊向关中进发。由此我们也可以看出，当时在洛阳的隋炀帝的长孙杨侗，以及在洛阳主持政局的人并不简单，他们一面在力拒李密的瓦岗军，一面还在关注全局的变化。

当时连日阴雨，军中乏粮，李渊大军前阻霍邑，后有消息传来，说是太原以北武邑的割据势力刘武周和突厥联手，将偷袭晋阳。李渊大惊，召集将佐讨论对策。当时的意见几乎是一边倒，即退回太原，侍机再举。但是，李渊有两个靠得住的儿子，长子李建成和次子李世民，兄弟二人针对人们的种种顾虑，提出了自己的见解：第一，如今正是粮食收获季节，豆粟遍野，何愁乏粮？第二，隋将宋老生，生性浮躁，有勇无谋，可一战而擒。第三，刘武周和突厥看似勾结，其实矛盾，他敢偷袭太原，不怕突厥夺他的马邑？第四，李密貌似强大，但贪图洛口库藏，成不了大事。特别是第五，我军起兵太原，为救苍生，本是正义之师，自当勇往直前。如果遇敌即退，军心必乱。退守太原，那不成了占据一城一地、一山一寨的贼寇吗？

李建成、李世民兄弟可以说是目光如炬，他们客观分析了各方的真实状态。但是，我们曾经说过李渊的特点，是"宽仁容众"，是一位各方面都比较能接受的人物。这类人物有他的好处，朋友多，但也有问题，就是遇事磨不开面子。在这个关头也一样，李渊难碍众情，仍然下令撤兵。李世民大惊，连夜求见，侍卫说唐国公已经就寝。李世民怎么办？像当年的樊哙，拔出佩剑，撞倒卫士，冲进大帐？没有，李世民有自己的办法。他跪在父亲的帐外，"号哭于外，声闻帐中"，让父亲睡不成觉。李渊没有办法，把儿子召进帐中，厉声质问：又没死人，你哭什么哭、嚎什么嚎？扰我军心，你不怕死吗？18岁的李世民跪在父亲面前，慷慨陈词：

> 兵以义动，进战则克，退还则散。众散于前，敌乘于后，死亡无日，何得不悲？（《资治通鉴·隋纪》）

所谓"兵以义动"，其实就是起兵造反，这是没有回旋余地的，前进则生，后退即死，父亲现在选择了死路，我能不哭、我能不嚎吗？李渊一听，说你小子说得也有理。但左军已发，怎么办？李世民说，那好办，右军未动，已令其严阵以待；左军虽发，并未去远，可追回啊！李渊笑了："吾之成败，皆在尔。知复何言，唯尔所为。"（《资治通鉴·隋纪》）老子的家业，成也是你们，败也是你们。该怎么办就怎么办，由你们这帮小子去折腾，老子懒得管了！有这样的儿子，老子也确实可以省心。

雨总是要停的，太原的后续粮草也及时运到，和突厥的妥协也已达成。在当地向导的引领下，李渊大军从小路逼近霍邑。行军途中，李渊问建成、世民，我军志在长安，霍邑不能久留，有何办法让宋老生出城？两个儿子笑了：宋老生勇而无谋，若以轻骑挑之，加以谩骂，他就出来。李渊问，如果还不出来怎么办？儿子们说，那也好办，散布谣言，说他是我们一伙的，所以不战。大隋军法严酷，宋老生害怕身边有人报告，说他不忠，不敢不出来。李渊抚掌大笑：好，好，好，就按你们的意思办。

你看看别人父子，说笑之间，就把破敌方案定下了。

不出建成、世民所料，轻骑一挑战，士兵一谩骂，宋老生就带着军队出城了。虽然战斗不像黎阳之战、洛口之战那样惨烈，但三万义军对三万隋军，那也是个对个的硬仗。李渊父子采用了王世充对付李密的办法，李渊、李建成率军正面拼死与宋老生的隋军对抗，李世民却率军从侧后向隋军冲杀。李世民手舞双刀，格杀隋军数十，两把刀口全砍缺了，袖上尽是鲜血。战至酣时，李渊让军士大声呼喊：老生被俘啦！隋军闻言大惊，斗志顿失。李渊亲自率军向霍邑城门冲去，城中隋军赶忙关闭城门，把宋老生也关在了城外。老生着急，慌忙中连人带马摔入沟中，被李渊的部将所杀。天已向暮，李渊下令攻城，将士以隋军的尸体为铺垫，攀登城墙，城中隋军见状，或降或逃，霍邑被攻克。

霍邑之战对于未经大敌的李渊军队、对于李唐皇朝的建立，具有重要的意义。第一，在前有拦截、后有谣传，连日阴雨、军粮缺乏的情况下，是进是退对于决策者是一大考验。进则可能生，退则一定垮，李渊父子选择了进。第二，两军相遇勇者胜，面对面的厮杀、格斗培养了军队的勇气。第三，父子一心，其利断金。所谓李世民痛哭于帐外，李渊厉声呵斥，多半是李渊父子演给别人看的一场双簧，目的是堵住主张退兵的人们的口舌。正是有了这样的历练，李渊父子在此后进攻长安及与群雄逐鹿中原的战争中，才能越战越勇、越战越强。

当然，如果要说运气，也是李渊父子的运气好，因为他们遇上的既不是宇文化及从江淮带来的骁勇敢战之士，也不是王世充率领的百战之师，而是李建成、李世民所说的有勇无谋的宋老生。如果把宋老生的军队换成王世充的百战之师，换成宇文化及的虎狼之旅，后来也许就没有唐朝了。

四、扫平群雄

隋炀帝的被杀代表着旧皇朝的坍塌，但李渊的称帝却未必一定代表着新皇朝的诞生。虽然隋炀帝死了，虽然瓦岗军垮了，还有多股势力和李渊父子一样，已经建国立号。我们略举几处。

一、陇西薛举。李渊父子虽然占据关中、夺取巴蜀，但身后的陇西并不太平。早在李渊太原起兵之时，本为隋朝金城府校尉的薛举就与其子薛仁杲等人聚兵反隋，占有兰州，赈济灾民，自称"西秦霸王"。接着，薛举父子迅速攻占陇西各郡。李渊夺取关中的时候，薛举已经称帝，国号"秦"，迁都秦州即今甘肃天水，有众30万，与李渊军在扶风一线对峙。

二、河西李轨。李轨本为隋朝西部军事重镇武威郡鹰扬府的司马，薛举父子占有陇西，河西震动。为了防备薛举进攻，人们公推李轨为"河西大凉王"，以对抗薛举的"西秦霸王"。李轨被公推，既是因为家族富有、仗义疏财，更是因为那个李氏当为天子的谶语。此后薛举称帝，李轨也称帝，国号"凉"，攻占张掖、敦煌、西平、枹罕，尽有河西五郡之地。这样，李渊尚未称帝，西边已经有两个皇帝了。

三、太原刘武周。太原本是李渊的"龙兴"之地，李渊起兵取关中，以四子李元吉镇守太原。本为马邑郡鹰扬府校尉的刘武周，联络当地亡命，杀了郡守，夺了郡城即今山西朔州，北附突厥，被突厥立为"定杨可汗"，接着自称为帝。所谓"定杨"，就是取代杨氏的隋朝。在突厥的支持下，刘武周北占定襄，南下雁门、楼烦，并且向太原大举进攻，留守太原的李元吉弃城而逃，太原以及今山西的大部为刘武周所有。可见，所谓刘武周与突厥的勾结、进攻太原，并非空穴来风，只是时间是在李渊夺取关中之后。这既可以视为李渊父子的运气，也可以说明李渊起兵选对了时机。

四、洛阳王世充。击溃瓦岗军，王世充被视为洛阳的救星，如果隋炀帝不死，那就是捍卫大隋江山的第一功臣。作为酬谢，洛阳新皇帝杨侗拜王世充为太尉，主持尚书省。王世充也表现出开国宰相的气派，在尚书省外张贴三道榜文。哪三道榜文？"一求文才学识堪济世务者，一求武艺绝人摧锋陷阵者，一求能理冤枉拥抑不申者。"（《旧唐书·王世充传》）用我们现在的话说，这三道榜文，就是求贤榜，求三种人：一是出谋划策夺取天下的人，二是领兵打仗平定天下的人，三是通达民情治理天下的人。三道榜文发出后，每天都有人毛遂自荐，每天都有人献计献策，王世充一一接见，一一省览。李渊称帝的第二年，公元619年农历四月，王世充废杨侗，自立为帝，建国号为"郑"，有一个很有意思的年号，"开明"。

除了薛举、李轨、刘武周、王世充等建国立号之外，还有我们曾经说到的江淮杜伏威、河北窦建德，以及没有来得及说的"三十六家反王"中的其他群豪。

所以说，尽管公元618年农历五月李渊称帝，但当时的中国还难以被称为"唐朝"。李渊的"唐"，只是诸多割据势力中的一个，是诸"国"中的一国，既像战国后期的秦，也像楚汉相争时期的汉。但是，陇西、河西却并非李渊所有，这里已经有人称帝，并时时窥视关中。比起当年据有关中的秦、汉，李渊的处境，更像当年占据着河北的汉光武帝刘秀。但是，李渊和刘秀一样，又是诸多割据势力中格局最大、最有战略眼光并且坚定不移地执行战略决策的一个，这就决定他能够成为笑到最后的一个。

此时，李渊父子凭借关中、巴蜀的形胜，从容应对，先是趁薛举病逝，灭了陇西薛氏；接着收买李轨的部属，灭了河西的李氏。薛仁杲、李轨兵败被俘后，都被押送到长安，斩首示众。这样，陇西、河西成了李渊父子的后方。

解除了后顾之忧，李渊父子才大举向中原进兵。刘武周兵败，投奔突厥，被突厥所杀。王世充与窦建德联合，共同抵抗唐军，结果窦建德被俘虏、王世充投降，也被送到长安。李渊杀了窦建德，却放了王世充。什么原因？因为王世充的一番话："计臣之罪，诚不容诛。但陛下爱子秦王许臣不死。"（《旧唐书·王世充传》）以我的罪过，死有余辜，但秦王李世民答应给我活路，我才投降的。儿子的承诺，老子得兑现吧？这番话，高傲的李密是绝对说不出来的，但底层出身的王世充说得出。李渊的性格是"宽仁容众"，既然儿子说了不杀你，老子当然就不杀你。只是王世充留长安毕竟不妥，安顿到四川去吧。但是，王世充没有能够去得了四川，却在长安被仇家所杀。至于这个"仇家"是否受李世民或其部属的指使，则不得而知。

诸位说，杜伏威的江淮军呢？不能不说，在隋末群雄中，"流氓无产"出身的杜伏威是最有政治头脑的，他只是在江淮称霸，却并不建国立号。宇文化及的叛军杀隋炀帝，招降杜伏威，杜伏威不接受，却上表洛阳的新君杨侗；李渊统一全国的过程中，杜伏威归顺了唐朝，并且只身入朝长安，军队留在当地，接受唐朝的改编。但是，由于和辅公祏的关系没有处理好，辅公祏起兵反唐，杜伏威也受到牵连。

扫平了在隋末农民起义之后出现的各种割据势力，"大唐帝国"才真正开始为人们所接受。在大唐帝国的创建过程中，李渊的两个儿子，长子李建成、次子李世民立下了巨大功劳。但是，儿子多、儿子能干，打仗的时候固然是好事，一旦要瓜分胜利成果，就出问题了。这也是民间所说的，儿子多了好干活，儿子多了难分家。

第八讲 优胜劣汰

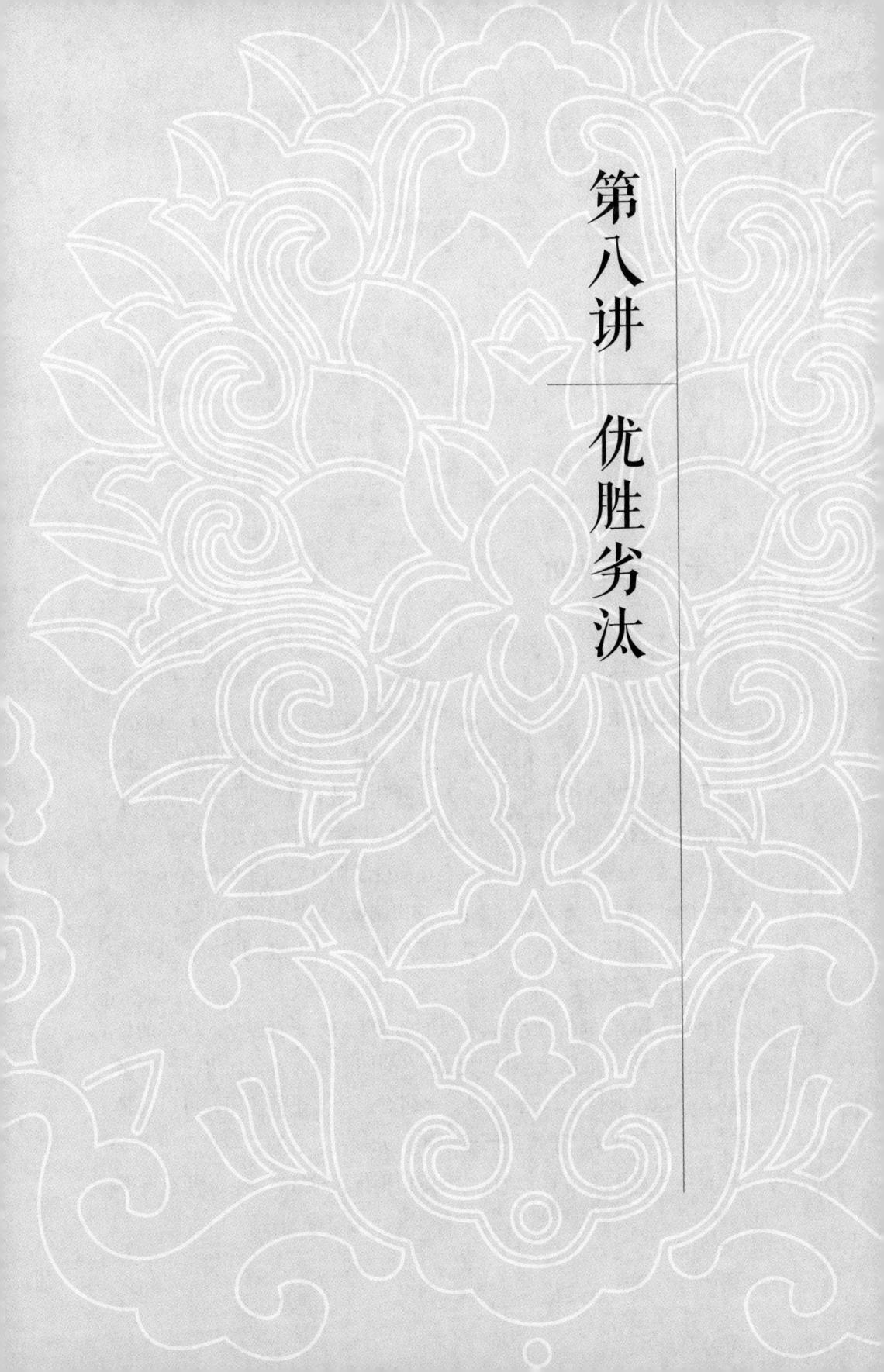

一、崭露头角

李渊称帝之后，先收陇西、河西，再夺山西、河南，然后出兵河北、江南，用了大约五六年的时间统一全国，"大唐"真正取代"大隋"，开创了中国历史上又一个伟大时代。我在《国史通鉴》的"秦汉三国卷"曾经说到过一个观点：秦始皇统一中国的伟大意义，很大程度上是因为有伟大的汉朝继往开来。这个观点我认为放在隋朝也同样适用：正是因为伟大的唐朝继往开来，使得隋朝的统一才同样具有伟大的意义。

有意思的是，李渊父子不仅全盘接受了隋文帝父子的所有伟大遗产，包括科举制度、三省六部制度、均田制度、州县制度，以及大运河、东都洛阳，等等，而且，连隋朝父子反目、兄弟仇杀的事情，也照单继承，并且演绎得更为惨烈。

李渊太原起兵时，已经成年和正在成年的儿子有三个：29岁的长子李建成、19岁的次子李世民、15岁的四子李元吉。如果三子李玄霸还在，这个时候应该是18岁。李渊对三个儿子的使用，可以说是各尽其才：李建成、李世民已经成年，分领左、右军，与自己一道取关中；李元吉正在成年，让自己的亲信辅佐，镇守太原，这里是李渊父子的根本之地。

虽然如此，次子李世民却占有先机。

有一个传说，说是早在隋文帝在位期间，就有相士对李渊说："公骨法非常，必为人主。愿自爱，勿忘鄙言。"（《旧唐书·高祖纪》）相士们的这类预测，历朝历代都发生过，甚至无时无刻不在发生，当无数次的类似预测有一次兑现并被揭露，乃至被某位成功者杜撰出来，就会以某种方式被记载下来，成为"事实"和"应验"。李渊是否真被相士说是"必为人主"，其实也在两可之间。如果真有此说，至少可以成为李渊起兵的"心理暗示"。

但是，几乎所有的存世史料又都说到一个可能的事实，就是李渊之所以下决心起兵反隋，很大程度上是由于次子李世民的推动。这个同时又被众多史学家质疑的可能事实，我认为是确定的事实。因为，所有的记载都说到李渊的性格"宽仁容众"，既有汉高祖刘邦的"老成练达"，又有"甩手掌柜"齐桓公的"三好"——好酒、好色、好游猎。这样一位人人都能接受的风流倜傥的官二代、富二代，如果没有强大的推动力量，是很难置"九族之祸"于不顾而决心叛乱的。

李世民和父亲不同，尽管出身贵胄之家，却更有江湖豪侠之气。李世民出生于隋文帝开皇十八年十二月二十二日，也就是公元599年1月23日。传说这天有两条龙在李世民的出生地、李渊的"武功别馆"门外盘桓，整整三天，然后消失。李世民四岁的时候，有善相者见李渊，说您是贵人，当有贵子。李渊让他见见自己的儿子。当时李渊有三个儿子：14岁的长子建成，4岁的次子世民，3岁的三子玄霸，也许还有刚出生的四子李元吉。相者一见李世民，大吃一惊，说这个小孩"龙凤之姿、天日之表，年将二十，必能济世安民"（《旧唐书·太宗纪》）。李渊大喜，但回过神来，怕相者到处胡说，要杀人灭口，但相者已经不见踪影。可见，术士这个职业也是充满凶险的。李渊信其所言，给这个儿子取名为"世民"，以喻"济世安民"之意。

对于青少年时代的李世民,《旧唐书·太宗纪》是这样描述的:"幼聪睿,玄鉴深远,临机果断,不拘小节,时人莫能测也。"《新唐书·太宗纪》则说是:"聪明英武,有大志,而能屈节下士。"不但天赋极高、胆识过人,而且能放下身段,这就是干大事的气象。公元615年,隋炀帝再度耀兵塞北,被突厥困在雁门。17岁的李世民应募从军,向主帅建议,说突厥敢于举兵围困天子,是认为我军仓促无援,当虚张声势,令数十里旌旗相望、鼓角相闻。主帅采纳了唐国公公子李世民的建议,突厥以为隋朝的增援大军到了,解围而去,而这时各路增援隋军也确实陆续到了。公元616年,李渊为晋阳留守,领兵"剿匪",仗着自己精于骑射,深入敌阵,结果被团团包围。18岁的李世民率领轻骑,呼啸而至,突入重围,所向披靡,救父于万军之中。

这是李渊太原起兵前发生的两件事情,虽然只是崭露头角,却已经显示出李世民审时度势的战略眼光和冲锋陷阵的无畏气概,这里既有天赋和胆识,更和身边网罗了大批死士有关。否则,任你李世民再勇猛无敌,万军之中也把你剁成肉酱。那么,李世民为何网罗死士?《旧唐书·太宗纪》说:"时隋祚已终,太宗潜图义举,每折节下士,推财养客,群盗大侠,莫不愿效死力。"

机会总是眷顾有准备的人。在李建成、李世民、李元吉三人中,真正有准备、有图谋的是李世民。正是因为李世民审时度势,预窥到隋朝有被取而代之的可能,所以留心搜罗死士。这批死士后来成为李渊起兵反隋的重要力量。当然,如果没有李渊"唐国公"的这面大旗,没有李渊广泛的人脉关系以及关键时候的决心,不管是主动的决心还是被动的决心,事情还真办不成。而直到李渊决心起兵,才把李建成、李元吉从外地召回。

所以,从太原起兵这个环节上说,李世民有决策之功。

二、秦府人物

在唐朝建立的过程中，李世民同样居功至伟。我们所说的各路群雄，薛举、薛仁杲父子的"秦"，刘武周的"定杨"，窦建德的"夏"，王世充的"郑"，等等，皆为李世民领兵所灭。

当然，李世民也有打败仗的时候，比如在扶风一带和薛举对峙，唐军"败绩"。在中国古代记载中，"败绩"二字是不能乱用的，一旦用了这两个字，那就是大败，虽然未必是全军覆没，那也是溃不成军。再比如在洛阳和王世充对抗时，如果不是尉迟恭及时出现，如果不是背着"秦王"的盛名，李世民险些被单雄信所杀。但是，李世民最终总是能反败为胜，逐个战胜所有的对手。所以，无论是李渊还是李建成，以及当时唐朝的官员们，都认为李世民"勋业克隆，威震四海"（《旧唐书·李建成传》）。秦王李世民也因此被加上了"天策上将"的名号，位在王公之上，开府洛阳，这是隋炀帝杨广被立为太子之前也没有获得的地位。

但是，李世民荡平群雄的过程，既是唐朝建立起对中国统治的过程，也是李世民的力量迅速壮大的过程。这股力量后来成为李世民"贞观之治"的基本班底。李世民做皇帝后，学习汉宣帝刘询的"麒麟阁十一功臣"、汉光武帝刘秀的"云台二十八将"，让画家阎立本在凌烟阁绘制唐朝开国功臣24人的画像，被称为"凌烟阁二十四功臣"。这24位功臣绝大多数出身于秦王府，我们略举几位，大多耳熟能详。

赵国公长孙无忌。长孙无忌是隋朝名将长孙晟的儿子、唐太宗李世民长孙皇后的哥哥，居"凌烟阁二十四功臣"之首。长孙无忌、长孙皇后的父亲长孙晟为鲜卑人，但他们的母亲高氏却是汉人，和大名鼎鼎的北魏权臣、东魏的当权者高欢同一个家族，而高欢本人就是一位鲜卑化很深的汉人。由此，我们也可看出当时各民族之间的融合状况。

梁国公房玄龄，莱国公杜如晦。有一种说法："唐称贤相，前有房杜，后有姚宋。"（杨士奇等《历代名臣奏议》）房为房玄龄，杜为杜如晦，房善谋而杜善断。二人从李渊起兵入关中开始就在李世民的麾下，出谋划策，网罗人才。太子李建成、齐王李元吉认为，秦王李世民府中最厉害的角色就是这两位："秦王府中所可惮者，唯杜如晦与房玄龄耳。"（《旧唐书·杜如晦传》）

鄂国公尉迟恭，因以字行，所以史料上多记为"尉迟敬德"。在"凌烟阁二十四功臣"武将中，尉迟恭排名第一。尉迟恭本是刘武周的部下，曾经大败唐军。在李世民讨伐刘武周的过程中，尉迟恭兵败归降，从征王世充。由于一同降唐的将领多有叛逃，唐军将领不免对尉迟恭有所猜疑，力劝李世民将其处死。李世民力排众议，将尉迟恭带入自己帐中，赐以重金，勉励有加，说如果将军觉得可以和我共事，那我们一道开创大业，如果觉得更有明主，这些金宝便是将军的盘缠。这是李世民"折节下士，推财养客"的又一个典型例子。尉迟恭感激涕零，决心为李世民效死力。也就在这一天，李世民带着尉迟恭等人狩猎，突然遭遇王世充大军，单雄信舞槊直取李世民，当时陪同狩猎的应该还有徐世绩，但距离较远，见状大惊，喝道：这是秦王，不得胡来！就在单雄信迟疑之际，尉迟恭跃马赶到，救了李世民。

卫国公李靖。李靖是隋朝名将韩擒虎的外甥，深受韩擒虎及越国公杨素的器重。李靖曾在晋阳以北的马邑郡为郡丞，从李渊的所作所为中察觉其有异志，打算赴扬州向隋炀帝告变。但因天下大乱，被阻长安，被攻占长安的李渊俘虏。李靖洞观天下大势，感到隋朝气数已尽。所以在被问斩的时候突然高呼："公起义兵，本为天下除暴乱，不欲就大事，而以私怨斩壮士乎！"（《旧唐书·李靖传》）李渊一听，觉得此人有胆识，李世民也极力反对处死李靖。李靖被释放，被李世民延请到秦王府中，从征王世充，又和李孝恭一道平江南，后来成为一代名将。

夔国公刘弘基，邳国公长孙顺德，二人皆为隋朝下级军官，从出征高句丽的军中逃出，亡命晋阳，被李世民待若上宾。长孙顺德本为长孙皇后的族叔，刘弘基更与李世民"出则连骑，入同卧起"（《旧唐书·刘弘基传》），二人可以说是李世民最早搜罗的死士，又为李世民搜罗众多死士，成为李渊太原起兵的骨干。攻打霍邑时，阵前斩杀隋军主将宋老生的就是刘弘基。

　　此外，我们曾经说到过的一些著名的瓦岗军将领徐世绩、秦叔宝、程知节等，也尽数入秦王府，后来也都名列"凌烟阁二十四功臣"。

　　如此多的文官武将甘心在李世民的秦王府为李世民效力，本身就说明李世民的个人魅力。不仅如此，秦王府还开了"文学馆"，有以房玄龄、杜如晦为首的"十八学士"，个个都是写文章高手，其中不少极具政治头脑。所以，比起李建成的东宫、李元吉的齐王府，在舆论制造方面，秦王府也具有极大优势。

三、各有权经

　　正如我们曾经说过的那样，李渊太原起兵以及进取关中、建立唐朝，靠的是父子齐心。但是，随着唐朝对全国统治的建立，如何对儿子们"论功行赏"，如何分配胜利成果，特别是将来由谁来继承这份巨大的家业，成了摆在李渊面前的大难题。

　　这个问题在中国历史上已经发生过无数次，可以说几乎每朝每代都会发生，只是表现方式不一样而已，而最近的一次就发生在隋朝。隋文帝杨坚在公元600年即开皇二十年，废去已经做了二十年太子的长子杨勇，立次子晋王杨广也就是后来的隋炀帝为太子。这个决定无疑是隋文帝杨坚自己做出的，独孤皇后起了重要作用。杨广做的工作主要是两个：一是表现自己对父母，特别是对母亲的孝顺；二是离间太子和父母的关系。但是，更深层的原因，是晋王杨广在平定江南、镇守扬州、北御突厥的过程中，形成了自己的势力和影响。即使隋文帝不换太子，太子杨勇最终能否做上皇帝，是否能坐稳皇位，也在两可之间。为了避免自己死后儿子们的相互残杀，隋文帝当机立断，提前换太子，希望通过这个方式保住太子杨勇的性命。虽然隋炀帝杨广上台后仍然没有放过哥哥杨勇，但作为父亲，隋文帝杨坚已经做了他应该做的事情，除非将晋王杨广先行处死，但这个决心却不是杨坚下得了的。何况，相对于长子杨勇，次子杨广被公认更为优秀，杨坚是通过自己的铁腕令两个儿子优胜劣汰。虽然这个决定最后导致了隋朝的二世而亡，这却不是隋文帝能够预料得到的。而且谁也不能保证，如果不废太子，杨勇继位隋朝就不会亡。

平心而论，隋文帝杨坚对于"大隋"国家的掌控和制度的规划，比唐高祖李渊更加上心，也更有能力。只要有一口气在，大隋江山就是他的。李渊的性格则更像汉高祖刘邦，豁达随意，表现在对三个儿子身上，则是放纵，这就"乱套"了。

第一，乱礼。皇帝老子李渊所住的"上台"，和三个儿子李建成的东宫、秦王李世民的承乾殿、齐王李元吉的武德殿后院，不但都在宫城里，而且"昼夜并通，更无限隔"（《旧唐书·隐太子建成传》），兄弟三人出入"上台"见皇帝，都可以乘马佩刀，相遇时行家人之礼。看上去这是父子兄弟之间的"亲密无间"，但作为"储君"的太子李建成，和秦王李世民、齐王李元吉之间的"君臣之礼"，乃至李渊和三个儿子之间的"君臣之礼"，也就难以建立，没有上下尊卑之序。用孔子的话说，这就是乱"礼"。

第二，乱分。李渊一面立长子李建成为太子，一面不断让次子李世民在外建功立业、扩大势力和影响。当然，这应该也是有选择的，因为要对付隋末群雄，特别是像王世充、窦建德、刘武周这类"枭雄"，还只有用李世民才更有效果。甚至有一种说法，为了让李世民多出力，李渊甚至以太子位进行鼓励，这就在制造矛盾了。于是，秦王李世民越是功高，对太子李建成构成的威胁也就越大。"天策上将"位于王公之上，直逼太子李建成。所以，李建成虽有太子之"名"，李世民却乱了亲王之"分"。

第三，乱制。不但"乱礼""乱分"，而且"乱制"。在一段时间里，唐朝官员，就同一件事情，今天得到皇帝的圣旨，明天可能有太子的令旨；上午得到秦王的教令，下午可能又有齐王的手谕。所以说是："太子令，秦、齐王教，与诏敕并行，有司莫知所从，唯据得之先后为定。"（《资治通鉴·唐纪》）也就是说，太子的命令，秦王、齐王的命令，和皇帝的诏令并行，政出多门。而且，为了奖励秦王李世民、齐王李元吉灭王世充、窦建德之功，特许各开三炉铸钱，货币制度也乱了。

兄弟三人，性格各异，太子李建成宽仁，秦王李世民英武，齐王李元吉骁悍。比起李建成、李世民，李渊对李元吉似乎更为溺爱。李元吉镇守太原，不理政事，热衷狩猎，公开宣称："我宁三日不食，不能一日不猎。"（《旧唐书·巢王元吉传》）刘武周进攻太原，李元吉弃城逃往长安，时年17岁。但李渊没有责怪儿子，却以元吉年少为由，问罪辅佐的官员。在李建成和李世民之中，李元吉亲近大哥而忌惮二哥，有材料说，李元吉并非真正亲近李建成，而是想帮助大哥干掉二哥，然后再对大哥下手，自己最终成为父亲的继承人，这就全乱了。

兄弟三人，各有权经，都在罗网心腹，形成势力。东宫、秦府、齐府的文官武将，既各为其主，也为着自身的利害而推波助澜、磨刀霍霍，并且形成了老大建成、老四元吉联手对付老二世民的态势。事情到了这一地步，兄弟之间的情分荡然无存，剩下的则是你死我活的斗争，李渊必须在李建成、李世民两个儿子之间做出选择。但是，手心手背都是肉，李渊没有隋文帝的决断，他没有办法做出选择，不忍心做出选择，只好听任矛盾的发展。大家说，儿子之间的事情，让他们的母亲帮着拿主意啊，当年隋文帝的主意多半是独孤皇后拿的。但是，窦氏在李渊起兵之前已经去世，李渊身边只有一些宠妃，为的都是自身利益，出的也都是馊主意。

四、玄武门变

这个时候发生了一件比较蹊跷的事情。有记载说，公元624年，即唐高祖李渊武德七年的秋天，突厥颉利可汗入寇关中，要求李渊兑现当日的许诺。什么许诺？李渊太原起兵时，为了解决后顾之忧，派人和突厥颉利可汗谈判，许诺若得关中，"民众土地入唐公，金玉缯帛归突厥"（《资治通鉴·唐纪》）。但是，李渊得了关中之后耍赖皮，没有兑现承诺，突厥于是支持刘武周夺取太原，和李渊作对。刘武周败了，突厥强大了，于是出兵关中，自行讨债。李渊理不直、气不壮，又担心突厥兵强马壮，打算把都城迁往汉中或南阳一带，以避突厥锐气。据《资治通鉴》记载，李建成、李元吉及不少官员赞成迁都，也有许多官员觉得这个决定实在荒唐，但不敢提出反对。这个时候，又是李世民挺身而出，面见父亲，力陈迁都之非：

> 戎狄为患，自古有之。陛下以圣武龙兴，光宅中夏，精兵百万，所征无敌。奈何以胡寇扰边，遽迁都以避之，贻四海之羞、为百世之笑乎！（《资治通鉴·唐纪》）

北部边患，代代有之。我大唐精兵百万，所向无敌，犯得着避让突厥吗？李世民请求父亲给自己一些时间，一定砍下颉利可汗的脑袋。这个儿子在逞能，别的儿子，特别是大儿子李建成的脸上挂不住，说西汉时期樊哙胡吹，说带兵十万可横行匈奴，结果怎样？兄弟你不能说这样的大话啊！李世民反驳："形势各异，用兵不同。樊哙小竖，何足道乎！不出十年，必定漠北！"（《资治通鉴·唐纪》）李渊赞赏儿子的雄心壮志，不迁都了。

我一直怀疑这个事情的真实性以及真实的程度。正如李世民所说，在这段时间，突厥只是"扰边"而非"入寇"。如果是这样，李渊怎么可能动起迁都的念头？但是，这个传说给李世民加了许多舆论分。人们再次看到，在关键时刻，只有秦王李世民才能挺身而出、力挽狂澜，大唐帝国的航船需要在他的引领下才能乘风破浪、奋勇前进。

接下来的几件事情，推动着事态的发展：

第一，李建成、李元吉在长安搜罗亡命，加强武装，甚至一度私自调动军队。

第二，李世民在东宫酒后回府，竟然呕吐不止，怀疑是被下了药。

第三，房玄龄、杜如晦被无故外调；尉迟恭、段志宏等人受到太子、齐王的收买，因收买不成，尉迟恭被诬下狱。

第四，突厥来犯，太子建成推荐齐王元吉领兵出征，秦府将士也多被征召随军。有消息说，齐王拟在诸王送行的时候对秦王不利，等等。

种种迹象表明，太子、齐王加快了铲除秦王的步伐。

那么，这些事情到底哪些是真，哪些是假？只能说，真真假假，假假真真，有真实的成分，也有制造的谣言。这类情况并不奇怪，充斥着中国和外国的政治史。举个例子，1789年法国资产阶级大革命的导火线之一，是传言巴士底狱关押着无数的无辜民众和爱国志士，但大革命爆发后，人们砸开巴士底狱，里面只关着19个人。但人们的情绪在跟着革命跑，谁也没去追究当初到底是谁造的谣。

但是，这些真中有假、假中有真的事情，都在向李世民施压，必须尽快解决太子和齐王。房玄龄、杜如晦并没有离开长安，而是乔装改扮潜回秦王府，参与决策；尉迟恭、段志宏等人拒绝东宫收买，向秦王李世民告急；李靖、李𪟝力劝秦王，先发制人而后发制于人；长孙无忌向秦王摊牌，如果再不动手，秦王府解散，大家各投东西。

李世民命卜者占吉凶，秦府将领张公瑾进府议事，见状夺过卜者手中的龟壳，摔在地上，向李世民再加一把火："凡卜筮者，将以决嫌疑、定犹豫。今既事在不疑，何卜之有？纵卜之不吉，势不可已！"（《旧唐书·张公瑾传》）这件事情还用占卜吗？如果卜之不吉，难道就此罢手、坐以待毙不成？

武德九年（公元626年）六月初四日，"玄武门之变"发生。这天，李建成、李元吉奉李渊之诏入宫议事。从北门玄武门进入宫城后，发现李世民及秦府众将早已在此等候。建成、元吉察觉有变，急欲出宫，但玄武门的守将已经归附李世民，关闭了城门。慌乱之中，李建成被李世民射死，李元吉的坐骑被射中，摔下马来。李世民催马而上，眼看就要追上李元吉，却被灌木绊倒，无法起身。李元吉见状大喜，反正无法生还，杀了李世民再说，抢上一步，夺过李世民的弓，正要下手，猛听得大喝一声，抬头一看，却是尉迟恭。元吉落荒而逃，被尉迟恭所杀。

这天的天气应该很好，李渊的心情也很好，正带着嫔妃泛舟游湖，却见全副武装的尉迟恭匆匆而来，预感不妙，问道："今日乱者谁邪？卿来此何为？"（《资治通鉴·唐纪》）这话大有深意。秦王说太子、齐王谋反，齐王说秦王谋反，你尉迟恭这个样子进宫，到底谁想谋反，你这是想犯上作乱吗？尉迟恭报告，说是太子、齐王作乱，已被秦王举兵诛杀。秦王怕惊了陛下，命臣前来护驾。和李世民一道进玄武门的，还有长孙无忌、房玄龄、杜如晦、程知节、秦叔宝等人，偏偏派凶神恶煞般的尉迟恭护驾，其实是监管。李渊怎么办？没有任何办法，只是说了一句话："不图今日乃见此事。"（《资治通鉴·唐纪》）没有想到不该发生的事情还是发生了，在自己的眼皮底下，兄弟相残，转眼之间，两个儿子都没了。和隋文帝杨坚用自己的铁腕令儿子们优胜劣汰不同，唐高祖李渊是放任儿子们在竞争中自行优胜劣汰。

"玄武门之变"的三天之后，六月初七日，李渊立李世民为太子；

八月初九日，李渊让位于李世民，中国历史由此进入被后人称道的"贞观时代"。

那么，贞观时代与其他时代有何不同，为何得到后人的高度评价？

第八讲　优胜劣汰

第九讲 王者气象

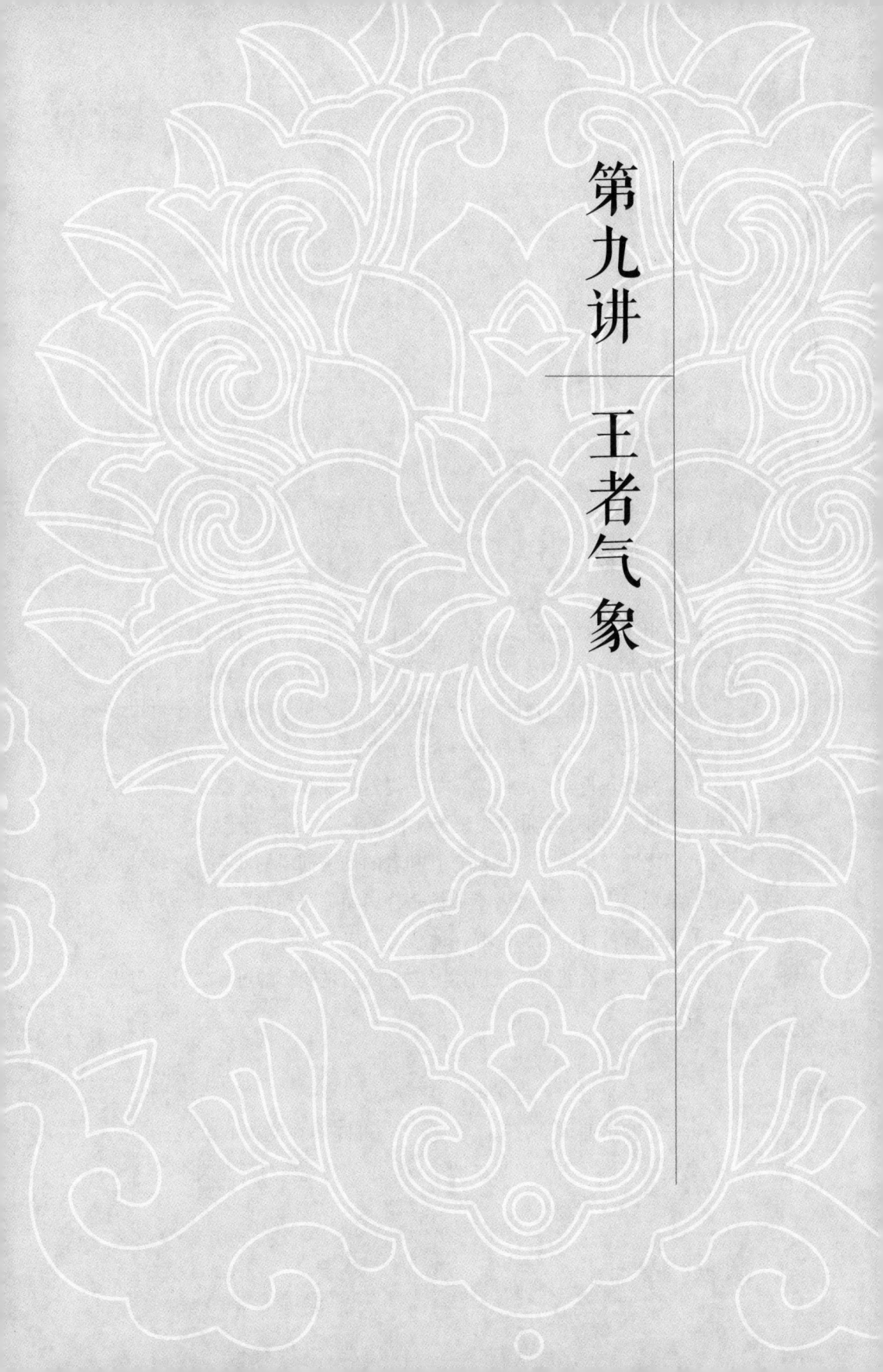

一、变数气数

唐高祖李渊的"宽仁容众"客观上放任了儿子们自成体系、营造势力,让他们进行一场优胜劣汰的残酷竞争,终于酿成"玄武门之变"。三个在李唐皇朝建立过程中立有大功的儿子,长子建成、次子世民、四子元吉,死了两个,幸存的一个也差点丧命。

这个游戏玩得实在是凶险,如果尉迟恭晚到一步,结果就是李建成死于李世民之手,李世民死于李元吉之手,李元吉死于尉迟恭之手,"玄武门之变"将成为一场没有胜利者的彻头彻尾的动乱。这场动乱的最后结局只有两个:或者李渊被杀,唐朝陷入动荡;或者李渊收拾残局,秦王府被血洗。无论哪一种结局,都是悲剧。

司马光《资治通鉴》在描述了"玄武门之变"的过程之后,发表了一番评论:

> 立嫡以长,礼之正也。然高祖所以有天下,皆太宗之功,隐太子以庸劣居其右,地嫌势逼,必不相容。向使高祖有文王之明,隐太子有泰伯之贤,太宗有子臧之节,则乱何自而生矣!(《资

治通鉴·唐纪》）

中国帝制的传统继承法是嫡长子继承，但也并非完全不可以变通。虽然说历史不可以假设，但历史研究、以史为鉴还必须有假设。作为历史学家，司马光提出了三个假设：第一，如果李渊像周文王姬昌那样做出变通，放弃践行孝道但缺乏才略的长子姬考即伯邑考，立雄才大略的次子姬发即周武王，断然废太子李建成，立秦王李世民，悲剧就不会发生。第二，如果李建成像周文王的伯父泰伯那样，多点自知之明，主动退隐，把太子之位让给弟弟李世民，悲剧也不会发生。第三，如果李世民像春秋时期曹国公子子臧那样，为了成全在位的国君而出逃，退出太子之位的争夺，悲剧同样不会发生。

但是，司马光的这些假设没有一个具有可行性。第一，隋文帝废长立幼，让貌似有道德、有能力、有功劳的杨广继位，隋朝二世而亡。这个前车之鉴就在眼前，李渊敢再来一次吗？李世民确实优秀，但谁能保证他不会是下一个杨广？第二，李建成并非像司马光所说的"庸劣"，他在唐朝建立过程中也立了大功，而且为人宽厚，智勇兼备，倒有点像李渊，完全具备"守成令主"条件，他能像伯泰一样退隐吗？谁敢说他做了皇帝唐朝就将完蛋？第三，秦王李世民的雄才大略已经被当时的人们所认同，秦王府也是藏龙卧虎，他可能像子臧那样放弃吗？何况，他逃到哪里去？即使他想逃，秦王府的那些能臣猛将能让他逃吗？

司马光自己也觉得这三个假设有些荒唐，所以退一步提出，李世民应该等李建成、李元吉先动手，后发制人，而不应该迫于长孙无忌、房玄龄、杜如晦、尉迟恭这帮人的压力，在玄武门抢先动手，杀戮兄弟，以致损害形象、"贻讥千古"。但是，从"玄武门之变"的过程看，李世民亲自射死哥哥李建成，又打算亲手格杀弟弟李元吉，李元吉也必欲置李世民于死地，可见兄弟三人的积怨、积恨、积仇到何种程度，如果我们设身处地想当时人、当事人所想，哪里顾得上身前的形象和身后的评价？如果我们再站在唐朝的国家利益、民众生态的立场上，不管采用何种方式，尽快结束政出多门的状态，尽快结束最高统治集团中的利益纷争，还国家以太平、民众以安定，那才是当务之急，至于谁先动手，只是历史长河中一个微不足道的细节。

所以，在历史上，在现实中，"道德"和"从权"、"原则"和"变通"是常常发生矛盾的。既不能丢失道德事事从权、抛弃原则事事变通，那就完全没有了规矩；也不能因为死守道德、死守原则而丧失良机、坐以待毙，那不是书生之见、腐儒之习吗？批评家可以站在道德的高度、原则的立场指责政治家残酷无情，然而正如法兰西的伟大皇帝拿破仑所说，政治家也有良心，但在你死我活的政治斗争中，却不能轻易拨动良心这根弦。虽然说历史的发展有它的大趋势，不以人们的意志为转移，但是，具体到每一次政治斗争的结局，却充满着"变数"。而这种结局到底是有利于历史的进步和民众的生存，还是导致历史的倒退，将民众推向灾难，则被称为"气数"。我们说历史是"活生生"的，就是因为其中充满着"变数"和"气数"，从而使历史研究充满挑战。如同足球比赛，靠的是实力，这种实力就像历史发展的规律和趋势；但足球是圆的，使得比赛充满着变数，一场比赛下来，实力强的队可能打中多次门框，或被对方守门员多次扑救，但对方球员的一次偷袭、本方队员的一次失误、一个乌龙，结果就变了。这也像历史过程中的"变数"和"气数"。

十分幸运的是，在唐朝建立之后不久的这次以兵变或政变方式"优胜劣汰"的"变数"，成全了唐朝持续发展的"气数"。

二、为我所用

公元626年即武德八月初九日，也就是"玄武门之变"后的两个月，李渊让位于儿子李世民，时年61岁，自己做了"太上皇"，九年之后去世，庙号"高祖"。

这件事情的内幕甚至比"玄武门之变"更被传统史家"讳莫如深"，因为他们要恪守"春秋笔法"，为尊者李渊、贤者李世民讳；但也被不少历史学者揭疮疤，因为他们要揭开历史的真相。其实，讳也好，揭也好，真相很简单：第一，儿子李世民的力量太过强大，强大到完全可以掌控唐朝政权。老子李渊即使在位，也只能是傀儡，至于是否发生意外，那很难说。第二，老子李渊的性格极其豁达，豁达到谁做皇帝已经无所谓。当年太原起兵就是儿子的主意，大半个中国也是儿子打下的，为了这个皇位已经死了两个儿子，没有必要再死人了。

李渊的退位和中国历史上所有的"禅让"相似，但更为洒脱。如果天下太平，隋炀帝还在位，或者是隋炀帝的儿子、孙子在位，唐国公李渊的地位不会受到任何影响，儿子们之间也仍然是兄弟情深；坐了天下，却父子反目、兄弟仇杀，令李渊痛心。但李渊却是拿得起放得下的人，他一生中的二十多个儿子、近二十个女儿之中，至少有三个儿子和多个女儿是做了太上皇之后即60岁以后生的，可见他的乐观、豁达。皇帝这个苦差事让儿子做，自己继续生儿育女，享天伦之乐。当然，也许他是以这种方法排遣自己的悲伤。

28岁的唐太宗李世民开始成为大唐帝国的新主人，当务之急，是尽快消除因为兄弟残杀、父子猜忌而产生的负面影响。

"玄武门之变"其实十分凶险。不但玄武门内的李世民险些被李元吉所杀，玄武门外也是险象迭生。得知玄武门有变，对李建成忠心耿耿的翊卫车骑将军冯立高呼："岂有生受其恩而死逃其难乎！"（《资治通鉴·唐纪》）说罢，与副护军薛万彻等率领东宫、齐府的两千精兵，直扑玄武门，格杀了出城厮杀的秦王府将领多人。由于张公瑾等人的拼死抵抗，玄武门久攻不下，薛万彻鼓动转攻秦王府，玄武门内的秦府将领大惊失色，因为秦王府的兵力根本无法应付。就在此时，尉迟恭手持李建成、李元吉的首级赶到，东宫、齐府兵见状，知道大势已去,纷纷散去,长安城避免了一场大规模战乱。薛万彻带着亲信,潜入终南山;冯立等人也遣散部属,分头逃亡。

根据当时开列的名单,李建成、李元吉的"死党"有上百人,有人建议尽诛其人而籍没其家,但尉迟恭坚决反对:"罪在二凶,既伏其诛,若及支党,非所以求安也!"(《资治通鉴·唐纪》)李建成、李元吉已经伏诛,株连其他,国家怎么安定!别看尉迟恭出身寒微,又是鲜卑族,这种见识却让一些饱读诗书的汉人汗颜。但是,尉迟恭的建议被采纳,则表现出李世民君临天下的王者气象。正是因为有这种气象,东宫"死党"才能为我所用。

冯立出逃一段时间之后,自行投案,准备以死报答太子。李世民当面数落:你在东宫,离间我兄弟骨肉;建成被诛,你领兵来战,杀我将士。二罪并论,你是不是该死?冯立面不改色:"出身事主,期之效命;当职之日,无所顾惮。"(《旧唐书·冯立传》)我是太子的属下,当然得效忠于太子;太子有难,我怎能不效死力?冯立的一番话,让李世民肃然起敬,立即将其释放,官复原职。冯立的对答,当然是经过深思熟虑的。本想慷慨赴义死,但没有想到竟然是这种结果,顿时有再生的感觉,决心以死相报。后来突厥兵临长安,冯立率领所部数百人奋勇搏杀,斩获甚众。李世民闻报,十分欣慰,命其为广州都督。当时的广州,既是汉人和南越的杂居地,又是对外贸易的港口,"胡商"甚多。历任守官,多贪财聚货,为患当地。广州石门有一泉,是当地最好的泉水,却被称为"贪泉"。为什么呢?说是只要喝了这个贪泉的水,再廉洁的官也变得嗜财如命。冯立到广州,专门来到这个"贪泉",当众喝下一勺泉水,宣告:我以后的饮食,就用这"贪泉"之水,看看这个水能否改变我的信念。冯立在广州都督多年,以廉洁著称,最后死于任上。人们都说风尚所致,贤者不免,但冯立以他的行为,让以各种理由贪婪的官员闭口。新、旧《唐书》都把冯立和在玄武门被他所杀的秦府官员列入《忠义传》,这倒是一种创意，也为后世留下了何谓"忠义"的标本。

和冯立一道攻打玄武门的薛万彻，是隋朝名将薛世雄的儿子。隋亡之后，薛万彻和哥哥万均一并归顺唐朝，先在秦王麾下，后为东宫属将。"玄武门之变"后，李世民多次派人招抚，薛万彻等人从终南山回长安投案。有了冯立的回答，李世民对薛万彻等人不再责问，只说了一句话："此皆忠于所事，义士也。"（《资治通鉴·唐纪》）薛万彻此后威风八面，先和哥哥万均一道，随李靖破突厥、吐谷浑，又随李绩破薛延陀，再随唐太宗打高句丽，勇冠三军。唐太宗对薛万彻有一个评价："当今名将，唯李绩、道宗、（薛）万彻三人而已。李绩、道宗不能大胜，亦不大败，万彻非大胜即大败。"（《旧唐书·薛万彻传》）这时李靖、秦叔宝、尉迟恭等人都年事已高，李绩、李道宗、薛万彻被唐太宗并称为名将，但薛万彻的风格和李绩、李道宗的稳健不同，他敢于深入、敢于冒险，所以不是大胜就是大败，但不管胜与败，都是打不死。

三、最大财富

当然，哥哥李建成留给弟弟李世民的最大财富，还是魏征。魏征年轻的时候不是一个安于本分的人，史书说他："少孤贫，落拓有大志，不事生业……好读书，多所通涉，见天下渐乱，尤属意纵横之说。"（《旧唐书·魏征传》）什么叫作"落拓"？就是穷困潦倒、豪放不羁。从魏征的出身看，倒有点像杜伏威。但魏征博览群书，修习纵横之术，又出家为道士，给自己披上一层神秘的色彩，这就决定了他不可能像杜伏威那样拉起山头，而是手持羽扇、摇唇鼓舌，走"军师"的道路。《说唐》中的"徐茂公"，其实是以这个时候的魏征而不是徐世绩为原型的。

李密的瓦岗军席卷河南的时候，魏征跟随别人投入这支部队，并且以他的文采得到李密的重视，但也仅此而已。瓦岗军在黎阳与宇文化及血战遭受重大伤亡之后，魏征提议深沟高垒，避免与王世充决战，被李密的助手斥为"老生之常谈"。"老生之常谈"是一句很普通的话，但放在魏征身上是很伤人的。不但是因为"深沟高垒"这个主张本身，还因为英雄出少年，而此时的魏征已经年近40，比李密还大两岁，比徐世绩大14岁，自诩读了几本书，有谋略，觉得有本事，却没有混出什么名堂，不是"老生"吗？魏征是什么性格？"落拓有大志"，受到奚落之后，撂下一句话："此乃奇谋深策，何谓常谈！"魏征说罢，拂袖而出。不出魏征所料，李密果然被王世充所败，一蹶不振，投奔李渊。魏征也跟着到了关中，几经周折，被太子李建成看中，成为东宫近臣。魏征一面感激太子，一面眼看秦王李世民的功劳越来越大、人气越来越旺，着急啊，建议太子相机请命立功，并为其网罗山东豪杰，谋划削弱秦王府的势力，所以深得太子的信任。

"玄武门之变"后，李世民召见魏征，厉声斥责："汝离间我兄弟，何也？"魏征的回答令所有人吃了一惊："皇太子若从（魏）征言，必无今日之祸！"（《旧唐书·魏征传》）如果太子听我的话，先下手为强，哪里会有今天这个结局，轮得上秦王在这里训斥我吗？李世民的性格其实与魏征十分相似，也是胸怀大志、豪迈不羁，所以能够延揽各路英雄。魏征是为其主，既为太子门下，为其出谋划策，这又有什么错？

应该说李建成、李世民兄弟都是有眼光的：李建成从无数归降的豪杰中选择了没有什么名气的"老生"魏征，李世民也在诸多东宫近臣中选择了曾经建议李建成解决自己的魏征。魏征给李世民办的第一件差事，是招抚逃散在各地的东宫及齐府旧部，这是魏征的行当。他是"老生"，容易得到信任，又学纵横术，富有游说技巧。有记载说，当年魏征从李密处入关中，为刚刚建立的唐朝办的第一件差事，是招抚李密的旧部，而对徐世绩的决心降唐，魏征在其中起了一定作用。这次也一样，魏征巡视到邯郸，得知东宫及齐府的几位头面人物被当地官员拘捕，要押送长安。但朝廷已经下了公文，李建成、李元吉"元凶"已诛，东宫、齐府的"协从"一概不问。这不是和朝廷的宽大政策唱反调吗？

有句话叫"宁左而勿右"，其实并不确切，是"宁左勿中"。执法要过严，打击要过度，才容易表现当事人的积极和忠诚，虽然是恶习，后果很严重，却在中国有传统。虽然做了皇帝的李世民三令五申胁从不问，但不少地方官认为，抓皇帝的仇人和仇人的帮凶总不会犯错吧？但这不能怪下面。如果违反你这个三令五申的人却可以升官，至少没有被责罚，那就说明的你的三令五申不过是官样文章。但魏征却认了真，不避嫌疑，当众释放被拘捕的东宫、齐府官员，并且向皇帝李世民报告，请求禁止类似事情的发生。这个事情影响很大，对于迅速安定人心起了重要作用，其实，这件事如果是房玄龄、杜如晦办，一点问题也没有，因为他们是李世民的心腹，但魏征刚刚从东宫归附，却如此办事，那要担当极大风险，可能会引起猜测，你这是要干什么？但有王者气象的李世民充分肯定了魏征的做法，而且一路提拔重用，魏征也由李建成的忠实部下成为李世民最信任的官员之一。

唐朝对全国统治的真正稳定，是在唐太宗李世民的"贞观"年间，而魏征也在这个过程中迅速完成了自己的"转型"，由过去的"谋臣"转变为"诤臣"。有人甚至认为，唐太宗李世民的"贞观之治"正是从重用魏征开始。李世民自己也表达了这样的意思："贞观以前，从我定天下，间关草昧，（房）玄龄功也；贞观之后，纳忠谏、正朕违，为国家长利，（魏）征而已。"（《新唐书·魏征传》）打天下，房玄龄之功为首；治天下，魏征之功居多。

四、纳谏不易

唐太宗李世民并不像一些历史教科书描绘的那样是个谦谦君子，

他是杀伐果断、雄才大略的英豪，"神采英毅，群臣进见者，皆失举措"（《资治通鉴·唐纪》）。但是，唐太宗李世民为何能够迅速进行角色转换，能够虚心纳谏，听得进魏征有时甚至过于激烈的批评？可以说是时势和人事的双重结果。

首先是时势的压力。隋朝的繁荣和强大对于李世民来说历历在目，但隋朝说亡就亡了。亡于谁？亡于首义的王薄、挺进江淮的杜伏威，还是亡于占据河北的窦建德、席卷河南的瓦岗军，或者是亡于占领关中的李渊父子？都不是，但又都是。每个貌似强盛的朝代的坍塌，都不是因某一股力量的单独作用。当年扫灭六国的强大秦朝、眼下疆域辽阔的富强隋朝，绝不是单凭刘邦的汉、李渊的唐就可以取代的，它们是被无数股力量的"组合拳"打垮的。如果不是陈胜、吴广大泽乡起义燃起的烈火，如果没有各路义军令秦朝军队顾此而失彼，刘邦进不了关中。如果没有窦建德阻击薛世雄，刚刚兴起的瓦岗军未必能躲过这一劫；如果没有李密拖住洛阳的隋军，李渊绝对进不了关中。一句话，如果没有"三十六路反王、七十二路烟尘"，隋朝绝不至于土崩瓦解。而"三十六路反王、七十二路烟尘"的背后，则是千千万万不满隋朝统治的大众。害怕重蹈隋亡的覆辙，这才是李世民能够虚心纳谏的主要原因。是这个原因使得李世民有了纳谏的意愿，并且常常向身边的大臣说自己的观点："人欲自见其形，必资明镜；君欲自知其过，必待忠臣。苟其君愎谏自贤，其臣阿谀顺旨，君既失国，臣岂能独全！"（《资治通鉴·唐纪》）人要知道自己的形象，得有镜子；人要知道自己的过失，要有人提意见。如果李世民没有这种意愿，任你魏征唠唠叨叨，他就是刀枪不入，你怎么办？

其次才是魏征的对症下药。所谓"文死谏，武死战"，但魏征另辟蹊径，为"诤臣""谏臣"们开创了一条新路径。什么路径？不是硬碰硬、当众揭短，而是通过智慧让皇帝钻进自己的"笼子"进行批评教育，由此我们也多多少少可以看出魏征当年"纵横家"的影子。

有一个人们耳熟能详的故事，说有人打小报告，说魏征通过自己的职权给亲戚谋利。李世民当然不希望魏征身上出这种事情，派人调查。调查结果是，小报告所言不实，魏征是清白的，但也发现魏征平日行为不太检点，仍然有过去做"土匪"时的"落拓"之风，不拘小节、豪放不羁、非大臣之体，这就容易授人以柄。唐太宗让监察官转告魏征，希望他成为别人挑不出毛病的完人。魏征见到李世民后，发表不同看法，君臣一体，坦诚相待最为重要，没有必要过于留意自己的形象。如果大家都谨小慎微，说话之前先考虑方式，做事之前先想是否符合礼节，这可能养成上上下下一团和气、不说真话的风气，那倒真是亡国气象。

魏征说得有道理，但也过于绝对，唐太宗却是被说服了，连连说：你是对的，我是错的。魏征进一步阐明观点："臣幸得奉事陛下，愿使臣为良臣，勿为忠臣。"（《资治通鉴·唐纪》）唐太宗奇怪了，人人都说要效忠皇室，要做忠臣，你怎么说不能做忠臣，难道忠臣和良臣有什么不同吗？魏征既然这样说，自然更有自己的道理。他和唐太宗回顾历史上的君臣关系，说三代时期，由于尧、舜、禹是明君，所以周的祖先"稷"、商的祖先"契"，以及皋陶等人，才能够恪尽职守，成为良臣，君臣相得，共同享受太平；由于夏桀王、商纣王是昏君、暴君，听不得不同意见，所以人们都说好话、不说真话，好不容易出了说真话的关龙逄、比干，因为爱国心切，当面指出夏桀、商纣的错误，自己被杀，成了忠臣，但夏、商也亡国了。

通过历史回顾，魏征的意思很明白：希望唐太宗李世民成为尧、舜、禹那样的明君，听得进批评，臣下才能知无不言、言无不尽，做稷、契、皋陶那样的良臣；但是，如果皇帝文过饰非，听不得批评，那我们只能犯龙颜、批龙鳞，做个关龙逄、比干那样的忠臣，死不足惜，国家也就亡了。魏征的这种说话的策略，和战国时期"纵横家"如苏秦、张仪，西汉的语言大师东方朔如出一辙。他是通过这种方式，给唐太宗李世民做个明君的"笼子",让李世民往里面钻。李世民还真是钻了,因为他要做明君,因为他希望把唐朝带向光明,而不希望重蹈隋亡的覆辙。魏征也正是看准了这一点,不厌其烦,前后向唐太宗李世民上书两百多次,向李世民灌输为君之道,提醒其以隋亡为鉴,励精图治。

《剑桥中国隋唐史》的作者给魏征下的定义是"刻板"的儒学家,这是因为"老外"不懂中国文化的奥妙,所以小看了魏征。刻板的儒学家在李世民以及一切雄才大略的君主身边是难以吃得开的。有个戏说乾隆皇帝的电视连续剧,说有人劝乾隆皇帝亲君子、远小人,乾隆皇帝说,君子是水,一刻也离不了;小人是油,没有油就没味。我不知道乾隆是否真的说过这番话,但至少剧作者很有智慧。魏征对于唐太宗来说,既是水,不能缺,又是油,愿意亲近。魏征去世之后,唐太宗十分伤感,说了一段名言:

以铜为镜,可以正衣冠;以古为镜,可以知兴替;以人为镜,可以明得失。朕常保此三镜,以防己过。今魏征殂逝,遂亡一镜。(《旧唐书·魏征传》)

虽然说魏征的去世让李世民少了一面镜子,但李世民在魏征、房玄龄、杜如晦等人帮助下开创的"贞观之治",却给中国历史留下了辉煌的一页。

那么,所谓"贞观之治"是何种状况,为何被人们津津乐道千余年?

第十讲 贞观之治

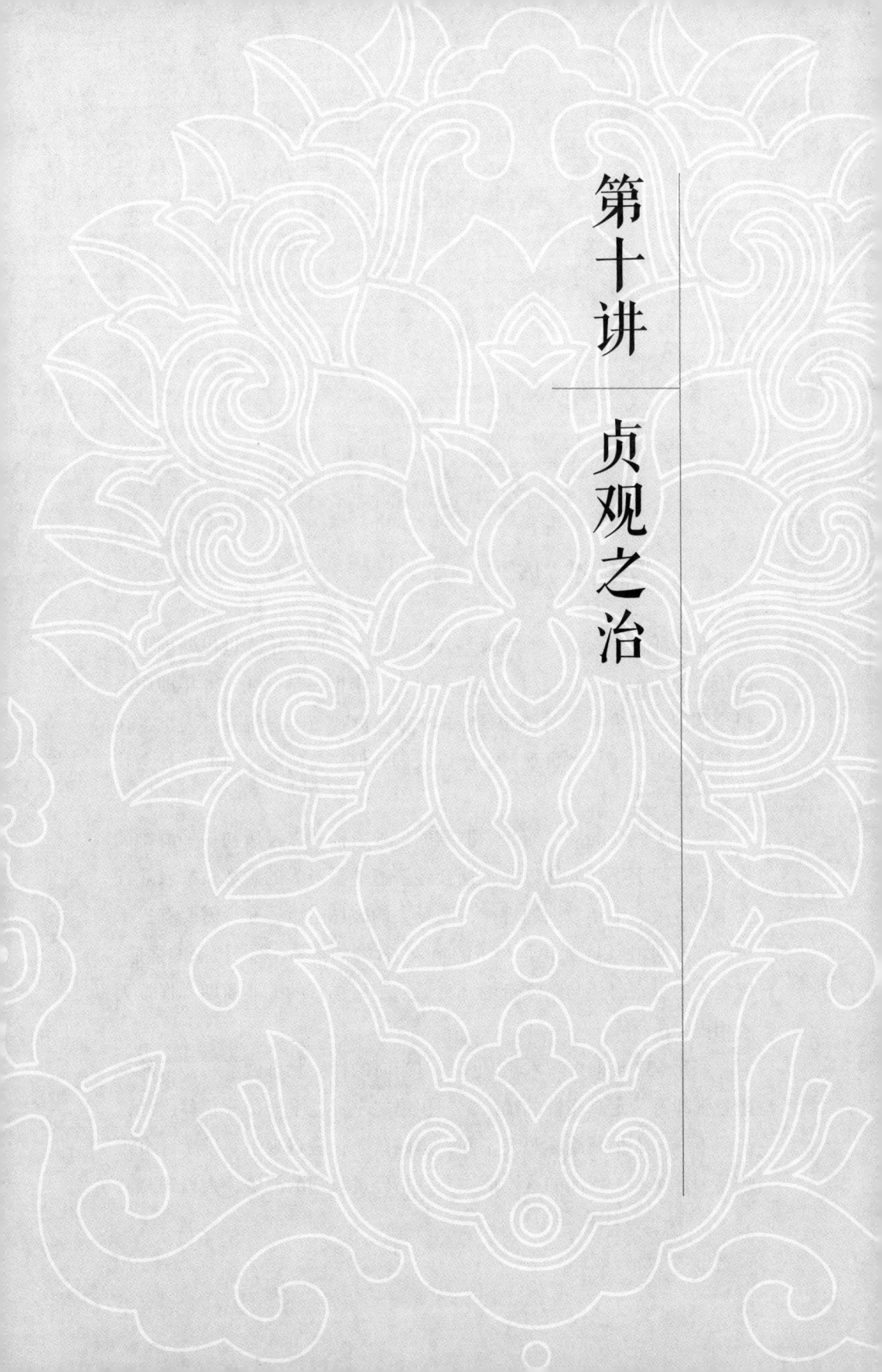

一、为治之"体"

在魏征、房玄龄、杜如晦等人的帮助下,唐太宗李世民开创了中国历史上一个伟大的时代——贞观时代。李世民是公元626年即唐高祖李渊的武德九年八月继位的,649年即贞观二十三年五月去世,在位二十三年,年号"贞观",所以人们称他在位的这段时间和社会状态为"贞观之治"。

经历了民众的揭竿而起、群雄的据地争锋,以及唐初扫平群雄的战争,黄河上下、大江以北,社会经济遭受了极大的破坏。按农业社会十年生聚、十年教训的规律,一场大的破坏之后,至少需要有二十年的恢复期。所以,无论是经济的繁荣、社会的富足,还是国家的强盛,唐太宗的贞观时代与隋文帝的开皇后期、隋炀帝的大业前期,根本无法相提并论。

公元632年即贞观六年,魏征对当时的社会状态做了一番虽然有些夸张却有一定真实性的描绘:"伊洛之东,暨乎海岱,萑莽巨泽,茫茫千里,人烟断绝,鸡犬不闻,道路萧条,进退艰阻。"(《贞观政要·直谏》)魏征的这段话主要是指经过长期的战争,人口锐减,在农业社会，户口的多寡是衡量社会状况的基本指标。公元652年，即李世民死后三年，继位者高宗李治想知道国家的家底，问主管财政的户部尚书：去年新增多少户？回答是：15万户。又问隋朝及当前的户口数，回答是："隋开皇中，有户八百七十万，即今见有户三百八十万。"（《旧唐书·高宗纪》）如果按照这个数字，直到贞观后期，充其量也就是350万户左右，约当开皇后期及大业时期的40%。被许多历史教科书所描绘的贞观时代的京城长安，其繁荣程度也比不上隋炀帝时代的东都洛阳。

那么，为何千余年来，"贞观之治"被人们津津乐道？不能不说，古人是有智慧的，他们并没有说"贞观之盛"，而是说"贞观之治"，关键在于一个"治"字。正是有了这个贞观之"治"，为唐朝开辟了富强之道，才有了后来的开元之"盛"。那么，"贞观之治"的特色是什么？我看可以用四个字概括——"政通人和"，所以人能尽其才、民能安其业，周边的民族问题也能够得到比较好的解决。

在帝制时期，在特定的历史时代，君主本人的表现对一个时代、一个政权起着至关重要的作用，这是为治之"体"，即施政的"主体"。诸位说，你这样强调君主个人的作用，难道君主可以改变历史进程、决定民众生活？从个人来说，确实不可以。但是，通过制度，在某种程度上又可以。战国时期著名的法家学者慎到有一个很有意思的观点：

> 尧为匹夫，不能使其邻家。至南面而王，则令行禁止。由此观之，贤不足以服不肖，而势位足以屈贤矣。故无名而断者，权重也；弩弱而矰高者，乘于风也；身不肖而令行者，得助于众也。（《慎子·威德》）

"三皇五帝"中的尧固然是圣君，但没有权势的时候，邻居都懒得理他；一旦成为"尧帝"，则可以令行禁止。这就是通过制度造成的"权"和"势"的力量,就像弩的力量虽然不足,箭却可以凭借风势射得更高更远;君主虽然只是个人,却可以凭借组织起来的力量操纵时局。所谓一人兴邦、一人亡邦,虽然有些绝对,但在特定的时期,兴亡还真是呼吸之间的事情。我们在《国史通鉴》中曾经说到的管仲死而齐国乱、嬴政死而秦朝亡,以及刚刚发生的事,隋炀帝硬是把繁荣强盛的隋朝玩完,都是"一人亡邦"的典型例子。

正是因为繁荣富强的隋朝的轰然坍塌,使得雄才大略的唐太宗李世民在魏征等人的引导之下变得谦虚谨慎起来。虚心纳贤、纳谏,虚心学习从马上打天下到马下治天下。雄才大略加上谦虚谨慎,成就了唐太宗李世民真正的王者之气。这种王者之气,恰恰是兴邦之气。我们不能说是李世民一人兴邦,但唐朝的兴盛毫无疑问是由李世民的"贞观之治"开创的。

二、为治之"道"

唐太宗李世民是"贞观之治"的为治之"本",时时与大臣们讨论为治之"道",即"治道",这也是一个学习的过程。从哪里学?从历史中学,正如他自己所说,"以古为镜,可以知兴替"。

唐太宗李世民和他的助手们不仅讨论隋炀帝的亡国,也讨论隋文帝的失误。从这一点来说,作为政治家的他们,比作为历史学家的我们要高明得多。因为我们总是把隋朝二世而亡的账算在隋炀帝身上,我刚刚还在说,是隋炀帝玩完了隋朝。但他们不是,他们认为隋文帝也有责任。隋文帝的责任在哪里?在于"治道"出了问题。有一次李世民问萧瑀,隋炀帝固然是亡国之君,那么隋文帝是什么样的君主?

萧瑀在当时绝对是个人物,牵涉的人际关系十分复杂。第一,萧瑀出身于兰陵萧氏,是梁武帝萧衍的玄孙、后梁或西梁最后一位"皇帝"萧琮的弟弟,可以说是南方文化的代表;第二,萧瑀是隋炀帝的皇后萧氏的亲弟弟，于是也是隋炀帝的小舅子、隋朝的"国舅"；第三，萧瑀的妻子是独孤信的孙女，因而也是隋文帝杨坚的独孤皇后、唐高祖李渊的母亲独孤氏的侄女，因而也是隋炀帝杨广和唐高祖李渊的表妹、唐太宗李世民的表姑。这种人事关系真会把人绕糊涂。正是因为有如此复杂的人事关系，而且又长寿，所以萧瑀对南朝的事情、隋朝的事情和唐朝建国之初的事情都十分熟悉，可以说是活着的老神仙，是一部会开口的近代史。

隋末大乱，对姐夫加表哥的隋炀帝杨广绝望的萧瑀，投奔了另一位表哥唐高祖李渊，做了新朝的宰相。出身世家的萧瑀文采极好，但性格也十分耿直，属于恃才傲物又敢于说真话的人物。正是因为如此，萧瑀和本来感情极好但也同样恃才傲物的姐夫隋炀帝闹翻，入唐以后，也时时惹得天赋甚高的表侄李世民不高兴。李世民多次罢他的相，又多次恢复他的职务，请他回来议事、办事。

当然，也是因为萧瑀耿直，所以李世民时时征求他的意见。见李世民问自己对隋文帝的看法，萧瑀也就实话实说自己的感受：隋文帝克己复礼，勤于政事，这在中国历代君王中都极为少见，经常从早朝开始和大臣讨论问题到日中，虽然未必比得上古代圣君，却也是"励精之主"。

李世民听了萧瑀的话，笑了，说姑父您只知其一，未知其二，只知隋文帝勤政，却不知隋文帝勤政的原因。原因有二：第一，"性至察而心不明"。什么叫作"性至察"？就是心眼小容不得别人犯错误、有过失；什么叫作"心不明"？就是看不准人、老怀疑人、用人不专。第二，欺宇文氏的孤儿寡妇而得天下，怕人心不服，所以总是感到别人也在盘算自己。既然是这样，就只好事必躬亲，即使决策发生错误，大臣也不敢直说，以免引起猜疑。李世民进一步认为，隋文帝如此不厚道，隋朝的根基就不深厚，经隋炀帝一折腾，国家也就亡了。

李世民的这种认识，房玄龄早就有了。房玄龄18岁时随父亲到长安，亲眼看到长安的富裕繁荣，亲耳听到人们赞叹天下太平，却悄悄将自己的看法告诉父亲，说我看当今皇帝并非宽仁之主，只是善于作秀而已，并且预言："今虽清平，其亡可翘足而待。"（《旧唐书·房玄龄传》）一个少年做此判断，让父亲大吃一惊。可以断定，对隋文帝的这种认识，并非只是李世民、房玄龄，应该代表着相当多的人的看法。隋文帝如此，自己怎么办？李世民向表姑父萧瑀说了自己对"治道"的认识：

  天下之广、四海之众，千端万绪，须合变通，皆委百司商量，宰相筹画，于事稳便，方可奏行。岂得以一日万几，独断一人之虑也！……岂如广任贤良、高居深视，法令严肃，谁敢为非？（《贞观政要·政体第二》）

  国家那么大，事情那么多，千头万绪，千变万化，个人再有智慧，也有思虑不周的地方。李世民向萧瑀说了自己在这方面的体会：我从小喜欢摆弄弓弩，自以为深知其中之理。近来搜罗了十多张良弓，让弓弩制造专家鉴定，竟然没有一张是真正的良弓。专家说，虽然陛下的这些弓硬度和韧性都很好，但脉理不正，所以虽然可以射得远，却影响准确性。你看看，我以弓弩定天下，用弓弩可谓多矣，竟然不知道良弓的真正奥妙。治理国家也一样啊，天下的事情多得很，我哪里件件事情都能知晓。比如处理10件事情，有5件事情判断正确，这已经是很神明了。但判断错误的另外5件怎么办？后果一时也许看不出来，但日积月累，谬误越来越多，国家怎么可能不出问题呢？那怎么办？就要让人尽其才，让官员们都发挥自己的聪明才智。皇帝的责任，是掌控全局、严肃法纪。这才是真正的"治道"。

  原来，李世民的所谓"治道"，竟然如此之简单：君主掌控全局，官员各司其职；人尽其才，各安其位。但是，说起来简单，做起来极难。

三、人尽其才

这里我们要说到一个人物：王珪。

王珪和魏征一样，本来也是太子李建成的重要谋士，同样在李建成死后被李世民所用，做了"侍中"，这是隋唐"三省六部"中门下省的长官了，与中书省、尚书省的长官并为宰相。《贞观政要》列了八位在贞观年间的重臣，首列房玄龄、杜如晦，这是秦王府的旧臣，也是贞观时期的"名相"；次列魏征、王珪，这是东宫的旧臣，可见太子李建成手下也是人才济济。和魏征一样，王珪也以直言著称。从这个角度说，李建成在玄武门败给李世民是有道理的，他至少是弄错了角色，还没有得到天下，便弄了一批坐天下的人物，而李世民则是弄了一批夺天下的人物，等到夺了天下、坐天下时，再把李建成储备的人才收为己用。

一天，李世民宴请几位和王珪同为三省长官的重臣，他们是：房玄龄、魏征、李靖、温彦博、戴胄以及王珪。君臣畅饮，相谈甚欢，李世民笑着对王珪说：先生以知人敢言著称，能否对自己和在座的几位做个评价？这就出了一个大难题。点评历史人物好办，比如我们的《国史通鉴》，就现在为止，可能说到了上千人物，没有人和我们较劲。但说当代人物，而且是当面点评同殿称臣的人物。如何点评？这就不能不说是"贞观之治"了。由于君臣融洽，由于李世民深谙人尽其才的"治道"，使得王珪可以比较轻松愉快地对同僚们进行点评：

孜孜奉国、知无不为，臣不如玄龄；每以谏诤为心、耻君不及尧舜，臣不如魏征；才兼文武、出将入相，臣不如李靖；敷奏详明、出纳惟允，臣不如温彦博；处繁理剧、众务必举，臣不如

戴胄；至如激浊扬清、嫉恶好善，臣于数子亦有一日之长。(《贞观政要·任贤第三》)

王珪点评的包括自己在内的六位人物，其实代表着唐太宗"贞观之治"的六类人物。

第一类，以房玄龄、杜如晦为代表，这是李世民治理国家的主要助手，协调方方面面，制定国家的大政方针；第二类，以魏征、马周为代表，不断用自己的智慧和直言向皇帝灌输为君之道，指出政策中的种种不足；第三类，以李靖、李绩为代表，才兼文武，为将则用兵如神、屡挫强敌，为相则处事公道、受人敬重；第四类，以温彦博、虞世南为代表，这是一批文学之士，能够漂亮地做好上情下传、下情上达的事情，完美地表达和解释朝廷的各项政策；第五类，以戴胄等人为代表，能够干练地处理各类事务，是解决纠纷、缓解矛盾的高手；第六类，以王珪自己为代表，以身作则，反腐倡廉，培养官场作风，审定国家政策的合理与不合理。

王珪的点评，全是表扬，但没有人指责他是在当面奉承，是在进行"表扬与自我表扬"，因为他说的是事实，因为"贞观之治"的"治"，正表现在人才之盛、人尽其才上。类似于李世民与王珪的这种议事，成为后来"政事堂"议政的雏形。

其实，人皆有善恶。在凶险的环境，君臣猜疑，百姓游离，好人会变坏，而在贞观时期，由于政通人和、人尽其才，坏人也可以变好。隋炀帝时代的佞臣、唐太宗时代的诤臣裴矩成了又一个典型。

为了整顿吏治，伟大的唐太宗也干过小人的勾当，让人向一位门吏行贿。门吏是个小角色，见财眼开，收受了一匹绢，坐律当死。但遭时为户部尚书的裴矩反对，说为吏受贿，其罪当死，但陛下让人行贿，这就是陷人入法，和古人说的"道之以德、齐之以礼"大相径庭。这种行为用我们今天的话说，就是"钓鱼执法"，是"执法圈套"。

唐太宗曾经批评过曹操的类似行为，自己竟然也跟着犯，觉得确实不地道，于是大大表扬裴矩："裴矩能当官力争，不为面从。傥每事皆然，何忧不治！"（《资治通鉴·唐纪》）这位裴矩在隋炀帝时代曾经以"佞"为人所不齿，在贞观时代竟然也敢批评起君主，司马光也十分感叹：古人有言，"君明臣直"。同是一个人，在隋则佞，在唐则诤，完全是环境使然："君恶闻其过，则忠化为佞，君乐闻直言，则佞化为忠。"（《资治通鉴·唐纪》）所以，决不要埋怨别人不说真话，原因是因为你不愿意听真话。

我们甚至可以由此得出一个结论：如果人们都在说假话，那一定是君主不愿听真话；如果君主愿意听真话，人们也用不着说假话。

四、民安其业

一个真正的"治世"，治体与治道固然重要，但真正的"政通人和"不仅仅表现在"人尽其才"，更应该表现在"民安其业"上，这才是社会稳定的真正保障，是治国的根本，是为治之"本"。

从种种记载看，贞观时期唐太宗君臣们所议之事，主要是国计民生。但是，国计与民生虽然密切相关，却也是可以畸轻畸重的，这就需要在国计与民生之间有一种平衡。站在统治者的立场上，一般是重国计而轻民生，没有办法，这就叫"屁股决定脑袋"，民众在这个过程中几乎是没有话语权的。但是，如果没有制约，重国计就会演变为朘削民众，演变为打着国计的幌子谋求私利。这就需要有一种力量进行制约，有一种理念进行调整。什么力量制约？农民起义的力量，民众斗争的力量。秦朝、西晋、隋朝的二世而亡，以及汉武帝对政策的调整，就是这种力量制约的结果。可以说，如果没有这种力量的制约——用马克思的话说，如果没有批判的武器的民众不拿起武器进行批判——重国计而轻民生乃至剥夺民生，是极其容易发生的。由此而产生出一种理念，这种理念就是"国以民为本，民以食为天"。这种理念时时提醒统治者，特别是最高统治者，民众是政权的根本，如果民众的生计没有保障，国计就是一句空话，国家的灭亡也是迟早的事情。

受隋朝灭亡这个事实的制约，李世民君臣在民生的问题上有比较清醒的头脑。继位之初，李世民就一再和官员们说到这种认识："为君之道，必须先存百姓；若损百姓以奉其身，犹割股以啖腹，腹饱而身毙。"（《贞观政要·君道第一》）为君之道，以民为重，如果朘削民众以利己，犹如割股而填腹，肚子是饱了，命也就没了。所以，在考虑国计的过程中，不能不更多一些关心民生。

那怎么办？老办法，"轻徭薄赋，与民休息"。事实证明，这八个字在战乱之后的经济恢复与发展中的作用，屡试不爽。但贞观时期"轻徭薄赋，与民休息"的方式，则是继承了从北魏到隋朝的做法，特别是继承了隋朝的办法，推行均田制、调整租调制。但是需要指出的是，唐朝的均制和租庸调制，在高祖李渊的武德年间就已经颁布，但在贞观年间得到了比较好的推行。

由于长年的战乱，一直到贞观末年，唐朝的民户数量约当隋文帝开皇后期的40%，唐朝的均田制正是在这样一种条件下推进的。和北魏、隋朝的均田制一样，所均之田，都是因为战乱或其他原因而被抛荒的田地以及待开垦的土地，这些土地的所有权归国家。私人占有的田地即有主田地，是私田，是不可能予以"均"的。唐朝的"均田制"大致可以分为平民受田和贵族官员受田。

平民受田：18岁以上的中男、23岁以上的丁男，每人"口分田"80亩、永业田20亩，共100亩；60岁以上的老男及工商业者、鳏寡孤独者、残疾者、僧尼道冠人等递减，有夫之妇及奴仆不受田。口分田死后归还国家，永业口可以传之子孙，如果迁徙，可以出卖。

贵族及官员受田：按爵位和职务的高低，可受永业田100顷到60亩，各级官府有数量不同的"职分田"和"公廨田"，分别补充官员的俸禄和官府的办公费用。

从这个均田制中，我们可以看到政策对贵族和官员的倾斜。这既考虑了贵族和官员的客观需要，更是利益分割，可以说是"屁股决定脑袋"、立场决定政策的典型例证，但这也是阶级社会中无法改变的基本现实，历朝历代都如此。而我们之所以在"贞观之治"中说到这个"均田制"，并且说是"轻徭薄赋，与民休息"的重要政策，是因为不管怎样，它保证了民众的基本生活资料，也就是有了"生计"的保障。更重要的是和"均田制"配套的"租庸调制"，可以看出对"民生"的关注。

征税服役的起始年龄是考验统治者民生认识的第一个节点。隋文帝杨坚的开皇年间，把"中男"的年龄由11岁提升到16岁，将"丁男"的年龄由18岁提升到21岁；到唐高祖李渊的武德年间，把"中男"的年龄再提升到18岁，把"丁男"的年龄再提升到23岁。诸位不要小看提升的两岁，意味着民众交纳租庸调的年龄推后了两年，这对于"国计"来说是不小的损失，而对于"民生"来说，却减少了不少的负担。

服役的期限和纳赋的多少是考验统治者民生认识的第二个节点。隋文帝开皇年间，一夫一妇即"一床"：每年纳粟3石，这是田租；纳绢一匹（4丈，后来改为2丈）或布一端（5丈）、绵三两或麻三斤，这是户调；中男、丁男每年服役20天，50岁以上免役收绢，这是丁庸。这就是田有租、户有调、丁有庸，庸也可以理解为"佣"，纳绢代役，政府可以用绢"佣"役。到武德时期，特别是到贞观时期：第一，租。每丁每年纳粟2石，比隋朝少了1石。大家说，为何是"丁"而不是"床"，这是因为唐朝的女子不受田，受田的只是男丁，所以不以"床"为单位而以"丁"为单位。第二，调。每丁纳绢或绫丝织品2丈、绵三两，或布2丈5尺、麻3斤，这与隋朝没有区别。第三，庸。每丁每年服役20天，如果不服役，则每日折绢3尺；如果政府加役，15天免调，

30天租调全免。

由此可以看出，民众在唐朝对于国家的负担有三个方面得以减轻：纳租纳调及服役的年龄比隋朝晚两年；田租比隋朝少1石，减少三分之一；由50岁以上免役纳庸变得更为自由，纳绢即免役。与此同时，规定了以役代租、代调的政策，以及服役的最高时限。这样一来，民生得到了更多一些的保障，民众对政府的拥护度自然也高。时间一长，效果就更为明显。《贞观政要》对于贞观时期的描述，虽有溢美之词，但大抵能够反映一段时期的基本状况：

> 商旅野次，无复盗贼，囹圄常空，马牛布野，外户不闭。又频致丰稔，米斗三四钱。行旅自京师至于岭表，自山东至于沧海，皆不赍粮，取给于路。……此皆古昔未有也。（《贞观政要·政体第二》）

虽然说不上是繁荣富强，却是民安其业，温饱无忧，秩序井然。欧阳修也大加赞赏："盛哉，太宗之烈也！其除隋之乱，比迹汤武；致治之美，庶几成康。自古功德兼隆，由汉以来，未之有也。"（《新唐书·太宗本纪》）在欧阳修看来，唐太宗的丰功伟绩完全可以比肩商汤和周武王，而他治理下的国家也完全不亚于西周成王、康王时代。

说到这里，大家可要提问了，"贞观之治"真的像《贞观政要》描绘的这样、像欧阳修赞美的那样？当然未必，尽管是"贞观之治"，其实也存在着诸多问题，更何况，我们还没有说到它是否能够接受与周边民族关系的考验。

那么，"贞观之治"存在着一些什么样的问题？它又是如何接受民族关系的考验的？

第十一讲 卫公英公

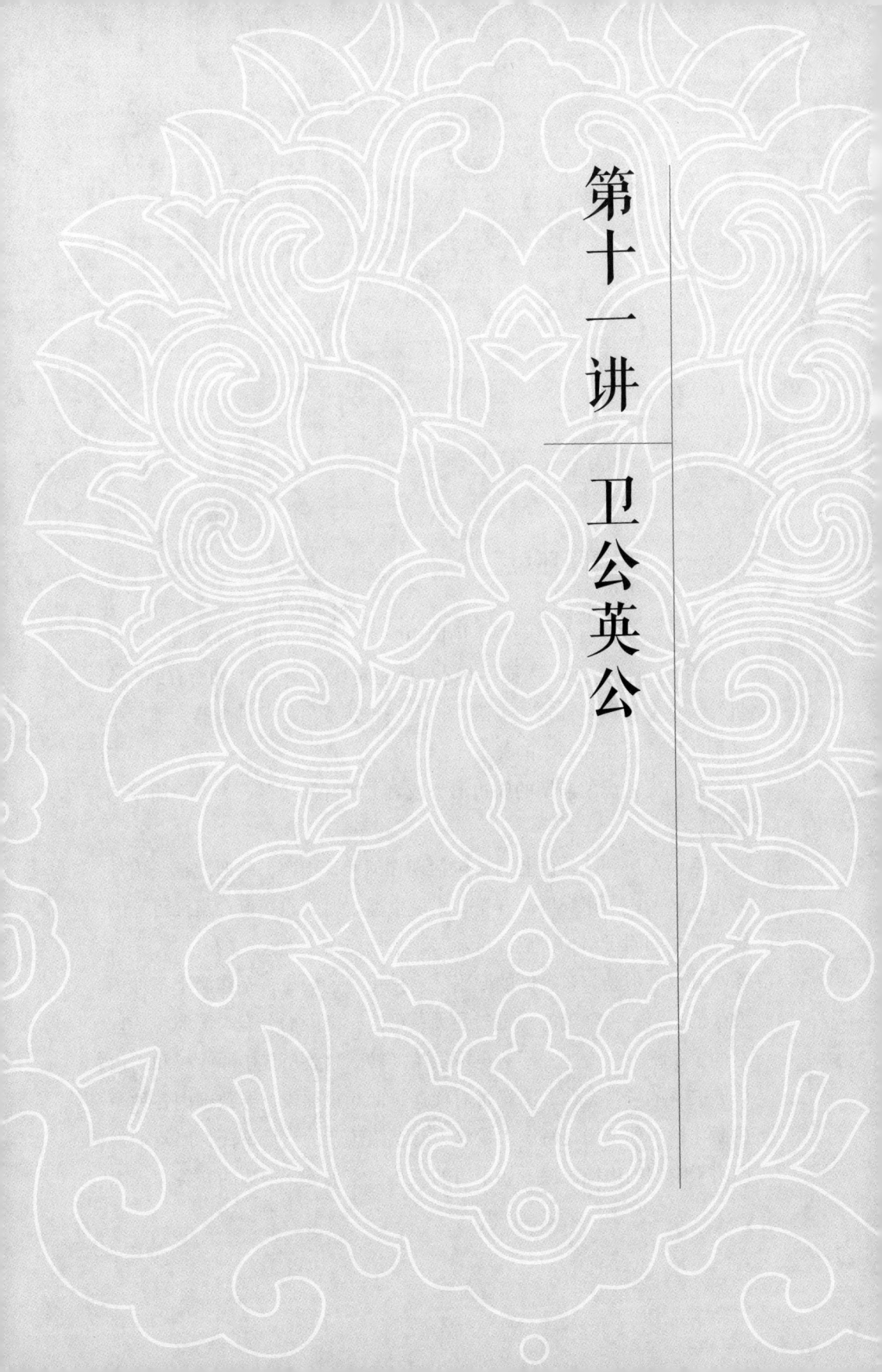

大国气象：隋唐五代卷

一、"国际环境"

唐太宗李世民君臣开创了中国历史上一个"治世"的样板。"贞观之治"，政通人和，人能尽其才，民能安其业。但是，和所有的"治世"及"盛世"一样，"贞观之治"还得接受另外一种考验，那就是和周边民族及相邻国家的关系。

我们先就唐朝前期的周边形势或者"国际环境"，做一个简单的扫视。

活动在唐朝统治区北边，包括现在河北、山西、陕西北部及内外蒙古地区的，是东突厥。开皇、大业极盛之时，东突厥在启民可汗的统领下，归附了隋朝。启民可汗甚至在隋炀帝"巡边"的时候，亲自除草开道。但是，东突厥的归附、启民可汗的效忠，是在两个条件下发生的：第一，隋朝的稳定与强大；第二，突厥的分裂与孱弱。一旦这两个条件发生变化，形势也就发生逆转。这是历代中原政权和周边民族关系的"常态"。隋炀帝时代连续的兵役徭役，导致国内各种矛盾激化，隋朝土崩瓦解，大量汉人乃至隋炀帝的皇后萧氏，以及本来归附于隋朝的边境民族，如东边的契丹、室韦等，西边的吐谷浑、高昌等，纷纷归附东突厥或西突厥，突厥的力量迅速壮大起来。启民可汗死后，儿子始毕可汗继位，各族战士有百万之众，所以，有了困隋炀帝于雁门的壮举。李渊起兵时，也派人向东突厥称臣示好，以解后顾之忧。

活动在唐朝统治区西北，今青海和被称为"西域"的我国新疆及哈萨克、乌兹别克、吉尔吉斯、阿富汗等地，有高昌、吐谷浑、焉耆、龟兹、疏勒、于阗等，以及西突厥。

高昌故城位于今日新疆吐鲁番东南约40公里的火焰山南，是当年丝绸之路上的名城，为西出玉门关之后通向西域的第一大去处。这个地方西汉的时候为"车师国"所在地，明代小说《西游记》中的"车迟国"，应该就是受这个"车师国"的启发。北魏时期，车师被灭，高昌崛起，人口的主要成分是汉人或者汉化的其他民族。隋唐时期的高昌国和两汉时期的车师国一样，虽然地域空间不是太大，地理位置却十分重要。

吐谷浑我们曾经说到过，是鲜卑慕容部的一支，在从辽东迁往青海一带的过程中以及到了青海之后，吸收了不少其他的部族，迅速发展成为一个东起青海湖、西到塔里木盆地，北抵高昌、南至青藏高原北麓，东西四千里、南北两千里的大势力。隋炀帝大业极盛时，吐谷浑兵败西逃，但不久又重回故地，成为唐朝西部的一大邻国。

焉耆、龟兹、疏勒、于阗等则位于我国新疆的南疆，是一个又一个农业民族聚落及城邦国家，类似于我们所说过的两汉时期的西域诸国。

在高昌、吐谷浑的西北，今新疆北疆及伊犁河下流，是西突厥。隋文帝开皇年间，西突厥的势力达到极盛，南起疏勒即今新疆南部，北至阿尔泰山以北，东起吐鲁番，西至威海，均为其控制。此后，西突厥发生分裂，在唐朝贞观年间请婚求附，但"时附时叛"。

和突厥杂处或活动在突厥以北的大漠一带，同样也时而归附、时而自立的部族，还有回纥、铁勒、薛延陀，等等。部族同样十分复杂，其中不少与过去的匈奴、鲜卑、柔然、高车等民族有关。

活动在唐朝统治区西部及西南，今日我国的青海南部、四川西部，特别是西藏，即被称为"青藏高原"地区的，是吐蕃。这是和唐朝同一年建立，同时也是文献记载中藏族的第一个政权。但是，在此之前，这一带已经有多个类似政权组织形式的存在。

活动在唐朝统治区以南的，我国云南西南部地区以及越南中部以南、老挝、柬埔寨、缅甸一带的民族和政权，在当时被称为南诏蛮、林邑、真腊、骠国等。

活动在唐朝统治区东北，有靺鞨、渤海、室韦、契丹、奚等；而在今日我国辽宁省辽河以东及朝鲜半岛，则有高句丽、百济、新罗诸国。

隔着这些民族或国家，更为遥远的有：西南的印度，汉代称"身毒"，唐朝称"天竺"，这里是佛教的故乡，《西游记》中的唐僧取经去的就是这个"天竺"；南海及周边的马来西亚、印度尼西亚、菲律宾等地，在唐朝被称为婆利国、盘盘国、陀洹国、诃陵国等；还有和新罗隔海相望的倭国，以及被认为是倭国"别种"的日本。

随着唐朝势力的拓展、影响的扩大，这些民族或国家也开始与唐朝发生越来越频繁的联系。

如何应对这种"国际环境"，唐太宗李世民君臣曾经反复计议。有人建议趁着扫平隋末群雄的余威，进行武力威慑。但魏征极力反对，主张："偃革兴文，布德施惠。中国既安，远人自服。"（《旧唐书·魏征传》）经过长年的战争，民众需要休息，经济需要恢复，社会需要安定。唐太宗部分采纳了魏征的建议，轻徭薄赋，与民休息，奖励农耕，发展生产，对周边的民族和国家尽可能地进行友好交往。

"偃革兴文，布德施惠。中国既安，远人自服。"魏征所说的这"十六字方针"，是中国儒家学者关于中国与周边民族与国家相处的一贯主张。

坦率地说，如果作为长远的国策，我赞成后面八个字："中国既安，远人自服。"这是具有永久意义的国家安全理念。任何时代、任何政权，要想周边安宁，要想在复杂的"国际环境"中应对自如，必须善待本国的民众并且得到民众的拥护，使民众将这个政权视为自己的国家并愿意与其共存亡。这才是社会稳定、国家安全的真正保障，是处理与周边民族和政权关系的真正底气。前面八个字，"偃革兴文，布德施惠"，特定情况下如唐朝初建之时，也是十分需要的，但容易成为后人丧失血性、苟且偷安的借口，倒不如用另外八个字："崇文尚武，韬光养晦。"

农业民族和游牧民族之间，农业民族和农业民族之间，游牧民族和游牧民族之间，总是存在着生存空间的争夺。发展中的唐朝政权和一些正在发展的民族、正在扩张的政权，也必然会在"民族利益""国家利益"上发生矛盾和冲突。所以，战争总是难以避免。即使在今天，小轿车和电动车的一次轻微接触，不是仍然导致有人闹事乃至斗殴吗？

从总的态势上说，贞观前期，唐朝与周边民族及政权的战争，是以防御为主，但随着唐朝政权的趋于稳定，随着社会经济的逐步恢复和国家财力的逐步加强，从唐太宗贞观中后期开始，经唐高宗李治、女皇武则天，到唐玄宗开元、天宝时期，唐朝对周边民族和政权的战争，更多的是主动出击。"安史之乱"爆发后，繁荣强盛的唐朝变成藩镇割据的唐朝，中国不安，远人自然不服，周边民族和政权的"入寇"遂成常态。

二、卫公李靖

在唐朝前期对周边民族和政权的战争中，必须说到两个人物：卫国公李靖、英国公李绩。李靖出身于"关中"仕宦之家，祖父、父亲及本人都在隋朝任官；李绩出身于"关东"底层豪强，17岁加入瓦岗军时已是江洋大盗。但是，出身的不同并不影响二人同为唐代乃至中国古代最负盛名的军事统帅。更有意思的是，唐太宗夺天下时出谋划策的房玄龄、杜如晦，坐天下时直言敢谏的魏征、王珪，除杜如晦外，房玄龄、王珪、魏征分别享年70、69、64岁，这在当时可以说是高寿。而一生之中无数次出生入死、屡摧大敌的李靖、李绩，却比文官同僚更加高寿，李靖享年79，李绩活到76，在古代名将中不能不说是奇迹。

李靖是陕西三原人，本名药师，《旧唐书》，特别是民间传说中多称其为"李药师"。三原县以境内有孟侯原、白鹿原、丰原而得名。作为地名，陕西的"原"特别多，周族的兴盛地叫"周原"，陈忠实先生的名著叫《白鹿原》。自西周以降，经秦汉到隋唐，以长安为京师，长安周边地区为京畿，设"京兆尹"管理。三原属"京兆尹"管辖范围，民间艺人为了渲染李靖的出身，又称之为"京兆三原李靖"。

从中唐开始，李靖在民间不断被"传奇化"，并且由传奇小说《虬髯客》见诸文字。唐末文人杜光庭的《虬髯传》传奇，讲述了李靖、红拂女、虬髯客"风尘三侠"的故事：隋末天下大乱，李靖到长安面见杨素，这位杨素就是小说《说唐》中"靠山王杨林"的原型。杨素的侍女红拂女，倾慕李靖的帅气和才气，随其私奔至太原，与胸怀大志的虬髯客在客栈相遇。虬髯客和红拂女结拜为兄妹，并向妹夫李靖传授兵法、武艺。三人行侠仗义、居无定处，人称"风尘三侠"。虬髯客本有天下之志，但见了十多岁的李世民后，自愧不如，认定这才是"真命天子"，将财产赠给李靖夫妇，让其相机辅佐李世民，以博富贵，自己避居海外，另创一片天地。这个故事从唐朝一直流传到民国，流传到当代。明代小说《封神演义》本来打算让"名人"李靖为小说争取读者，让李靖有三位了不起的儿子。但是，不小心却把李靖塑成了徒有"托塔天王"虚名的庸人。

史料记载，李靖确实长得身材魁梧，又是文武全才。隋文帝发兵江南时，率先攻入南陈国都建康的名将韩擒虎是李靖的舅舅。韩擒虎与外甥李靖论兵，总是赞不绝口，说当代可以和自己讨论孙吴兵法的，就这个外甥："可与论孙吴之术者，惟斯人矣！"（《旧唐书·李靖传》）李靖也确实见过隋文帝时期的第一名将越国公杨素，杨素不由得拍拍自己的帅座说：这个位置以后就是你的啦！所以，民间传说对于李靖的各种演绎，也不是完全的空穴来风。

归降李唐之后，李靖所立战功可以说是凭"三大战役"：平江南、破突厥、灭吐谷浑。

我们说到隋末群雄的时候，有一股比较大的势力"后梁"没有提及。后梁的"建国史"有点复杂。当年梁武帝被侯景困死在建康时，第七个儿子萧绎正在镇守荆州，派遣陈霸先等人破建康、灭侯景，并在荆州称帝。不久，宇文泰的西魏攻占荆州，杀梁绎，立梁武帝之孙、昭明太子萧统的第三个儿子萧詧为帝，历史上称之为"后梁"或"西梁"，是一个由西魏扶植起来的傀儡政权。历萧岿，到萧琮，后梁被隋文帝所灭。萧琮有一位著名的弟弟，即唐太宗时期的活神仙萧瑀，还有个更著名的妹妹，即隋炀帝的萧后。隋末天下大乱，萧詧的一个孙子名叫萧铣，趁乱起兵复国，国号仍然为"梁"，人们也仍然称之为"后梁"或"西梁"。这个时候，北方群雄杀得昏天黑地，萧铣的后梁在南方迅速发展，势力范围东起江西九江，西至长江三峡，北起汉水，南抵两广乃至越南，号称拥有精兵40万。

杜伏威降唐，在长安受封，但是，留在江淮一带的部队，却在他的兄弟加战友辅公祏的统领下成了"叛军"。这支叛军的战斗力不在萧铣的后梁之下。

李靖随李世民破王世充后被派往南方，招抚萧铣，却被阻在了峡州即今湖北宜昌，受到唐高祖李渊的严厉训斥。这时，有"开州蛮"即今重庆开县一带的少数民族聚众闹事，攻打夔州即今重庆奉节。李渊的堂侄赵郡王李孝恭时为夔州总管，正在大造船只、演练水师，准备流江而下，攻灭萧铣。李孝恭顾了东边，没顾上西边，被这群"开州蛮"打了个措手不及。在峡州的李靖闻讯，领着一支800人军队火速增援，偷袭"开州蛮"驻地，阵斩其首，俘虏5000余人。李孝恭在李氏宗室中可以说是一位人物，后来在"凌烟阁二十四功臣"中，仅次于长孙无忌排在第二位，却在夔州被李靖比了下去。消息传到长安，李渊表现出了他的可爱之处，他笑着对身边的官员说，你们看看，这就叫作"使功不如使过"，对于这个李靖，就得鞭打。李渊一面按惯例下诏嘉奖，说你李靖能够如此效力，可见忠诚，还怕没有富贵吗？一面又亲笔给了李靖一道"手敕"："既往不咎，旧事吾久忘之矣。"（《旧唐书·李靖传》）原来，李渊对李靖当年要向隋炀帝告变仍然耿耿于怀。

李靖辅佐李孝恭降萧铣、俘辅公祏，平定江南。虽然全军统帅是宗室李孝恭，但李渊知道自己的这个堂侄未经磨炼，所以，"三军之任，一以委靖"。江南平定之后，李渊对李靖不惜褒奖之词："李靖是萧铣、辅公祏膏肓，古之名将韩、白、卫、霍，岂能及也！"（《旧唐书·李靖传》）你们看看李靖之用兵，白起、韩信、卫青、霍去病，未必比得上！但我得加一句，你看看李渊驾驭天下英雄，绝非平庸之辈，但最终被更加优秀的儿子逼下台。

三、威振北狄

李靖虽然有平定江南之功，但为李世民在北方扫灭群雄的光芒所掩盖，而且大多算在主帅李孝恭的账上。所以，李世民做了皇帝之后，奖赏在唐朝建立过程中以及在"玄武门之变"中的功臣：太原起兵的主谋者之一裴寂排在第一等，食邑1500户；长孙无忌、王君廓、尉迟恭、房玄龄、杜如晦5人排在第二等，食邑1300户；参与太原起兵的长孙顺德、柴绍、李孝恭、罗艺4人排在第三等，食邑1200户。徐世绩、刘弘基二人排在第五等，食邑900户；秦叔宝、程知节等4人排在第六等，食邑700户。李靖仅和另外9人排在第八等，食邑400户。（《旧唐书·太宗纪上》）这才真是"比窦娥还冤"。

但是，李靖杰出的军事才能和岿然的统帅气质，在贞观时期仍然大有用武之地，并且在攻灭东突厥和吐谷浑的战争中继续表现出来。

东突厥是唐朝建国过程中最大的威胁，纵然李渊向东突厥称臣，李世民继位之后，东突厥大军还一度兵临渭水。此时突厥的可汗已经不是李渊时的始毕可汗，而是始毕可汗的弟弟颉利可汗。唐太宗李世民带着房玄龄等文官，隔着渭水的便桥与颉利可汗对话，以示好整以暇，同时调集大军虚张声势，迷惑颉利。最后，双方杀白马盟誓，结为友好邻邦。但是，李世民不能让远道而来的朋友空手而归，长安城的库藏被掏空，送到突厥军前，以换取颉利的退兵。这个城下之盟，对于心高气傲的李世民来说是奇耻大辱，讨伐突厥成为李世民处理周边关系的头等大事，下诏于全军将士：

> 自古突厥与中国，更有盛衰……我今不使汝等穿池筑苑，造诸淫费，农民恣令逸乐，兵士唯习弓马，庶使汝斗战，亦望汝前无横敌。（《旧唐书·太宗纪上》）

唐太宗从来不是坐而论道的君主，他力排众议，每天带着几百士兵在殿前训练，并且亲自垂范，演示弓弩。皇帝亲自练兵，各级官军自然争先恐后，士气高昂。

说来也是"气数"该尽，这个时候的东突厥又一次呈现出分裂的趋势。大可汗固然是启民可汗的儿子、始毕可汗的弟弟颉利可汗，但始毕可汗的一个儿子、颉利可汗的一个侄子也被立为可汗，称"突利可汗"，虽然势力不如颉利可汗，却已有分庭抗礼之势。

唐太宗抓住这个时机，对突利可汗做了大量的拉拢工作。贞观四年（630年），趁着突利可汗狐疑不决的时候，李靖率领三千骁骑，从马邑（今山西朔县）北上，突然逼近突利所部。突利可汗及部下见李靖突然领兵到来，以为唐朝大军到了，军心大乱。李靖一面通过军中的突厥战士分化突利的部众，一面对突利驻地定襄（今内蒙古和林格尔）发动攻击。突利可汗带着残兵逃亡，当时的捷报是突利"仅以身遁"。李靖这一次的出兵，不仅全歼了突利可汗所部突厥，还有一个令人振奋的战果，便是俘虏了逃奔到突厥的隋炀帝的皇后、已经63岁的萧氏和他的儿子齐王杨暕。

突利被破，颉利害怕，派遣使者到长安，请求举国内附。唐太宗一面派人前往安抚，一面让李靖、李绩领兵"往迎"，这就是阴谋了。李靖、李绩对唐太宗的阴谋心领神会，盘算着使者已经到了突厥，于是在突厥全无防备的时候，李靖领兵向颉利在阴山的大营发动攻击。突厥大溃，李靖军斩首上万级，俘虏10万人。颉利带领余部落荒而逃，被李绩拦截，俘获5万余人。当然，这个所谓10万、5万，都是人口而并非全是战士。此后，颉利被俘，突利投降，东突厥成了一段历史，唐朝的势力从阴山以南拓展到大漠。

东突厥被灭，唐太宗极为兴奋："太上皇以百姓之故，称臣于突厥，朕未尝不痛心疾首，志灭匈奴，坐不安席，食不甘味。今者暂动偏师，无往不捷，单于款塞，耻其雪乎！"特别称赞李靖以三千轻骑深入，"威振北狄，古今所未有"（《旧唐书·李靖传》）。

几年之后，吐谷浑和唐朝关系恶化，派兵劫掠凉州即今甘肃武威一带，而唐太宗也正想乘机向西用兵。此时是贞观八年（634年），李靖已经64岁，腿脚还有些不灵便，唐太宗刚刚赐给他拐杖。但是，李靖通过房玄龄请命，带领李道宗、侯君集及薛万均、薛万彻兄弟等多位总管及突厥、铁勒等部族的军队，与吐谷浑部大小数十战，从今青海湖以南的积石山长驱数千里，一直到今塔里木盆地以南，惨烈程度更甚于和东突厥的战争。在唐军的强大打击下，吐谷浑发生内乱，首领被杀，余部归降唐朝。

贞观十八年（公元644年），唐太宗准备进攻高句丽，来到李靖家中探视："公南平吴会，北清沙漠，西定慕容，唯东有高丽未服，公意如何？"您打了三大战役，还剩下一个高句丽，您有想法吗？李靖的回答很巧妙："臣往者凭藉天威，薄展微效。今残年朽骨，唯拟此行。陛下若不弃，老臣病期瘳矣。"以往倚仗陛下的天威，做了点小贡献。现在虽然年纪大了，仍然在等待陛下的召唤。如果陛下认为我这老头还行，我身体的小毛病指日可愈。

四、英公李绩

当然，唐太宗并没有劳驾已经74岁的李靖。要打高句丽，自然有打高句丽的人，首选是刚过50岁李绩。李绩就是瓦岗军将领徐世绩，归唐之后被赐姓李，于是成了"李世绩"。李世民在世的时候，只有"世民"二字连用的人名才避讳；李世民死后，其子李治下诏，"世"和"民"皆得避讳，所以六部中的"民部"改成了"户部"，一直沿用到清朝；而"李世绩"也把"世"字去掉，成了"李绩"。为了叙述的方便，我们提前称其为"李绩"。

唐太宗即位之后，命李绩为并州都督，驻晋阳即今太原，防御东突厥。贞观四年，李绩和李靖一道，灭了东突厥，此后仍在并州都督任上，安抚突厥归众，前后共16年，令行禁止，唐太宗将其比为北方长城："隋炀帝不解精选贤良镇抚边境，惟远筑长城，广屯将士，以备突厥……朕今委任李绩于并州，遂得突厥畏威远遁，塞垣安静，岂不胜数千里长城耶！"（《贞观政要·任贤》）一个李绩，比隋炀帝的几千里长城、几十万军队更有效。当然，唐太宗这样抬高自己、贬低前人也确实有些过分。如果没有李靖、李绩对东突厥的联手打击，李绩这个并州刺史是不可能做得如此安定的。

李绩对自己也有一个评价："我年十二三时为亡赖贼，逢人则杀。十四五为难当贼，有所不惬则杀人。十七八为佳贼，临陈乃杀之。二十为大将，用兵以救人死。"（《资治通鉴·唐纪》）初出道时是见人就杀，后来是见到讨厌的人就杀；自从投奔瓦岗军，那是两军阵前才杀人；归附唐朝之后，修成正果，是以"王者之师"除恶平乱。

除了在唐朝建立过程中的战功，李绩对周边民族的战争也可以归结为"三大战役"。第一大战役，是贞观四年（公元631年）和李靖联手破灭东突厥。第二大战役，是从贞观十五年到二十年与李道宗、薛万彻等人，率领唐军及突厥、铁勒诸部，通过一系列战争，击破薛延陀部，兵锋直抵郁都军山即今蒙古中部的杭爱山，把唐朝的疆域推进至漠北。李绩主持的第三大战役是攻灭高句丽。开始是随唐太宗出征，并在唐高宗时期为统帅，攻灭高句丽。

说到唐太宗进攻高句丽，有两个问题一直令人感到困惑。第一，隋炀帝三次进攻高句丽，或者失败，或者草草收场，唐太宗为何还要打？第二，唐太宗继位之后，所有的战争都是命将出师，为何打高句丽要和隋炀帝一样"御驾亲征"？

第一个问题很简单，因为唐朝在发展，在拓展，高句丽也在发展，在拓展。而且，高句丽在东南，还受到一个叫新罗的势力的挤压，所以希望在西边开辟更大的空间。这样，唐朝和高句丽两个政权的碰撞就不可避免了。至于第二个问题，首先可以看出唐太宗对高句丽之役的重视。地处辽东及朝鲜半岛北部的高句丽，相对于突厥、吐谷浑、薛延陀，更是一个"国家"。对高句丽的战争，不但有运动战，更有攻坚战，距离唐朝的政治中心长安更为"遥远"，战线更长，战争更为艰苦。其次，更为重要的，恐怕还是唐太宗心中有个魔障，有一口气在，这个魔障就是要把表叔隋炀帝比下去。虽然是亡国之君，而且最后死于叛军之手，但隋炀帝的文武全才显然给唐太宗李世民留下了深刻的印象。隋炀帝能做成的事，朕要做成；隋炀帝做不成的事情，朕也要做成，让天下人看看，到底谁才真正具备雄才大略，谁才是隋唐第一英雄。所以说，做事不要负气，更不能拿国家大事负气，一负气就乱方寸。

尽管唐太宗自己曾经身经百战，但做了皇帝，特别是做了近二十年皇帝之后，情况是会发生变化的，再熟练的猎手也会变成生手，别人还得分神保护他。在中国历史上，真正的"御驾亲征"，只能对内鼓舞士气、对外吓唬敌人，却难以赢得真正硬碰硬的战争。所以，尽管"辽东道行军大总管"李绩等人连克坚城，唐太宗"御驾亲征"高句丽的战争，仍然和隋炀帝的一样，不了了之。唐太宗死后二十年，唐高宗乾封元年底（公元667年初），高句丽东边的百济已为唐军所占领，高句丽自身也发生了内乱。此时74岁高龄的李绩，再为辽东行军大总管，经过一年的征战，灭了高句丽。唐朝以高句丽地为安东都督府，分设42州进行管理。

就在战事正酣的时候，有一位侍御史贾言忠奉命从辽东回长安，和唐高宗李治有一段对话，十分有趣。李治问战况，贾言忠说高句丽必破。李治问："卿何以知之？"贾言忠说，当年隋炀帝攻高句丽而不下，是因为自身出现的问题；太宗皇帝久攻不下，是因为对手上下齐心："隋炀帝东征而不克者，人心离怨故也；先帝东征而不克者，高丽未有衅也。"（《资治通鉴·唐纪》）如今形势发生了变化，我方强大而高句丽内乱，所以高句丽必破。贾言忠十分精辟地分析了弱国与强国、小国与大国之间的战争态势，是内部稳定、上下一心，还是民心涣散、离心离德，将决定战争的最终结局。

对于李靖和李绩的军功，唐朝给予了崇高的待遇，李靖封卫国公，李绩封英国公。贞观十四年，李靖的妻子去世，唐太宗提前下诏，依照汉代卫青、霍去病故事为李靖建墓，陵墓的门楼做成象征李靖大破突厥所在地的铁山、大破吐谷浑所在地的积石山的形状。而李绩去世时，高宗沿例，将陵墓门楼做成阴山、铁山及郁督军山的形状，以褒奖其破突厥及薛延陀之功。如此善待在对周边民族的战争中立下赫赫战功的将领，唐朝给了我们一个提示，即如何善待自己的民族英雄，是考量一个时代、一个民族、一个国家气度的重要标准。

那么，卫公李靖、英公李绩，特别是唐太宗的事业，该由谁来继承？

第十二讲 恢宏气象

一、一以贯之

初唐名将，其实是群星璀璨，李靖、李绩固为代表，薛万均、薛万彻、侯君集、薛仁贵、李孝恭、李道宗，裴行俭、王玄策，也都是大名鼎鼎，还有尉迟恭、秦叔宝等"老一辈"的将领。特别要指出的是，在初唐的将星之中，还有一批大有来历的各民族归附的名将，彰显出当年"大唐"的恢弘气象和对周边民族的强大影响力。在初唐的各民族名将之中，首推曾经是东突厥可汗的阿史那社尔和曾经是铁勒首领的契苾何力。

阿史那是突厥的"国姓"，犹如隋文帝、隋炀帝姓"杨"，唐高祖、唐太宗姓"李"。社尔为其名。阿史那社尔是隋唐之际东突厥著名的"启民可汗"之孙、"处罗可汗"之子，11岁时就以智勇闻名于突厥各部，建牙设帐于漠北，与叔父颉利可汗之子分统归属于突厥的铁勒、回纥、薛延陀等部族。十年之中，社尔从不向所属各部勒索财物，深受各部首领的爱戴。但是，社尔的这种作风，在突厥本部的首脑们看来，却难以理解：这么好的发财机会不用，不是傻子吗？社尔有自己的看法："部落既丰，于我便足。"（《旧唐书·阿史那社尔传》）我的责任是监护各部，他们部族富足、听从调遣，就是我突厥的利益所在，除此之外，还有我个人的什么利益吗？

但是，铁勒等部与突厥的关系，和突厥与中原政权的关系一样。隋朝强大的时候，突厥归附；隋朝瓦解、唐朝初建，突厥南下。在李靖、李绩的联合打击之下，东突厥瓦解。铁勒、薛延陀等部也乘机起兵，向突厥发难。这个时候，爱戴归爱戴，那是对社尔个人的感情，部族的整体利益才是第一位的。社尔收拾残部，重整旗鼓，称"都布可汗"，向领头发难的薛延陀部发动攻击。虽然开始的时候节节胜利，并推进到了漠北，但由于东突厥已经整体溃散，士气低落，又受到西突厥的挤压，社尔最终大败而归，向唐朝请求内附。这是一个很有意思的"民族融合"现象：在和本族或他族战争中失败的各民族首领，把中原当成失意时的"避风港"，这里是他们向慕的地方。中原强大，他们投奔、归附；中原孱弱，他们觊觎、占领。

唐太宗李世民给阿史那社尔以高度的信任，授"左骁卫大将军"，并将妹妹衡阳长公主下嫁，社尔成为唐朝的"驸马都尉"，其部族则被安置在灵州即今宁夏灵武一带，屯田习武。四年之后，贞观十四年（640年），社尔以唐军交河道行军总管的身份参与了攻灭高昌的战斗。高昌在今新疆吐鲁番东南，是中原通向西域的必经之地，素以富饶著称，著名的"葡萄美酒夜光杯"，就是从这里进入中原的。城破之后，诸军疯狂掠夺"胜利成果"，唯社尔所率突厥一部，秋毫无犯。唐太宗闻讯，十分惊讶，没想到突厥中竟然有此等"廉慎"的人物，赐其高昌宝刀及彩缎千匹，封毕国公，以其统领京城长安北门左屯营府兵，为禁卫军将领。在讨伐高句丽的战争中，李世民更目睹了阿史那社尔的累累箭伤及其部下突厥勇士的以一当十、勇往直前。

贞观二十一年（647年），唐太宗以阿史那社尔为"昆丘道行军大总管"，率四位总管即副将，带领唐军及铁勒、突厥各族骑兵十多万人，出师西域。所谓"昆丘"，就是大家熟悉的昆仑山。因为昆仑山有"昆仑丘"之称,所以有了"昆丘道行军大总管"。昆仑山西起帕米尔高原,横贯新疆、西藏之间,向东延伸到青海境内,东西长约2500公里,南北宽约150—200公里。在山脉的南北,有"西域"的龟兹、于阗、疏勒诸国,当时依附于西突厥,阻断唐朝通向葱岭之道。唐军深入数千里,连败西突厥及西域诸国军队,攻占龟兹即今新疆库车等五大城,俘虏龟兹王,迫降于阗王,归附七十余城,控制了今新疆南疆直至葱岭的广大地区,重新打通了"丝绸之路"的南路。

西域都护郭孝恪也是一时之名将,曾经在瓦岗军中和徐世绩一道守黎阳,一道降唐,李世民平灭窦建德,其论功第一。这一次,郭孝恪作为副总管,随阿史那社尔出征西域,不但自己缴获无数,器用奢侈,并且命人将饰金卧具送抵主帅营中。但是,阿史那社尔还是一以贯之地"廉慎",谢绝了郭孝恪的馈赠。消息传到长安,唐太宗摇摇头又点点头:"二将优劣,不复问人矣。"(《新唐书·阿史那社尔传》)一位是追随自己近三十年的爱将,一位是由突厥归附的"胡将",但二将品行的高下却是如此不同。不久,又有消息传来,阿史那社尔率领西征大军凯旋。但郭孝恪没有随军而归,因为其耽于享乐,疏于防范,在一次战斗中遭到偷袭,中箭身亡。

二、心如铁石

和郭孝恪同为副将随阿史那社尔出师西域的,有一位由铁勒部归附的名将——契苾何力。如果说社尔身上表现出来的是"廉慎",是统驭全局的大气,何力表现的则是"铁血",是一往无前的霸气。

契苾何力是铁勒别部首领的儿子,九岁时父亲去世,何力代领其部,在母亲的监护下,于贞观六年(633年)率所部千余家至沙州即今甘肃敦煌,请求内附。所部被安置在甘、凉二州即今甘肃张掖、武威一带,何力则被召至京师为"左领军将军"。

贞观八年底、九年初（635年初），唐太宗以李靖为西海道行军大总管，节度诸军，率五路总管攻击吐谷浑。何力率所部铁勒骑兵，随薛万均、薛万彻兄弟出征。薛氏兄弟久经大敌，特别是弟弟薛万彻，敢于深入，用唐太宗的话说，不是大败就是大胜。敢于深入的薛氏兄弟照例率部先进，中了吐谷浑的伏击，兄弟二人受伤，徒步而战，身边护卫十死七八，眼看就是一场大败乃至全军覆灭。然而何力率数百骑杀到，奋力冲入重围，救了薛氏兄弟，击溃吐谷浑。为了避开唐军主力的打击，吐谷浑王慕容伏允退到了突沦川即今新疆塔里木河一带。何力主张领兵长途偷袭，刚刚吃过亏的薛万均反对冒险。何力据理力争：吐谷浑并无城郭，其众逐水草为生，乘其不备，可一举全歼，如果一旦逃散，难以捕捉。说罢，选精骑千余人为前驱，薛万均以大局为重，引兵继之。大军直捣伏允牙帐，斩首数千级，获骆驼、马牛、羊群二十余万，伏允仅以身免，为左右所杀。

攻灭吐谷浑，何力居功至伟。但是，一向以敢战著称的薛万均觉得被一位归附的铁勒人压在头上，丢了面子，于是压制何力，将主要功劳归于自己。在汉族将领中，也许这是惯例。但何力来自铁勒，吃不了这个亏，拔刀而起，要和薛万彻拼命。幸亏诸将拦阻，否则得因争功闹出人命。唐太宗知道真相之后，当着何力的面，要解除薛万均的职务，改任何力。唐太宗这样做，应该是为了安抚何力。但何力大为感动，叩首推辞："以臣而解万均官，恐四夷闻者，谓陛下重夷轻汉，则诬告益多。又夷狄无知，谓汉将皆然，非示远之义。"（《新唐书·契苾何力传》）如果因为我而解薛万均之职，突厥、铁勒各族将领会认为陛下重夷人而轻汉人，诬告之风必起。此事传出，各族可能认为汉将都像薛万均一般，对于朝廷怀柔远人极为不利。唐太宗闻言，大吃一惊。身为一位铁勒的归附将领，何力不但能打仗，还有这般大局观。立即让何力宿卫京师北门，统领屯卫府兵。接下来的几件事情，让唐太宗更为感慨。

贞观十六年（642年），何力前往凉州探望母亲和弟弟。此时薛延陀取代原来的东突厥，成为唐朝西北的边患。无论是从活动区域，还是从部族血缘，铁勒和回纥、薛延陀都十分密切，所以，追随何力母子归附唐朝、被安置在甘凉一带的铁勒部首领，纷纷背叛唐朝，归附薛延陀。这也是北方民族的一般状态：匈奴强大时，各部族成了匈奴的别部，历史上将其统称为"匈奴"；突厥强大时，各部族成了突厥的别部，历史上又将其统称为"突厥"。以后的"回纥""蒙古"也是这样。

契苾何力来到凉州，众人挟持了他母亲和弟弟，迫其叛唐。何力大吃一惊，说当年我们走投无路，投奔大唐，大唐天子衣我食我，大恩大德，我铁勒人怎么能忘恩负义呢？但这个时候，人们已经失去了理智，威胁何力：你的母亲和弟弟已经送到薛延陀，你难道不顾他们的生死吗？即使我们让你回到长安，大唐天子还会相信你吗？说罢，不由分说，将何力捆绑起来，直送薛延陀可汗牙帐。何力看了看可汗，不揖不拜，"箕踞"而坐，向东高呼："有唐烈士受辱贼廷邪？天地日月，临鉴吾志。"（《新唐书·契苾何力传》）说罢，拔出佩刀，随手将自己的左耳割下，以明其志。

何力在薛延陀以死明志，唐太宗君臣则在长安讨论何力。有人断定：何力到了薛延陀，犹如干涸之鱼重回水中，从此不复返了。这个比喻十分有趣，倒是点明了铁勒、回纥、薛延陀等北方民族之间的关系。但是，唐太宗李世民却对何力有信心："若人心如铁石，殆不背我。"（《新唐书·契苾何力传》）此人心如铁石，绝对不可能背叛大唐。这边君臣还在议论，那边已经有消息传来，何力果然心如铁石、忠贞不贰。唐太宗感动得直落泪，命人持节前往薛延陀，许诺将公主下嫁，换回何力。

何力的心如铁石、忠贞不贰，不仅仅表现在对己，也表现在对人上。贞观十九年（645年），何力为前军总管，从征高句丽，在一次攻占城池的战斗中被敌将刺伤，唐太宗李世民亲自为其敷药。城破之后，刺伤何力的高句丽将领被俘，唐太宗让何力亲手将这小子杀了。但何力不干，说是这小子也是为其主，他能够冒死肉搏，将我刺伤，那也是真正的义士！二十年后，何力配合李绩，一道攻灭了高句丽。

契苾何力随阿史那社尔经营西域之时，得知李世民去世，二人悲痛欲绝，不约而同上表，请求为太宗皇帝殉葬，以报知遇之恩。虽然他们殉葬的请求被新即位的高宗李治制止，但在他们死后，都获得陪葬唐太宗昭陵的殊荣。其中，阿史那社尔的墓建成葱岭状，以纪念他在进军西域、打通葱岭的战争中做出的贡献。

三、吐蕃崛起

唐太宗时代和周边民族、周边政权之间的战争不少，友好往来也从不间断，并且发生了许许多多至今为人们乐道的事情。文成公主入藏建立起来的唐朝和吐蕃的关系，是其中一例。

在《新唐书》中，对于周边民族和政权的记载，突厥、吐蕃、回纥、南诏各有两卷；在《旧唐书》中，只是突厥、吐蕃有两卷。我们曾经说到的高句丽、吐谷浑、薛延陀等，皆与其他民族或政权合传。如高句丽，在《新唐书》中与百济、新罗、倭国、日本共为《东夷传》；如吐谷浑，与泥婆罗、党项羌、高昌、焉耆、龟兹、疏勒、于阗、天竺、波斯、大食等共为《西戎传》。吐蕃事情有两卷，可见与中原关系的密切以及后世史家对它的重视。

和中原地区的汉族、北方地区的突厥一样，生活在青藏高原的吐蕃，也是长期以来各部族融合的结果。《新唐书·吐蕃传》说："吐蕃本西羌属，盖百有五十种，散处河、湟、江、岷间，有发羌、唐旄等。"这里的"河""江"指的是黄河、长江，"湟"为黄河的支流湟水，"岷"为长江的支流岷江，四条河的发源地都在青藏高原及其余脉，是古代"西羌"人生活的地区。汉人将西南少数民族统称为"西南夷"。唐人眼中的"西羌"，同样是一个概称，泛指居住在"四河"发源地一带的民族、部落，所以《新唐书》说"百有五十种"。但是，仅将吐蕃视为"西羌"之属却是古人的局限。吐蕃是本来居住在雅鲁藏布江流域的众多部族与河、湟、江、岷地区"西羌"长期以来的融合体，而将这一融合体"固化"成一个民族、一个国家的，则是和唐朝几乎同时建立的"吐蕃国"。这个过程极似秦汉大统一，把生活在中原及其周边的秦人、晋人、齐人、楚人、吴人、越人等，融合为"汉人"。

完成吐蕃统一大业的，是因文成公主而被我们熟悉的松赞干布。对于当时的"吐蕃"和后来的"藏族"，松赞干布是一个传奇。唐太宗贞观三年（629年），松赞干布才13岁，在父亲被害之后，继位为各部落联盟的首领"赞普"。在族人的拥戴之下，顺应着吐蕃社会发展的趋势，松赞干布靠着自己的本领和运气，平息内乱、征服各部，不但统一了现在的西藏，定都拉萨（当时称逻娑），而且将势力扩大到青海的南部、甘肃的西南部、四川的西北部。他外向印度学习文字，内向中原学习管理，设官任职，建立起一个与唐朝统治区毗邻的大国。

当时的唐朝是东亚的文明中心，吐蕃北边的突厥、吐谷浑、龟兹、于阗，无不以与唐朝通婚、向唐朝通贡为荣耀。松赞干布继位之后不久，也曾经派出使者进贡，并且向唐朝公主求婚。但是，当时的唐朝，眼中有突厥、吐谷浑和高句丽，但对这个正在崛起并迅猛发展的吐蕃，显然没有概念。所以，唐太宗接受了吐蕃的进贡，但拒绝了松赞干布的求婚。

没有想到，这一次的拒婚，客观上成了吐蕃崛起的另一种动力，知耻而后勇的动力。使者回报松赞干布，说唐朝开始对我很优待，答应下嫁公主，但因为吐谷浑使者的出现，唐朝的态度发生了变化。松赞干布闻讯大怒，出兵攻击已经归附于唐朝的吐谷浑，夺其牲畜人民，又连破党项、白兰等羌族部落，拥兵20万，陈列在松州即今四川松潘以西，再次派出使者，带着重礼向唐朝求婚。并且扬言，如果唐朝拒婚，那就只有兵戎相见，这就是逼婚了。

　　吐蕃的实力一经显示，唐朝刮目相看了。但是，如果就这样许婚，那也太没面子了。贞观十二年（638年）八月，唐太宗命侯君集为"当弥道行军大总管"，带着三位总管率领步骑五万应敌。侯君集是李世民发动"玄武门之变"的主要策划者和参与者之一，事成之后，与长孙无忌、房玄龄、杜如晦、尉迟敬德一道，功列第一。侯君集大军尚未抵达松州，唐军前锋已经击退了吐蕃军队，斩首千余级。松赞干布引军撤出吐谷浑及诸羌地区，派出使者，带着5000两黄金及其他珍宝向大唐谢罪，第三次请求通婚。既然松赞干布认输，唐太宗也就许婚。当然，我们这番叙述是根据唐朝的记载，如果是吐蕃的记载，结局是一样的，即唐蕃通婚，但过程也许是另外的景象。

　　这是吐蕃崛起之后和唐朝的第一次博弈。从战争结果看，唐朝略占上风，但从客观效果看，吐蕃达到了目的。这其实反映了国家与国家之间、民族与民族之间真正意义上的关系：战争也好，结盟也好，都以实力为后盾。如果吐蕃没有实力，松赞干布便没有资格向唐朝求婚，即使求婚，唐朝也不予理睬。当吐蕃显示实力之后，唐朝即使在军事上有一定的优势，也得认真考虑吐蕃的要求。

　　只是，当时的人们完全没有想到，通过这场博弈而发生的文成公主和亲吐蕃，为吐蕃和唐朝，为青藏高原和中原地区之间，架起了一座真正的友谊桥梁。

　　贞观十五年（641年）正月，江夏王李道宗奉旨持节，护送宗室之女文成公主入藏。松赞干布亲自率军，驻扎在伯海，即今青海省玉树以北、青海湖以南黄河起源的鄂棱湖或札陵湖一带，迎接文成公主。关于文成公主的身世，至今是个谜。由于送亲的是唐太宗李世民的堂弟、江夏王李道宗，李道宗曾经被封为任城王，文成公主又出生在任城，所以人们认为她可能是李道宗的女儿。其实，文成公主到底是谁的女儿并不重要，重要的是她以李唐皇家公主的身份下嫁吐蕃，松赞干布要的也是这个名号，并不在乎她到底是谁的女儿。就如当年的王昭君，匈奴呼韩邪单于认的是她来自大汉的皇宫。

据《旧唐书·吐蕃传》记载，松赞干布见了李道宗，"执子婿礼甚恭"。先看看大唐的送亲队伍，旗帜招展，服饰精美，再看看自己及随行人员，"俯仰有愧沮之色"。这就是经济水平和文化发展的差别。松赞干布为自己能够与唐朝结为甥舅之邦而自豪，他不能亏待来自大唐的公主，下令在拉萨专为文成公主建城居住，"夸示后代"。有一种说法，便是这座为文成公主所建的城，后来经过不断扩建，成了现在举世闻名的"布达拉宫"。文成公主入藏时，带去了大量中原地区的丝织品、金玉器物，以及医书、农书、史书、术数书、工艺书及儒家经典，还带去了从印度传来的释迦牟尼的佛像及数百卷佛经，等等。在文成公主的影响下，松赞干布脱下了传统的毡袍，改服绢服，并且派遣家族子弟赴长安学习《诗》《书》及其他汉文典籍乃至佛经，中原和青藏高原的经济文化交流，从官方的和民间的层面同时展开。

四、遣唐使者

当时向慕大唐文化、向慕中原文明的，不仅仅是周边民族和国家，也包括了与中国隔海相望的日本。

两汉时期称日本为"倭"。《汉书·地理志》说："乐浪海中有倭人，分为百余国，以岁时来见云。"《后汉书·光武帝纪》说，中元二年（公元57年）正月，"东夷倭奴国王遣使奉献"。这是"正史"中关于日本和中国大陆交往的较早记载，日本被称为"倭奴国"，也称"倭国"。

到南北朝时期，又有"扶桑"之称。《梁书·东夷传》说："扶桑国在昔未闻也。普通中有道人，称自彼而至，其言元本尤悉。"又说："扶桑国者，齐永元元年，其国有沙门慧深来至荆州，说云扶桑在大汉国东二万余里，地在中国之东，其地多扶桑木，故以为名。""永元"为南朝萧齐东昏侯年号，永元元年为公元499年；"普通"则为南朝萧梁武帝年号，时间在520—527年之间。因为过去中国称日本为"倭国"，这个"扶桑"自然是"在昔未闻"。这位南齐时来到荆州的"沙门慧深"，以及南梁时来到中国的某"道人"，将日本称为"扶桑"，应该是受到中国文化的影响，他们很可能就是往来于日本与中国大陆之间的日本化的中国和尚和道士。"扶桑"本为中国古人对于太阳的认识，指东方日出之处。《淮南子·天文训》说："日出于旸谷，浴于咸池，拂于扶桑，是谓晨明。登于扶桑之上，爰始将行，是谓朏明。"这是一个当时中国文化人熟悉的美好神话故事：太阳从它住的山谷中出来，在王母娘娘侍女沐浴的咸池中洗了个澡，在扶桑的花瓣间擦干身子，然后扶摇而上，新的一天开始了。自称来自于"扶桑"的和尚或道士，把这个美好的神话故事附会于"日出之国"的日本，将其称之为"扶桑国"，倒也十分贴切。

在中国，还有流传甚广的徐福渡海的传说。在日本，有不少地方被认为是徐福的遗址。不管有多少真实性，它们至少反映了一个基本事实，即中国大陆和日本之间的民间往来远远早于官方之间的往来。中华的繁荣富足、进步文明在这个过程中被在日本的中国移民和往返于中国与日本之间的两国商人、僧侣所传诵。于是，在隋唐时期有了日本赴中国的"学习考察团"。在隋朝，其被称为"遣隋使"；在唐朝被称为"遣唐使"。

有学者统计，隋唐时期，正式的日本"遣隋"有4次，"遣唐"有12或13次。从总量看，是"遣唐"多于"遣隋"；从频率来说，却是"遣隋"高于"遣唐"。从隋文帝开皇二十年到隋炀帝大业十年（600—614年）的15年间，"遣隋使"4次到中国，平均每两次相隔不到5年。

"遣隋使""遣唐使"的规模，多在数百人，包括正使、副使、录事等，这是管理人员；舵师、水手、工匠等，这是航海人员；卜师、画师、匠师、乐师等，这是技艺人员；更重要的是，使团中有大批的留学僧、留学生，他们对于中国文化、中国制度进行如饥似渴的学习和研究，对于推动日本社会的改革、日本文字的改革、日本生活习俗的改革，都起着重要的作用，给日本刻上了深深的"唐"印。其影响所及，在今日的日本及欧美诸国，华人同时被称为"唐人"，华人的聚集地干脆被称为"唐人街"。

说到这里，倒是想和诸位交流一个想法：如此多的日本使团来隋朝、唐朝学习、考察，固然说明当时中国社会的进步和隋唐帝国的恢弘气象，但从另一个角度看，当时日本上上下下的这种"见贤思齐"的精神，也不能不令人肃然起敬。

东亚学唐朝，唐朝该怎么办？

第十三讲 牵于多爱

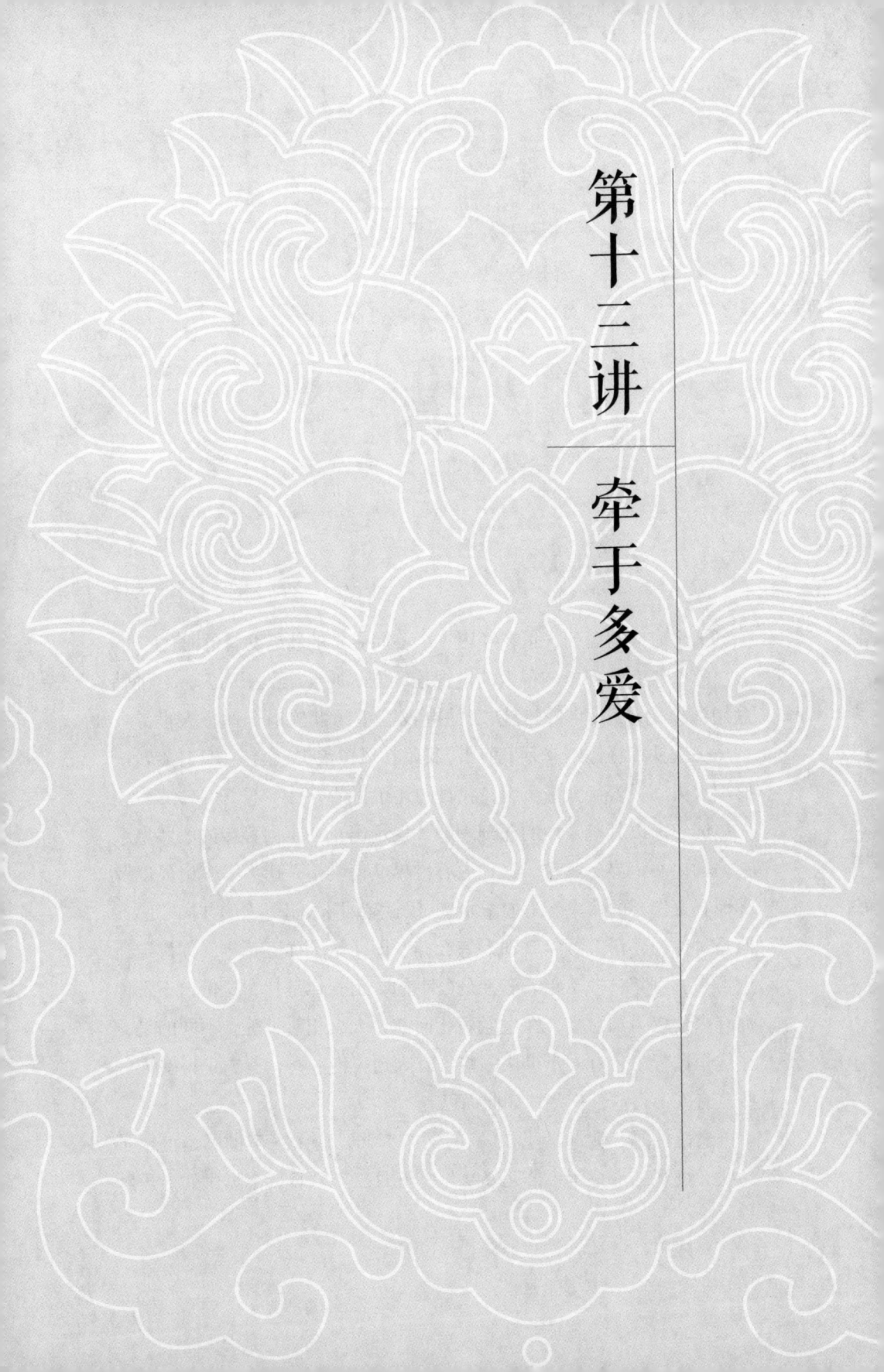

一、圣人凡人

这个时候的唐朝，正在经历一个不同寻常的新老交替的时代。

前些年有一部影响很大的电视连续剧，叫《康熙王朝》，歌手韩磊用浑厚的歌声，将气势恢宏的电视剧主题歌传遍全球华人世界："……看铁蹄铮铮踏遍万里河山，我站在风口浪尖，紧握住日月旋转。愿烟火人间，安得太平美满，我真的还想再活五百年！"

词作家以其对人性的深刻理解，揭示出正在走向暮年的康熙皇帝玄烨的内心世界。其实，这种内心世界又何尝不是唐太宗李世民以及其他有责任心的伟大帝王如秦始皇、汉武帝、明太祖等人的共同心愿？但是，你想再活五百年，别人怎么办？即使给了你五百年，你肯定还想再来五百年、一千年。老天是公平的，不管你是什么身份，不管你拥有多少权力和财富，在生老病死面前，人人相对平等。不同的是，在这个过程中，有人走得快一些，有人走得慢一些，有人走得安详一些，有人走得痛苦一些；如此而已。

遗憾的是，比起活了70岁的父亲李渊，唐太宗李世民走得快了一些。贞观二十三年（公元649年）五月二十六日，李世民病逝于距离京师长安大约50里的行宫翠微宫含风殿，时年51岁。一代伟人的故去带走了一个去而不返的时代，也留下了一个垂范后世的时代——贞观时代。

当代学者李定一先生综合前人的褒扬，给了贞观时代一个概括性的评价：这是一个君臣一心、励精图治的时代。唐太宗君臣将一个疮痍满目、萧条残破的社会治理得社会繁荣、生民揖让，成为中国历史上难得一见的"治世"。唐太宗李世民本人，也成为人们心中的"圣君"。但是，任何"治世"，任何"圣君"，都是相对而言的。我们现在所知道的唐太宗，既是一位伟大君主的整体形象，也是经由唐太宗本人、唐代史官以及后人共同塑造出来的"光辉形象"，注入了人们对后世君主的期盼，因为中国历史经历了太多的"乱世"，遭遇过太多的"昏君"。欧阳修等人在《新唐书·太宗本纪》的赞语，在高度赞扬唐太宗的丰功伟绩之后，也客观指出了唐太宗身上的一些问题：

> 牵于多爱，复立浮图，好大喜功，勤兵以远，此中材庸主之所常为。（《新唐书·太宗本纪》）

"赞语"说了唐太宗李世民的四大问题。第一，"牵于多爱"。指的是和儿子们的情感，特别是对于废立太子，摇摆反复，没有当机立断，致使后患无穷。第二，"复立浮图"。指的是崇信佛教，多建寺庙。仅从高规格礼遇"西天取经"而归的高僧玄奘，就可以看出唐太宗对佛教的虔诚。第三，"好大喜功"。既包括对外的战争，也包括对内的大兴土木，特别是念念不忘去泰山"封禅"。第四，"勤兵以远"。指的是四方用兵，特别是亲征高句丽。尽管贞观十九年回师时，唐太宗曾经发表感叹，"魏征若在，不使我有是行也"，但于贞观二十三年去世前，他第二次亲征高句丽的军事行动已经启动。

《新唐书》的这些批评都是事实。盛名之下的唐太宗，其实也是凡人，凡人的所有弱点在他身上同样存在，"庸主"所犯的错误，"英主"同样也犯。同时，这也是人所固有的"本性"在"圣君"唐太宗身上的反映。当然，从这些批评中，也可以看出批评家和实践家、学术家和政治家之间，以文章雄视千古的欧阳修和以功业雄视千古的李世民之间，立场、观点及行事作风的不同。

唐太宗的这些问题，当时的人们，包括魏征、房玄龄、马周、褚遂良等人在内，也曾经不断指出。贞观十三年，魏征还提出著名的"十渐"，说唐太宗无论是个人修为，还是内政外交，都不像贞观之初那样兢兢业业了，都在和"圣君"的方向渐行渐远。而《新唐书》所以把"牵于多爱"列为唐太宗的第一大问题，是因为这个问题使得李唐皇朝险些步秦朝、隋朝之后尘，二世而亡，但是，却又鬼使神差地造就了一位唐太宗事业的伟大继承人。

大家说，这怎么可能呢？但确实如此。这就要说到唐太宗皇位的继承人了。当然，皇位的继承人未必就是事业的继承人，二者可以是合一的，也可以是分离的。

二、太子承乾

"玄武门之变"后不久，李世民继承了皇位，立八岁的嫡长子李承乾为太子。据记载，太子承乾从小聪明敏捷，甚得李世民夫妇的喜欢，随着年龄的增长，其对于政务也越来越熟悉。"太上皇"李渊去世，皇帝李世民守制，日常事务由17岁的太子承乾处理；太宗离京出巡，太子在长安居守监国。在房玄龄、魏征等人的帮助下，太子承乾不但把事情处理得井井有条，而且表现出识大体、顾大局的气度。

但是，外人只是羡慕太子命好，却未必知道太子并不好做，尤其是英主的太子更不好做。做得好，那是本分，虎父无犬子；做得不好，批评在所难免。这是其一。其二，在太子的身后，总有一对犀利的眼睛在盯着，看看儿子做事是否和老子一样出色。其三，作为太子，还要身体和心理充分健康，因为不知道在太子的位子上要等多久，是否会发生变故。所以，做英主的太子的最好选择，首先是埋头读书，学习圣贤道理和治国方略，在理论上超过没有读多少书的老子，让老子觉得儿子也了不起。其次是什么事都不做，不做事就没有纰漏，不做事就没有批评。然后，要进行身体和心理方面的训练，要耐得住寂寞、熬得过年头。在中国历史上，太子们的师傅们也许就是按我说的这个套路教太子的，结果是误人子弟。"英主"的继承人多为"庸主"，多由此起。因为按这个套路培养的太子一旦继位，可能就什么事都不会做，只能听母后、皇后或大臣、宦官的摆布。

庆幸的是，李世民的太子承乾既会读书，又能做事，按道理说是不错的。但做太子的时间一长，人性中的弱点逐渐暴露，熬不住寂寞。读书论道之余，处理庶务之余，时光怎么度过？随着年龄的增长，太子承乾的聪明放在好声色、喜游乐上了。长孙皇后去世后，李世民把对妻子的思念之情放在儿子身上，对太子更是纵容，甚至下诏有关部门，太子用度，不受限制。这就是父亲的不对了，也是"牵于多爱"的表现。在父亲的鼓励与纵容下，太子承乾放开手脚消费。两个月后，有人看不下去了。一位名叫张玄素的东宫官上书，提醒太子做得太过分了：

> 恩旨未逾六旬，用物已过七万，骄奢之极，孰云过此。况宫臣正士，未尝在侧；群邪淫巧，昵近深宫。在外瞻仰已有此失，居中隐密宁可胜计。（《资治通鉴·唐纪》）

唐朝的贞观时代，虽然社会稳定、民安其业，但经济还在恢复之中，商品经济更说不上发达，"均田制"和"租庸调"制度下的财政收入主要来自米麦丝帛等实物。太子在皇帝的纵容下，两个月竟有七万钱的用度，这在当时有些骇人听闻，所以张玄素说是"骄奢之极"。张玄素警告，当年周武帝平定北方、隋文帝统一全国，都奉行节俭，只是因为儿子不肖，才导致亡国，前车之鉴，就在眼前。太子承乾既恨张玄素咒骂自己，更怕他向父亲告状，命家奴在张玄素上早朝时，乘着天色昏暗，用木棍对其狠命击打，进行警告，让他老实些，张玄素差点丧命。后来太子出事，张玄素受到唐太宗的惩治，因为他没有及时将这些事情向皇帝报告。

正如张玄素所说，太子好声色、喜游乐，不只是花费钱财，那还只是表面现象，更严重的是和娱乐圈、艺术界的朋友厮混。太常寺有位十多岁的乐童，长得十分标致，能歌善舞，太子承乾对其宠爱有加，形影不离，呼为"称心"。太子的这些行为，在唐太宗君臣看来，就是昏君乃至亡国之君的前兆了。但李世民和其他"庸主"一样，不惩罚儿子承乾，却杀了无辜的乐童"称心"以及多个相关人员。父亲的这一举措本是对儿子的警告，却伤了儿子的心。太子承乾从此以病为由，连旬累月不上朝，又在宫中给称心立起坟墓，时时祭祀，以表哀悼之情。父子之间的裂痕越来越大。

对于太子承乾，父亲李世民、母亲长孙皇后其实还有一块心病。可能是因为小儿麻痹引发的后遗症，承乾下肢行动不便，记载说是"患足、行甚艰难"。由于承乾的聪明敏捷、处事得当，一定程度上掩盖了这个缺陷。但是，随着行为缺陷的暴露，生理缺陷也就凸显起来，甚至变得更加要命起来。如果唐太宗只有承乾一个儿子，或者只有承乾一个嫡子，那也只有认命，但偏偏他有十多个儿子，仅嫡子就有三个：太子承乾，比太子小一岁的老四魏王李泰，以及比太子小九岁的老九晋王李治，二人未必说得上相貌堂堂，但至少没有生理缺陷。

魏王李泰和太子承乾一样，聪明敏捷，而且富有文采，带着一帮文学之士编撰了一部记载唐朝贞观时代疆域、山川、户口、物产及民族风俗的《括地志》。《括地志》上承东汉班固的《汉书·地理志》，下启唐宪宗时代李吉甫的《元和郡县图志》、宋太宗时代乐史的《太平寰宇记》。但《汉书·地理志》只有上、下两卷，《元和郡县图志》为40卷，《太平寰宇记》号称卷帙宏大，但也只有200卷，而《括地志》竟然有正文550卷，"序略"5卷，不仅在当时，就是放在整个中国历史上，也是一部历史地理的巨著。

唐太宗本来就喜欢李泰，随着太子承乾行为上、生理上的毛病越来越明显，魏王李泰的优点也随之凸显起来。不怕不识货，就怕货比货，两相比较，你承乾身为太子，在干什么？你看看弟弟魏王李泰，人家又在干什么？

三、坐享其成

李世民心中有想法，自然流露在行为上。人们看到，魏王李泰的待遇在不知不觉中超过了太子承乾。

魏王李泰将父亲的宠爱视为一种暗示，于是广结朝臣、收揽心腹，形成了一个以自己为中心的政治势力，希望通过这股势力，推进事情的发展。太子承乾心中着急，怀疑"称心"的事情就是这个弟弟捣的鬼，于是也网罗一帮人，既想暗杀李泰，铲除这个竞争对手，又想通过武力逼迫父亲让位，自己早早接班，以免日久生变。

但是，李世民不是李渊，李承乾也不是李世民，事情败露，承乾被废。

太子承乾被废，魏王李泰认为自己该上位了。父亲李世民也当面向李泰许诺，要将其立为太子，但又一次表现出"牵于多爱"，说你同胞兄弟三人，哥哥承乾被废，如果你做了太子，将来继承大业，那弟弟晋王李治怎么办？李泰心中激动，又怕父亲变卦，不假思索地表态：如果日后能够继承父亲的大业，一定不亏待弟弟，将在临死之前杀死自己唯一的儿子，把皇位传给弟弟李治。任何人听到这个表态，都会觉得极其荒唐，用江西的民间俗语，这就是"哄鬼"。令人啼笑皆非的是，英主李世民竟然被李泰这个"哄鬼"的表态感动得不得了。

但是，李泰的这个荒唐表态却可能是太子承乾设的一个局，目的是把算计自己的魏王李泰拖下水，你弄丢我的太子位，我也不让你做太子。承乾被废之时，和父亲李世民有一次推心置腹的交流。承乾诚恳地说，我贵为太子，更复何求？只是为李泰所逼，不得已交结了一帮人以求自保，却被别有用心的人唆使，图谋不轨，死有余辜。但是，我的这个结局，正是李泰希望的结果。李泰为了谋求做太子，不遗余力，如果让其得逞，那就等于告白天下之人，皇位可通过阴谋而得，大唐江山岂有宁日？而且，以李泰的残忍，如果真正继承了皇位，到时不仅仅是我，恐怕弟弟李治也死无葬身之地。

所谓知子莫若父，知父也莫若子。承乾的一番话，正击中父亲李世民"牵于多爱"的要害。或许正是因为他的这个局，才有李世民和魏王李泰关于晋王李治未来的对话，才有李泰杀子传弟的荒唐承诺，才有李世民令人啼笑皆非的被感动。但李泰的这个荒唐承诺，又被谏议大夫褚遂良当着李世民的面揭穿：

安有陛下万岁后，魏王据天下，肯杀其爱子、传位晋王者乎？（《资治通鉴·唐纪》）

陛下难道真的相信魏王据有天下之后杀其爱子而传位晋王的鬼话吗？不仅如此，褚遂良再加一把火："陛下今立魏王，愿先措置晋王，始得安全耳。"陛下如果真想立魏王为太子，不如及早处置晋王，以免他日死得难看。

废太子承乾和谏议大夫褚遂良的左右开弓，给一心想做太子的魏王李泰以致命打击。牵于多爱的唐太宗痛哭流涕，不忍心任何一个儿子遭遇不测，如何取舍？两害相权取其轻，他幽禁了魏王李泰，太子之位给了对做太子完全没有想法的晋王李治。唐太宗李世民为此做出了解释：

> 我若立泰，则是太子之位可经营而得。自今太子失道、藩王窥伺者，皆两弃之。传诸子孙，永为后法。且泰立，承乾与治皆不全。治立，则承乾与泰皆无恙矣。（《资治通鉴·唐纪》）

前面一段，是为后世子孙立了一个"祖训"：太子不自重、藩王搞阴谋，都将受到惩治。而这个"祖训"，正来自废太子承乾的提醒。李世民自己也说："承乾言亦是，我若立泰，便是储君之位可经求而得耳！"（《旧唐书·太宗诸子传》）后面一段，则出于承乾和褚遂良的双重提醒：立李泰，兄弟三个得死两个；立李治，兄弟三人皆可保住性命。

这件事情发生在贞观十七年（公元643年）四月初一到初七。从有人告发太子承乾谋反，到废太子承乾、许诺魏王李泰，到幽禁魏王李泰、立晋王李治为太子，整个过程经过了七天的时间。晋王李治是个老实听话的儿子，他完全没有和两个哥哥竞争的想法，也不具备和两个哥哥竞争的实力，他的上位不是他自己的本意，甚至可以说是"非所愿也"。和历史上诸多类似事件一样，李治的上位，是由一些偶然的、必然的因素形成的合力造成。哪些因素？

一运，二命，三性格。

先说"运"。如果不是大哥太子承乾的不争气而又"患足"，如果不是四哥魏王李泰的过于迫不及待，太子之位是不可能轮到老九晋王李治的。这是他的"运"。

再说"命"。即使太子被废、魏王幽禁，如果李治不是和他们同为长孙皇后所生的嫡子，而唐太宗的嫡子又只有三个，这个皇位也未必轮得上他。这是他的"命"。

三说"性格"。李治的上位在很大程度上与他的性格相关。在废太子、立太子的事件背后,其实经历过一场权力博弈,长孙皇后的哥哥,承乾、李泰、李治三人的舅舅长孙无忌在其中起着举足轻重的作用。

对于新立的太子李治,唐太宗内心一直矛盾。他用了鲜卑人的一条谚语来表达自己的担心:"生狼犹恐如羊。"(《资治通鉴·唐纪》)本来需要"狼",可能是只"羊"。他问力挺李治的长孙无忌:"公劝我立雉奴,雉奴仁懦,得无为宗社忧,奈何?"(《新唐书·濮王泰传》)"雉奴"是李治的小名,唐太宗担心的是李治的性格,说是"仁懦",实为"懦弱"。

出于对李治的担忧,唐太宗甚至打算再次废立太子,废嫡子李治而立庶子李恪。李恪为隋炀帝之女杨妃所生,文武全才,封吴王,在唐太宗的儿子中排列第三,也是唐太宗认为最像自己的儿子。但是,这个想法刚提出,便遭到长孙无忌的反对,他给唐太宗灌了一剂药:"陛下神武,乃拨乱之才;太子仁恕,实守文之德也。"(《资治通鉴·唐纪》)陛下是创业之主,太子是守成之君,正可互补。长孙无忌力推李治,有无数的理由,但最重要的理由,还是因为李治的性格懦弱。我们没有理由怀疑,说长孙无忌看中李治的懦弱是为了日后好专权,但至少可以认为长孙无忌有自己的小算盘,侍候懦弱的李治,比侍候聪敏又有文采的魏王李泰,比侍候文武全才的吴王李恪,心中要踏实得多。

无论从哪个角度来说,李治都是一个老实本分的好人。但是,将其放在君主的位子上就太难为他了。因为"羊"一样性格的本分人,是挡不住"狼"一样性格的野心家的。

四、武家有女

但是,无论是唐太宗李世民,还是"凌烟阁第一功臣"长孙无忌,以及太子承乾、魏王李泰,都万万想不到,他们所有的折腾,都在为他人做嫁衣裳。由于李治的性格懦弱，加上无能，最终将李唐江山拱手让给一位女子。而这位女子的名头丝毫不下于唐太宗李世民，因为她叫武则天。

　　武则天是唐朝并州文水即今山西文水县人，父亲武士彟是位有政治头脑的木材商人。李渊往来于太原、长安之间，时时在武家留宿，隋末乱象初起时，武士彟就向李渊进兵献书、符瑞，劝其相机而动，可见关系非比寻常。李渊在太原起兵，武士彟不但给予经济上的资助，而且弃商从戎，举家从军，追随李渊攻占长安，成为"从龙"功臣，官位一直做到工部尚书、荆州都督，封应国公。

　　唐高祖武德七年即公元624年，武则天出生在京师长安。虽然我们为了叙述上的方便称其为"武则天"，但"则天"这个称呼是在她去世后才出现。和当时绝大多数的女子一样，武则天应该只有小名而无大名，出嫁之后随丈夫的姓，叫"某武氏"就是了。但是，武则天没有机会被人称为"某武氏"，因为她在14岁的时候，因美貌被召进皇宫，做了唐太宗的女人，被封为"才人"，不能叫"李武氏"，而是叫"武才人"。唐太宗发现，这个武才人不仅美貌，而且聪明伶俐、善解人意，称其为"媚"，又称"武媚"。后来有人写文章骂她"狐媚偏能惑主"，又有文学作品称之为"武媚娘"，皆由"武媚"而起。

　　武则天进宫的时候，晋王李治还是个小孩，由于母亲长孙皇后去世，由父亲李世民自行抚养。或许从这个时候开始，10岁的小男孩李治和14岁的才人武则天开始认识。贞观十七年，16岁的李治被立为皇太子，武则天已是20岁的少妇。但各种文献都或明或暗地指出，在这之后，特别是李世民病重、李治侍疾期间，二人之间的关系变得有些暧昧。

　　唐太宗死后，曾经侍候过皇帝又没有生育的嫔妃，都被安置在感业寺出家为尼，"感业寺"也因此而著名。但宋人程大昌根据宋敏求《长安志》的记载认为，包括武则天在内的唐太宗的嫔妃们出家为尼的寺院并不是感业寺，而是位于长安安业坊的济度尼寺，即"安业寺"，清人顾祖舆《读史方舆纪要》也采用这一说法。由于武则天太过著名，所以她到底是在安业寺还是在感业寺出家，一直引起人们的关注。其实，"安"和"感"本为谐音，"安业""感业"本为一寺也未可知。但是，武则天到底是出家于"安业寺"还是"感业寺"，在我们这里并不重要，重要的是李治在即位后的第二年来到安业寺或感业寺行香，见到了武则天。至于是偶然相遇，还是蓄意寻找，已不得而知。但二人久别重逢，四目对视，泣而后喜，却被高宗的皇后王氏看在眼里。在皇后王氏的鼓励下，"羊"一般性格的李治将此后将显示"狼"一般个性的武则天接回了皇宫，并迅速得宠。

武则天被唐太宗称为"武媚"，是因为她的美貌和智慧；但在唐高宗李治身边得宠，则不仅仅是因为美貌和智慧，更是因为她的"素多智计、兼涉文史"，又杀伐果断。这种与生俱来的天赋与个性，加上后天的知识储备，正是作为一国之君的李治所缺乏的。所以，武则天入宫后，李治不仅仅多了一个生理上、心理上需要的女人，更有了一个政治上的帮手。

有为即有位。武则天开始谋求自己的政治地位了。谋求什么样的政治地位？如何谋求这种地位？

第十四讲 一往无前

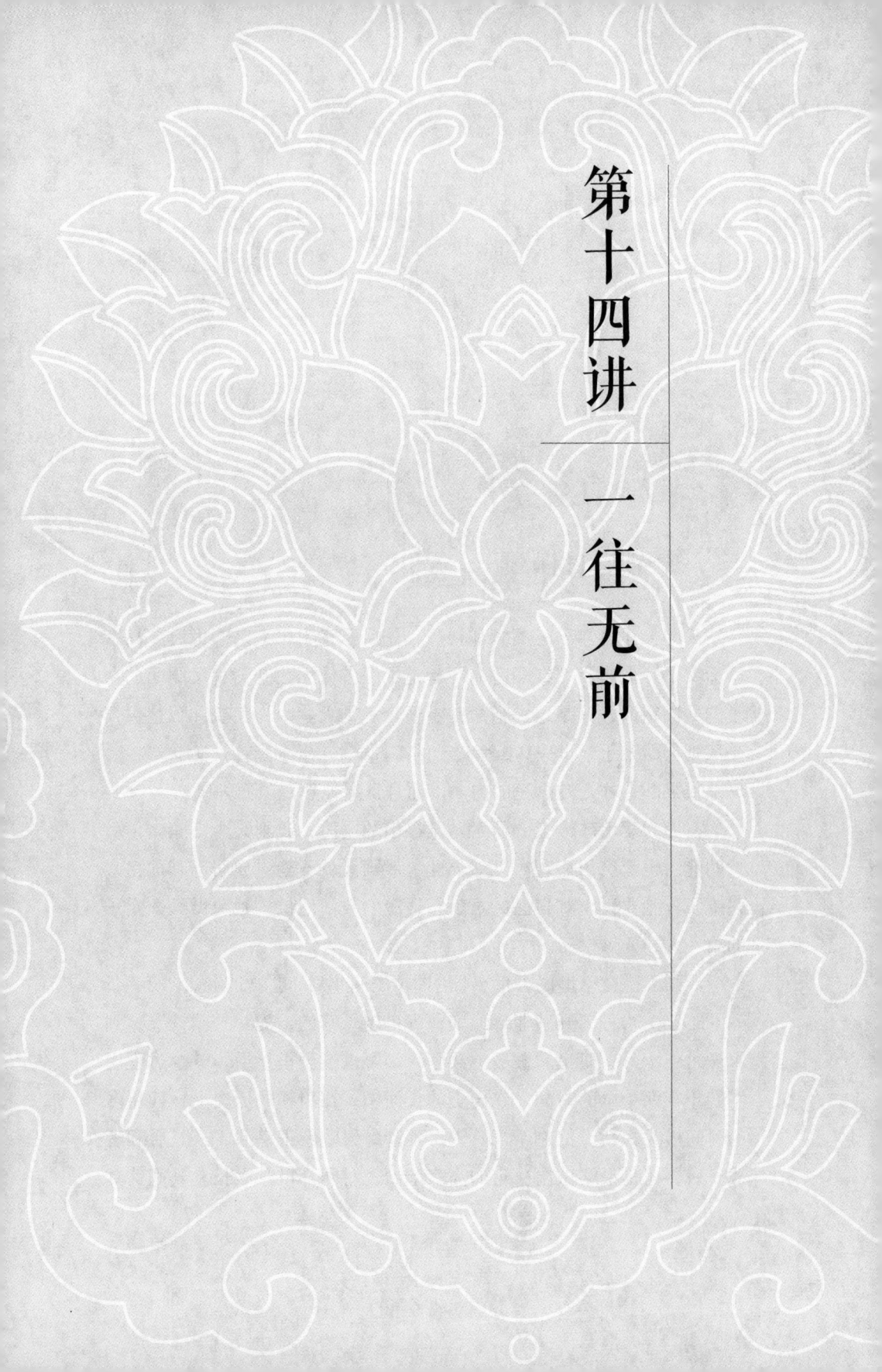

一、锁定目标

武则天凭着自己的美貌和智慧，先后受宠于唐太宗李世民、高宗李治父子。但是，"红颜薄命"却是中国古代无数既美貌又聪明的女子的共同宿命，只是这一宿命并不适合武则天。因为美貌和智慧仅仅是武则天受宠于李世民、李治父子的敲门砖，"素多智计、兼涉文史"，又杀伐果断，才是她真正的内功，而且日渐纯熟，久而弥坚。

在成为李治政治上的帮手乃至靠山的同时，武则天为李家繁殖后代的能力也有突出表现。既然如此，武则天就不能再屈居于其他女人之下了，她要谋求和自己的贡献相适应的政治地位，她要做天下女子的第一人，要做皇后。

武则天是在李世民去世、李治即位的两年后，也就是永徽二年（公元651年）八月离开感业寺或安业寺再度入宫的，先封"昭仪"，到永徽六年十月，王皇后被废，武则天如愿以偿做了皇后。整个过程用了四年零两个月的时间。在历史的长河中，在唐朝的历史上，四年多的时间极为短暂，但对于当事人，不管是失败者王皇后，还是胜利者武皇后，还是最终做出决定的高宗李治，时间都极其漫长。其间的真实细节和坊间传闻交织在一起,既构架起人们所熟知的"后宫争斗"的老套故事,又成为中国历史上"后宫争斗"故事中最富有刺激性的样本,为各种"后宫争斗"剧提供了取之不尽、用之不竭的源泉。

小说剧本不计,仅最近三十年多来,我国以"武则天"命名播出的电视连续剧,著名的就有香港地区的冯宝宝版(1984)、潘迎紫版(1985),内地则是十年出一个新版本:1994年的刘晓庆版,2004年的贾静雯版,2014年的范冰冰版。投资商为何对武则天的故事如此感兴趣?因为观众喜欢,喜欢武则天的美貌和聪颖,佩服她的智慧和手段,更为她的传奇故事和剧中人物的命运所吸引,所以愿意为此买单。投资商固然赚得盆满钵满,一批男女影星也因此而身价猛涨。武则天做梦也想不到,她的贡献竟然持续了一千多年甚至还要延续若干个一千年。

武则天为皇后,直接的受害者是将其引入宫中的王皇后;但最大的阻力,却是李治的舅舅长孙无忌。

王皇后是大家闺秀,知书达理,但过不了女人天性这道坎儿。皇帝宠爱一位封号为"淑妃"的萧姓女子,这位萧淑妃又接二连三地为皇帝生小孩,但王皇后却不会生小孩。在萧淑妃面前,王皇后既自卑又担忧,她鼓励李治将武则天迎回宫中,是希望通过武则天的魅力让皇帝远离萧贵妃。但是,从来的借力打力最终还得靠自己的功力。武则天倒是让皇帝远离了萧淑妃,却没有让其回到王皇后的身边,而是由武则天"专宠"。这完全不是老实本分的王皇后所要的结果。于是,两个本来的情敌和政敌,王皇后和萧淑妃,结成了松散的"反武"同盟。中国有句俗话,不知道从什么时候开始流传,说是"三个臭皮匠,顶个诸葛亮",虽然有一定道理,但也得看比什么。如果是修补皮鞋,一百个诸葛亮顶不了一个臭皮匠;如果是安邦定国,一万个臭皮匠顶不了一个诸葛亮。事实证明,千万个王皇后、萧淑妃捆绑在一起,也没有和武则天抗衡的能力。她们只是普通的女人,只会做普通女人所能做的事情；武则天也是女人，而且是充满魄力的女人，但更是政治家，她通晓政治家所具备的权术，收拾两个弱女子几乎可以不过脑子。而且，武则天还向不会生小孩的王皇后展开一轮又一轮的示威，入宫四年，连续生下两个儿子和一个女儿。可以说，武则天一直是挺着个大肚子在战斗。千万不要小看这个因素，这使她得到丈夫的持久关心和疼爱，这也是她和皇后、淑妃做斗争的底气所在。几个回合下来，王皇后、萧淑妃彻底绝望了，只有坐以待毙。王皇后的舅舅本来做了中书令，眼看着外甥女在和武则天的竞争中败落下来，主动缴械投降，请求罢官。

相对于"弱女子"王皇后，长孙无忌的力量是强大的。第一，长孙无忌是皇帝李治的亲舅舅、李治母亲长孙皇后的亲哥哥，甥舅之间有深厚的感情；第二，李治能够做皇帝，长孙无忌是主要的推动者，又是主要的监护人；第三，长孙无忌还是李世民夺取帝位的主要谋划者，位列"凌烟阁二十四功臣"之首；第四，在长孙无忌的身后，是一个庞大的贞观朝的旧臣集团。

为了取得长孙无忌的支持，武则天委曲求全地陪同皇帝李治，带着十车的"金宝缯锦"来到长孙无忌府第。皇帝给大臣送礼，当然也是外甥、外甥媳妇给舅舅送礼，受到臣子兼舅舅的热情接待。君臣之间，"酣饮极欢"。席间，李治封了长孙无忌宠姬的三个儿子为朝散大夫。但是，无论是送礼的皇帝，还是受礼的舅舅，心中并不轻松。对于皇帝夫妇的来意，长孙无忌心知肚明，只是揣着明白装糊涂，不住地敬酒、谢恩。礼也送了，官也封了，李治借着酒意漫不经心地说起了家事，皇后无子，奈何？长孙无忌继续装，顾左右而言他。

酒席乘兴而始，扫兴而罢。武则天再做努力，请母亲杨氏亲自出马，登门拜访长孙无忌，继续疏通。武则天的母亲出身于弘农杨氏，是隋朝宗室之女，那也是有身份的，此时虽然年近八十，却身体硬朗，于长孙无忌算是长辈。但是，长孙无忌仍然不给面子。

人情关走不通，在武则天的催促下，皇帝李治被迫向舅舅长孙无忌摊牌。

二、四大元老

永徽六年九月的一天，退朝之后，高宗李治召长孙无忌、李勣、于志宁、褚遂良四人入内殿议事。

长孙无忌历任侍中、中书令，此时为太尉；李勣一直领兵在外，高宗李治即位后，召为尚书左仆射，此时为司空。二人都位于"三公"，这是地位在宰相之上的虚衔，但都兼着"同中书门下三品"，所以又都是宰相。于志宁曾任侍中，此时为尚书左仆射；褚遂良曾任中书令，此时为尚书右仆射。二人和长孙无忌、李勣一样，也是"同中书门下三品"。

之所以不厌其烦地介绍这四位的官职，是为了说明他们当时的地位。唐朝建立的时候，沿用隋朝的官制，所以说"唐承隋制"，以中书令、侍中、尚书令为中书、门下、尚书三省的长官，并为宰相。贞观时期，由于唐太宗曾任尚书令，臣下没人再敢出任此职，于是不设尚书令，以左、右仆射为尚书省的长官，与中书令、侍中并为宰相，后来又让其他官员以"参知政事""同中书门下三品"的身份，与三省长官在门下省的"政事堂"共议国政，一并视为宰相，成了一个"宰相群"。

这样，我们明白了，高宗李治为何让这四位入内殿议事。因为这四位是当朝的"宰相"，是朝臣的领袖，搞定了这四位，就等于摆平了整个官僚集团。此时的褚遂良虽然年届60，而且也是宰相，但在四人之中年纪最轻、资历最浅，特别是和长孙无忌一道受唐太宗托孤，决心义无反顾地捍卫太宗为儿子立的原配王皇后，所以进内殿之前向其他同僚交底：

> 今日之召，多为中宫。上意既决，逆之必死。太尉元舅，司空功臣，不可使上有杀元舅及功臣之名。遂良起于草茅，无汗马之劳，致位至此，且受顾托，不以死争之，何以下见先帝！(《资治通鉴·唐纪》)

皇上废立皇后的决心已定，从之者生，逆之者死。长孙太尉是皇上的舅舅，李绩司空是国家的功臣，不能让皇上背上杀害自己舅舅、杀害国家功臣的恶名。我这个寒微之士，未立寸功，却享有朝廷的高官厚禄，愿意先诸位而死。

每读到这一段文字，我都深深被打动。褚遂良为初唐四大书法家之一（另外三位为欧阳询、虞世南、薛稷），一个写字出了名的书呆子，竟然有如此的血性。

不出褚遂良所料，到内殿所议之事果然是废立皇后。高宗一开口，褚遂良立即表示反对：皇后乃先帝为陛下所娶的名门之女，先帝临终前，拉着陛下之手对臣说："佳儿佳妇，今以付卿。"先帝之言，犹在耳旁，陛下难道如此健忘？皇后侍奉陛下，并无过错，决不能废。高宗既然向元老摊牌，自然做了精心准备，但老实人就是老实人，被褚遂良一番话堵了回去，半天不吭声。

第一次不行，第二天再议。褚遂良换了一个角度，昨天是反对"废"，今天反对"立"，并且把矛头直接指向武则天，说就算皇后没有生育，陛下一定要废立，也应该广择天下名门世族之女。如果执意要立一个曾经侍奉过先帝的女子为皇后，天下万代当视陛下为何等人？我知道今天的话得罪了陛下，罪该万死。愿乞骸骨。说罢，将代表身份的牙笏放在地上。高宗恼羞成怒，命人将褚遂良推出殿外。谁也没有想到，皇帝宝座的帝子后面，竟然传出女子的厉声呵斥："何不扑杀此獠！"就这一嗓子，真相大白。关于皇后的废立，前台的皇帝李治只是傀儡，后台的武则天才是推手。

长孙无忌早有准备，以他对外甥的了解，如果没有人在后面逼迫，借个胆子给他也不敢下如此的决心。但长孙无忌没有想到的是，这个没有主见而又生性怯懦的外甥，过去不敢违背自己的意志，如今却彻底被武则天这个女人降服。要阻止其为皇后已不可能，只能救下褚遂良的性命。所以，长孙无忌没有就皇后废立发表意见，只是声明：褚遂良为先朝顾命大臣，即使有罪，也不可用刑。

褚遂良的命暂时保住了，但不久被贬为潭州都督，又转桂州都督，再贬爱州刺史，从现在的陕西到湖南、广西，一直到当时属唐朝管辖的越南北方，离中原越来越远，三年后死于爱州任所。长孙无忌同样没有能够逃脱厄运，只是清算的时间稍晚一些。褚遂良死后一年，长孙无忌被诬陷谋反，贬逐黔州即今重庆彭水一带，随后被逼自缢而死。

诸位可能要问，四位元老重臣，两位因为反对废立而获罪，还有两位呢？

四人中于志宁年龄最大，曾经是秦王府的"十八学士"之一，此时面议，不敢吭声，既不反对也不支持。由于缺乏立场，在升了两次官后被清算，贬谪外州，随即致仕归田，但命还是保住了。

那么，名气最大的李𪟝呢？李𪟝说自己身体不好，根本没有和长孙无忌等人入内殿合议。但他应该有自己的态度。李𪟝的态度是什么？

三、家事国事

直到去世之前，唐太宗李世民对于儿子李治能否坐稳江山仍然是忧心忡忡，于是煞费苦心给儿子加设双重保险：第一，将李治托付给长孙无忌和褚遂良监护。二人是文官的首领，又是立李治为太子的积极推动者，李世民希望通过他们的倾力辅佐和调教，让儿子尽快成长起来。第二，将武将的首领李𪟝外放为叠州（今甘肃迭部县一带）都督，告诉李治，继位后立即将其召回，委以重任，李𪟝必然感恩而出死力。

文有长孙无忌、褚遂良，武有李绩，这就是李世民给儿子李治设置的双重保险。

李绩的知恩图报，尽人皆知。当年效忠于瓦岗军李密，后来效忠于李渊、李世民父子，李绩皆矢志不二。但是，尽管李世民在各种场合对李绩的忠心、战功、才能大加赞扬，但总不似对长孙无忌、房玄龄、魏征、尉迟恭乃至褚遂良那样亲近。究其原因，应该有二：第一，李绩并非秦王府的旧部。瓦岗军瓦解后，李绩归降的是唐朝而非秦王。第二，李绩在李世民与太子李建成的斗争中持中立态度。我们曾经采用过一种记载，说李靖、李绩曾劝李世民尽快了结与李建成的恩怨，但另一种记载或许更可靠，说李世民曾经就自己和兄弟的关系分别征询李靖、李绩的意见，但二李竟然持同样的态度——"辞"，不介入你李氏兄弟之间的斗争。虽然《资治通鉴》说李世民"由是重二人"，但李世民继位之后，将李靖列为功臣中的第八等，将李绩排在"凌烟阁二十四功臣"的第二十三位，未必与此无关。

有朋友会说，以唐太宗李世民的气度，对魏征、王珪那样坚定的太子党人，不也信任有加吗，怎么和李绩就有隔阂了？情况不一样。作为文臣谋士，魏征、王珪就在李世民身边服务，日久情深；李绩长年领兵在外，即使回京叙职，滞留的时间也极其有限，给皇帝的书面报告皆由文书官代笔，和魏征、王珪等人既可当面建言，又可书面陈述完全不是一回事。虽然有记载说李世民如何将自己的胡须剪下来烧灰为李绩疗伤，又如何在李绩醉酒时脱下"御袍"给李绩御寒，李绩又是如何感激涕零、叩头出血，但这些只能表明李世民的驭将之道，如同当年吴起给士兵吸脓血一般，并不能说明君臣之间关系的密切。

李世民临死之前，手把着手将太子李治托付给长孙无忌、褚遂良，何等贴心。但对于李绩，用的却是权术。李世民交待儿子李治：

> 李世绩才智有余，然汝与之无恩，恐不能怀服。我今黜之，

若其即行，俟我死，汝于后用为仆射，亲任之；若徘徊顾望，当杀之耳。(《资治通鉴·唐纪》)

新、旧《唐书》对这一事件都有记载，但只有前段而无后段，不知是否"为尊者讳"。范祖禹是司马光作《资治通鉴》的重要助手，主修唐史，这一段记载正出于他的手笔并得到司马光认同。范祖禹在自己的《唐鉴》中说，李世民用如此伎俩对付李𪟝，有违君臣之道。当然，李世民的这点权术，在老江湖李𪟝看来，那就是小儿科。所以，李𪟝一见外放叠州的诏令，家也不回，当天上路，让李世民吃下定心丸。

李治即位之后，按照父亲的遗嘱，召回李𪟝，先为洛州刺史，再进尚书左仆射，后辞去仆射，为司空，但"同中书门下三品"不变，与长孙无忌、褚遂良一道，参知政事。此时，废立皇后的事情已是沸沸扬扬、尽人皆知，但李𪟝从不发表意见。李治召四大元老内殿议事，李𪟝托病不去，既是因为自己的身份和长孙无忌、褚遂良不同，别人是"顾命大臣"，自己算什么？更是因为道不同，不相为谋。

李治废立皇后受到长孙无忌、褚遂良抵制之后，单独召见李𪟝，说我欲立武氏为后，褚遂良反对。他是顾命大臣，这件事情是否就此打住？李治此举，应该也是出自武则天的主意。李𪟝对此事早有态度，只是你不问我不说。皇帝一问，李𪟝一句话，点醒梦中人，消除了李治废立皇后的所有顾虑，更令武则天喜出望外。一句什么话？"此乃陛下家事，不合问外人。"(《旧唐书·褚遂良传》)皇上废立皇后乃是家事，自己拿主意就是了，何必问外人？就这一这句话，为高宗理直气壮废皇后和武则天顺理成章做皇后，提供了道义上的支持。

其实，李𪟝的这句话有着极大问题，君主的家与国融为一体，皇后、太子的选择，一定程度上关系到皇朝的盛衰、政权的存亡。所以，李𪟝此举，一直受人谴责。有人认为，如果李𪟝和褚遂良一样以死相劝，武则天就做不成皇后，李氏宗室也可以免除一场劫难。更有人认为，若干年后，李绩的孙子徐敬业起兵反武，兵败灭族，李绩被开棺扬尸，就是报应。

但是，由"江湖大盗"转化为军事统帅的李绩，有自己安身立命的原则：但凡国家的事情，特别是对外族、对外国的战争，一定呕心沥血、尽心尽力；但凡皇族内部的事情，任你闹得天翻地覆，绝不参与。过去对于李建成、李世民兄弟之间的争斗，如今对于武则天、王皇后之间的争斗，李绩统统不介入。当然，不介入不是没有立场。当年的不介入客观上支持了李世民，如今的不介入事实上支持了武则天。

10多年后，74岁高龄的李绩，受命为辽东行军大总管，经过一年的征战，灭了高句丽。他通过这种方式报答了"先帝"李世民和"今上"李治对自己的知遇之恩。

四、后台前台

事实证明，在君主集权的制度下，只要君主决心做的事，不管是利国惠民的事，还是祸国殃民的事，臣下是阻挡不住的。武则天下决心要做皇后，也是长孙无忌们阻挡不住的。

这既是由制度所决定，也是因为官僚集团本身就不是铁板一块。只要君主坚持、执着，官僚集团的裂痕就会立即扩大。想向皇帝效忠而没有机会的，欲望和企求没有得到满足的，受当权派排挤难有出头之日的，对当权派作风看不惯的，等等，所有这些人，在当权派和皇帝发生矛盾、冲突的时候，经过一段时间的观望，都会用不同的方式倒向皇帝，看似孤立的皇帝和貌似强大的权臣之间，力量对比也就于顷刻之间发生变化。

李治废立皇后的成功再次为这一现象提供了例证。而本来隐身在幕后的武则天，更从这个事件中得到极大的启示：原来，只要把皇帝控制在手，只要是代表着皇帝，貌似强大如长孙无忌，也是如此不堪一击。

《旧唐书》的武则天"本纪"中有这样一段话:"帝自显庆已后,多苦风疾,百司表奏,皆委天后详决。"《新唐书》的武则天"本纪"沿用了这个说法,只是把"皆委天后详决"改为"时时令后决之"。这里的"帝"是指高宗李治,"天后""后"则是指武则天,而"显庆"则是高宗李治的年号。

中国帝王有年号,始于汉武帝。开始是六年换一个年号,后来乱了,有喜庆换年号,心血来潮换年号,做个梦也换年号,如果不是专攻汉史或刻意强记,真弄不清有哪些年号,更弄不清哪个年号在哪一年。唐高祖李渊在位九年,只用了一个年号"建武";唐太宗李世民在位二十三年,也只有一个年号"贞观"。这是一个很好的开端。但到唐高宗时期,又乱套了,开始是"永徽",用了六年,从公元650年到655年。永徽六年十月,册立武则天为皇后,永徽七年正月,立武则天四岁的长子李弘为太子,改元"显庆"。这是专为武则天母子改的年号,也用了六年,从公元656年到661年。后来越改越频繁,在位34年竟用了14个年号。除去永徽、显庆的12年,其余22年共12个年号,平均不到两年换一个。以李治的性格和身体,绝无如此精力和兴趣,全是精力充沛的武则天在折腾。

《旧唐书》说"显庆"年间开始,李治由于患病,政事交由武则天处理,既是事实,也在为李治贴金。正如李世民一直担心的那样,李治虽然做了太子,后来又继承了皇位,却并没有管理国家的能力。但是,李治有李治的优点,那就是听话,没有破坏性。永徽年间,听舅舅长孙无忌的话,此时并无风疾;显庆以后,不管有无风疾,都听皇后武则天的话。所幸的是,尽管武则天和长孙无忌之间斗得你死我活,但不管谁掌权,整个国家仍然沿着"贞观之治"的道路前进,社会安定,人民乐业。对周边民族和国家的战争也大多取得胜利。这不能不说是李唐皇朝的福分,也是当时普通民众的幸运。

随着贡献越来越大、能力越来越强，武则天在李治面前不再像过去那样温顺、那样善解人意了，逐渐成了一个为所欲为的悍妇。有几件事情，令李治感到丢尽了面子。

第一件，出于十多年的夫妻感情，李治看望被幽禁的废后王氏和淑妃萧氏，并且许诺从生活上给予关照，但由此触怒了武则天，直接将二人处死，而且手段极其残忍。

第二件，舅舅长孙无忌因为反对废立皇后而被诬陷谋反。李治打死也不相信舅舅会图谋推翻自己。在没有任何证据的情况下，长孙无忌仍然被贬往黔州，并被逼自尽。

第三件，李世民时代曾经重修过《氏族志》，皇族列第一等，后族为第二等。在武则天的干预下，再次重修《氏族志》，皇族、后族并列第一等。

这种事情还有许许多多，李治越来越觉得窝囊，终于在立武则天为皇后的第十年决心再次废后，废谁？废武则天。但是，身边的宫女、宦官早已看出谁才是真正的主人，窝囊废的皇帝靠不住，心狠手辣的皇后得罪不起，所以，他们选择了投靠皇后，出卖皇帝：

左右奔告于后，后遽诣上自诉。诏草犹在上所，上羞缩不忍，复待之如初。（《资治通鉴·唐纪》）

这是一段十分精彩传神的文字。李治这边有什么风吹草动，早有人报告给武则天。武则天一通训斥，皇帝竟然像小孩一样"羞缩不忍"，承认错误。武则天训斥什么？训斥皇帝没有良心。我为你家江山日夜操劳，受了多少委屈，吃了多少苦头，你坐享其成，却和外人一道暗算于我，你对得起我吗？你做的那些丢人现眼的事情，我还懒得和你计较！什么丢人现眼的事情？趁武则天忙于公务，李治和武则天的姐姐母女鬼混在一起。你说武则天气不气？

只一个回合，皇帝便一触即溃，彻底认输。如此窝囊，李世民九泉之下有知，定要气得吐血。也许就在这个时候，一个念头在武则天的脑中闪过，皇上啊皇上，与其你做皇上，还不如我做皇上。或许只是一闪念，但也许就是这一闪念，使武则天有了由后台走向前台的想法。

第十五讲 千古一人

一、三种手段

武则天再次入宫之后，冲破各种阻力，如愿以偿地做了皇后。但是，做了皇后的武则天，一方面成为高宗政治上的主要帮手乃至倚仗；另一方面，也不断挑战高宗作为皇帝和男人的权威，让高宗觉得丢了面子，没有尊严。在旁人的唆使和鼓励之下，老实巴巴的李治打算再来一次废立皇后。但是，武则天仅仅一顿训斥，刚想反抗的高宗李治就没了脾气，缴械投降，像个犯了错误的小孩，说以后再也不敢了，再也不会做这样令亲者痛、仇者快的事情了，并且把帮他出主意的官员全部招供出来。

有朋友可能要问，哪有皇上怕皇后的？就算高宗李治做了一些对不起武则天的事情，那也没有什么了不起，历代的皇帝、后宫不都是这样龌龊吗？皇后蛮横，休了就得了。如果李治的态度强硬一些，武则天又能怎样？话是这样说，但要看皇帝是什么皇帝，皇后又是什么皇后。

可以断定，如果李治真的强硬，而不是如此懦弱、无能，那就没有武则天了。我们这一代人都知道一条著名的政治论断："不是东风压倒西风,就是西风压倒东风。"这条政治标语出自高鹗续写的《红楼梦》第32卷。高鹗通过林黛玉之口,说了一个自己的基本认识:"但凡家庭之事,不是东风压了西风,就是西风压了东风。"不管用于家还是国,或者用于国际,这句话都揭示了一个客观现象:谁蛮横,谁霸道,谁说了算。当然也有一个前提:霸道要有霸道的本钱,蛮横要有蛮横的本事。

正是因为高宗的懦弱、无能,当然,或者也是因为高宗的顾面子、重和谐,造就了一个和曾经善解人意的武则天全然不同的蛮横霸道的武则天。但是,正如我们上一集所说,如果李治不懦弱和无能,而是和武则天一样地精明强干、蛮横霸道,庙号为"高宗"的皇帝就不是我们现在知道的李治,而是他的四哥魏王李泰或三哥吴王李恪,自然也就没有我们所知道的武则天了。所以我一再说,是李世民的"牵于多爱",是李承乾、李泰兄弟和长孙无忌、褚遂良等人的共同折腾,折腾出了一个父亲死了只知道整天号泣的"羊"一样的皇帝李治,也折腾出了一个可以用铁鞭、铁挝、匕首征服所有对手的"狼"一样的皇后武则天。

武则天晚年的时候讲述年轻时候的一个故事,警告不服从她意志的人:

> 太宗有马,名"师子骢",肥逸,无能调驭者。朕为宫女侍侧,言于太宗曰:"妾能制之,然须三物:一铁鞭,二铁挝,三匕首。铁鞭击之不服,则以挝挝其首,又不服,则以匕首断其喉。"太宗壮朕之志。(《资治通鉴·唐纪》)

此处"师"即为"狮"。太宗有烈马名为"狮子骢",难以驯服。武则天说此事不难,可先用铁鞭鞭其背,不服则用铁挝挝其首,再不服就用匕首断其喉。太宗听了,十分赞赏,但如果换了高宗,可能没等听完就吓晕过去。这就是英主和庸主的区别。武则天用这个故事告诉人们，她和太宗皇帝是同一类人物；也警告人们，你的骨头比狮子骢还硬吗？

"狮子骢"在唐朝已经演绎成一个传奇：隋文帝在位时，西域进贡了一匹大宛宝马，名为"狮子骢"，言其如狮子一般强壮、凶悍。隋文帝问众将："谁能驭之？"猛将裴仁基应声道："臣能制之。"说罢，裴仁基扎起袍摆，一个箭步奔向狮子骢。说时迟那时快，只见裴仁基腾身而上，一手揪住了狮子骢的耳朵，一手抠住了狮子骢的眼睛。狮子骢再凶悍，耳朵、眼睛受制，不敢动弹了。隋文帝大喜，让裴仁基试试它的脚力。结果日出离长安，日落到洛阳，两地相距千里，果然是千里马。隋唐易代，狮子骢下落不明，秦王李世民派人寻访，有人在长安以东150里的同州即今渭南街市发现曾经名扬天下的狮子骢。但此时的狮子骢，毛也脱了，皮也皱了，正被主人赶着磨麦子。英雄暮年，可悲可叹。李世民闻讯，专程从长安前去看望，狮子骢见到李世民，竟然如见故人，跳跃起来，长鸣不已。李世民大喜，抱住狮子骢的头，将手伸进马口，牙齿仍然整齐。于是让人好生饲养，狮子骢后来生下了五只马驹，全是千里马。

武则天所说的自己和狮子骢的故事，应该和这个传说有关。但是，由于另外一位当事人唐太宗李世民早已谢世，她的这个故事便成了一个死无对证的故事，但表现出武则天一生的行事风格：对于所有试图对抗她的对手，有三种征服手段：鞭子、挝子、匕首。当然，对于李治的偶尔反抗，武则天一般只需扬鞭子，对方就退缩了。

二、"天后"手笔

李治对武则天的反抗和武则天对李治的扬鞭发生在麟德元年（664年）的十月。这件事情发生之后，皇帝的御座后面拉起了一道帘子。

帘子的前面坐着皇帝李治，帘子的后面坐着皇后武则天。这就叫"垂帘听政"。"垂帘听政"的事情在中国历史上并不新鲜，最著名的当然是清朝的慈禧太后。但是，所有的"垂帘听政"都是小皇帝在位，太后听政。此时的"垂帘听政"，却是正在壮年的皇帝在位，皇后听政。这就有点滑稽了。人们都知道，坐在帘子前面的皇帝已经是傀儡，坐在帘子后面的皇后才是大唐帝国的真正主人。只是为了顾全大唐皇帝的面子，也为在朝称臣的男人们遮羞，所以将帘子前后的二人并称为"二圣"。

在此后的几年里，"二圣"完成了唐太宗李世民在世的时候想做而没有做，做了却没有做到的两件事情。第一件，公元666年，"二圣"到泰山封禅。在此之前，"封禅"的事情只有秦始皇、汉武帝、汉光武帝做过，也是唐太宗想做却没有做的。当然，即使是秦皇汉武，封禅也是皇帝的事情，这一次却主要是皇后的事情，是武则天的事情。第二，公元668年，"二圣"以李绩为辽东行军大总管，率军攻陷平壤，活捉了高句丽王，朝鲜半岛被纳入唐朝的版图，这是太宗做了却没有做到的。在给大唐帝国长脸的同时，也为亡国之君隋炀帝出了一口恶气，如果没有这个高句丽，隋朝也未必会二世而亡。不久，又为隋炀帝圆了长住洛阳之梦。公元671年，"二圣"留太子李弘在长安监国，把政治中心迁到东都洛阳，后来更改"东都"为"神都"。

与此同时，造神运动也拉开了序幕。尊被视为李氏始祖的太上老君李耳为"太上玄元皇帝"，又追尊高祖李渊为"神尧皇帝"、太宗李世民为"文武圣皇帝"。当然，任何时候抬高死人的目的都是为了抬高活人，高宗李治、皇后武则天分别尊为"天皇""天后"。

当时的人们都清楚，所有这些事情都是"天后"的手笔。

公元675年，武则天已做了二十年的皇后，也为唐朝当了二十年的家。这年三月发生的一件事情，影响至大。一段时间以来，高宗李治由于高血压及其他原因，头痛、晕眩，难以视朝，此时更加严重，于是召见中书令郝处俊，说是想把皇位让给皇后，自己安心养病。郝处俊听了，大吃一惊，说皇上治阳道，皇后治阴道，阳与阴各有所主，一旦紊乱，必将遭到天谴，人间将受莫大灾难。所以，当年魏文帝曹丕临死时，尽管儿子年幼，仍然立下遗嘱，由大臣辅政，皇后不许临朝听政。临朝听政尚且不可，何况逊位给皇后，那不乱套了吗？郝处俊特别强调：

> 天下者，高祖、太宗二圣之天下，非陛下之天下也。陛下正合谨守宗庙，传之子孙，诚不可持国与人，有私于后族。（《旧唐书·郝处俊传》）

大唐的江山社稷为太祖、太宗百战而得，陛下只有将其传给子孙的责任，没有将其转给外姓的权力。有一个更典型的例子，郝处俊也许没想到，也许不敢说：汉武帝死前，立八岁的儿子继位，为了不让皇权旁落，杀了小孩的母亲，由霍光辅政。虽然没有确切的材料可以证实高宗表态逊位出自武则天的授意乃至胁迫，但此后武则天千方百计搜罗郝处俊及其子孙的罪状，并最终将已故的郝处俊开棺碎尸。这说明接受高宗的逊位正是武则天的想法，而且非常有可能是武则天就自己由后台走向前台对官僚集团的一次试探。

在《国史通鉴》这个系列，我们不断交流一个看法，那就是政治家是需要拼身体、熬年头的。如果"天后"武则天活不过比自己小四岁的"天皇"李治，以后的故事就不可能发生。但是，恰恰"天后"武则天继承了活到92岁的母亲的长寿基因，而"天皇"李治却继承了父亲李世民的基因，56岁去世，这是在公元683年年底，武则天时年60。

高宗临终前召见宰相裴炎，立下遗嘱："太子柩前即位，军国大事有不决者，兼取天后进止。"（《资治通鉴·唐纪》）虽然懦弱，但作为唐太宗李世民的儿子，作为一个男人，李治的内心其实一直在挣扎，一直试图和武则天抗争，只是抗争的力量过于孱弱。而这道遗嘱，可以说是一生懦弱的李治用生命尚存的一口气对武则天做出的最后的抗争。他没有让儿子事事听母亲武则天处置，也没有让将来的太后武则天垂帘听政，更没有把皇位直接让给皇后武则天。我们可以想象，武则天对这道遗嘱的失落和愤怒，因为这道遗嘱，将使她的伟大梦想推后若干年乃至永远无法实现。

继承皇位的是太子李显。细心的朋友会问，当年立武则天为皇后时，所立太子不是李弘吗？而且，"二圣"把政治中心迁往洛阳的时候，留守长安的也是太子李弘，怎么变成了李显？这里需要做一个交代。

武则天和高宗李治一共有四个儿子、两个女儿：长子李弘，次子李贤，三子李显，四子李旦；长女早夭，次女，也是武则天的最后一个孩子，就是大名鼎鼎的太平公主。

长子李弘做了近二十年的太子，于公元675年4月病死在洛阳，时年24岁。

李弘死后，次子李贤被立为太子，时年21岁。但在做了五年多太子之后，被废为庶人，迁往巴州安置，几年之后被逼自杀。

李贤被废，老三李显做了太子，时年25岁，并在公元683、684年之交父亲去世后继承了皇位，这就是唐朝的"中宗"。但是，李显继位不到两个月，被废为庐陵王，"幽于别所"。

李显被废，老四李旦被立为皇帝，时间是公元684年的农历二月，这就是唐朝的"睿宗"、伟大的唐玄宗李隆基的父亲。当然，这年23岁的李旦只是傀儡，所以年号叫"垂拱"。有个说法叫"垂拱而治"，"垂拱"的皇帝李旦"治"于太后武则天。

当然，所有这些安排，也都出自"天后"的手笔。

三、种瓜黄台

如此接二连三废太子、废皇帝，立太子、立皇帝，而废立的太子、皇帝又都是自己的亲生儿子，这不但在中国历史上，恐怕在世界历史上也绝无仅有。其频率之快令人瞠目结舌。大概就是从这个时候开始，一首诗歌在朝野上下流行，名为《黄台瓜》：

> 种瓜黄台下，瓜熟子离离。一摘使瓜好，再摘令瓜稀。三摘犹尚可，四摘抱蔓归。（《肃宗代宗诸子传》）

这首诗歌的作者是谁？人们认为就是李治和武则天的次子，废太子李贤。有一位我们将要说到的著名的人物，讲述了李贤创作这首诗以及这首诗流行的缘由。李贤的哥哥、前太子李弘不满于母亲对父亲的骄横跋扈、对政敌的残酷打击，同情被母亲处死的王皇后、萧淑妃，同情被诬陷而死的舅舅长孙无忌，甚至直接上书，请求宽宥被杀的萧淑妃的两个女儿，从而激怒了母亲武则天。而前太子李弘之死，又恰恰发生在郝处俊阻止高宗逊位给武则天之后的两个月。所以人们认为，太子之死一定是其母武则天下的毒手。不管后来的研究者如何为武则天辩护，当时的人们，包括新立的太子、武则天的次子李贤，都是这样认为的。

李贤虽然做了太子，但惶惶不可终日，想着死去的哥哥，看着两个和自己一样惊恐不安的弟弟，既不敢和父亲交流，更不敢向母亲表露，无奈之下写了这首诗，让乐工传唱，希望母亲听了以后有所感悟：您为李唐皇室生了四个儿子，如同一枝藤上结着四个瓜。摘去一个，或许是为了让剩下三个长得更好一些。再摘一个，瓜就太稀了。如果摘三、摘四，最后只有抱着瓜藤回家了。这首诗与当年曹植的《七步诗》异曲同工。但该诗未必出自李贤之手。即使出于李贤之手，也不可能发生在其为太子之时，而应该是发生自己被"摘"或弟弟李显被"摘"之后。当然，也许正是因为这首诗的流行，导致李贤被逼自杀。

虽然是在一摘二摘、三摘四摘，但对象不同，摘的方式也不同。老大、老二由于表现出和母亲武则天的对抗情绪，所以他们必须消失。老三、老四吸取了两个哥哥的教训，或许也是天性使然，比较听话，所以他们只是靠边儿站。

当然，我们也可以从另外一个角度替武则天着想，那就是在她眼里，丈夫李治和四个儿子都无法领导大唐沿着"贞观之治"的道路前进，能够继承这一事业的，只有她本人。而一个女人要在男人社会有所作为，所遇到的阻力也绝非我们现在所能想象。暂且不说兄弟相残的"玄武门之变"，只要看看在唐高祖武德年间、唐太宗贞观年间，有多少人因为"谋反"罪本人被处死、全家被充军，看看武则天在谋划做皇后的道路上受到的激烈反对，就可以看出当年政治斗争的残酷。站在武则天的立场上，或者是出于一种对国家、对社会的担当，箭在弦上，不得不发。

但是，武则天和丈夫、儿子的关系，又从"人性"的角度揭示了一个客观事实：在强悍的母亲和懦弱的父亲之间，子女一般会站在父亲一边，他们会因同情父亲而憎恨乃至抛弃母亲。而母亲武则天的过于强势，也极不利于儿子们的成长：成长过程中所犯的错误会被认为是幼稚和无能；不符合母亲意志的想法和做法会被认为是愚蠢或反叛。于是，他们的一切想象力和创新力都将因为"恨铁不成钢"而受到打击和压制，最终只有两个结果，或者走向叛逆，或者变成庸人，当然，也可能兼而有之。武则天的四个儿子中，老大李弘、老二李贤属第一类，老四李旦属第二类，老三李显则是庸人兼叛逆。

不能不说，这个时候武则天作为母亲的角色已经极大退化。但她仍然是一个精力充沛的女人，是需要男人安抚的女人。高宗已经去世，即使在世也满足不了她的要求，所以她又有若干个男宠。更重要的是，她已经演变成一台政治机器,向权力的顶峰前行,顺我者昌,逆我者亡。经过三十多年的经营,虽然人们感情上仍然难以接受,但朝野上下不得不承认,武则天的政治经验和治国手段不是须眉男子所能望其项背的,她才是太宗皇帝开创的"贞观之治"的真正的继承人。

我们今天以局外人的身份来讲述、来阅读这一段历史,轻松而愉快。但是,对于当时的人来说,特别是对于李世民的子孙,对于长期效忠于李世民李治父子的大臣及其子孙,却是奇耻大辱。所以,各种方式的抗争持续不断。武则天一面调兵遣将,四处救火;一面重用酷吏,严酷打击。

四、傲视千古

在这个过程中,发生了两件影响深远的事情。

第一,酷吏们发明了中国历史上最早的多功能"举报箱",名曰"铜匦"。这个"铜匦"有四个口,可以分别投入自荐信、建议书、诉苦状、举报信,但最终起作用的只有举报信。凡有对"天后"不满的言行,都将遭到举报并受到最严厉的惩处。这一事件开启了中国历史上制度化的群体告密之风,对中国的政治生态将产生重要影响。

第二,李绩的孙子徐敬业起兵反武,旋反旋灭,但"初唐四杰"中的骆宾王却因为一篇"讨武檄文"而名闻天下。我们读读文章的开篇:

> 伪临朝武氏者,人非温顺,地实寒微。昔充太宗下陈,尝以更衣入侍。洎乎晚节,秽乱春宫,密隐先帝之私,阴图后庭之嬖。入门见嫉,蛾眉不肯让人;掩袖工谗,狐媚偏能惑主。……残害忠良、杀姊屠兄,弑君鸩母,人神之所同嫉,天地之所不容。犹复包藏祸心,窥窃神器。(骆宾王《骆丞集》)

骆宾王用极为华丽的文字，抖搂了武则天的出身和极不光彩的历史。但真实和传闻混杂在一起。武则天确实残害了自己的姐姐和堂兄，也杀害了王皇后，但没有任何证据说明高宗也是为武则天所害。最动情和最鼓舞人心的是这两句："一抔之土未干，六尺之孤何在？……请看今日之域中，竟是谁家之天下！"高宗皇帝刚刚入土，他的儿子们就被这女人弄得下落不明。只要天下仁人志士群起而讨之，我倒要看看，今日之天下，到底是她武氏的还是我等正义之师的！

这篇文章后来被各种文选包括《古文观止》选录，与同为"初唐四杰"的王勃的《滕王阁诗序》并为千古名篇。武则天对这篇文章的一句评语，更成就了中国文学史上的一段佳话。武则天当时正在洛阳，处变不惊，面带微笑读着檄文，一边读一边点头，当读到"一抔之土未干，六尺之孤何在"时，发出了一句感叹："宰相之过，安失此人？"如此人才不为我用，这是宰相的失职啊！这是何等的气象！这种气象，几乎使骆宾王的千古名篇黯然失色。

我们刚才说，公元675年农历三月，武则天让当时还健在的高宗对官僚集团做了一次测试，看看他们对自己从后台走向前台的看法，不出意料地受到坚决反对。后来经历了高宗的去世，李显、李旦的继位，武则天终于从后台走到前台，由过去的"垂帘听政"，到现在的"临朝称制"，亲自接见大臣，面议军政方略，处理国家事务。人们看到，"御座"上坐着的是母后武则天，皇帝李旦坐在了一侧，是真正的"儿皇帝"。

迅速平定徐敬业及其他"叛乱"，说明"今日之域中"毫无疑问是武则天的天下。而要从"临朝称制"，到"君临天下"，只是一步之遥。但是，武则天还是做了最后一次试探，试探谁？试探儿子，皇帝李旦。

垂拱二年（686年）正月，武则天下了一道诏书，宣布归政于皇帝李旦，自己不再理政，要颐养天年。皇帝李旦怎么办？打死也不敢接这个茬儿，赶紧上表，说儿子哪里有这个本事，希望母亲在保重身体的同时，勉为其难，再为大唐江山做贡献。武则天满意了，不但皇帝绝不接班，大臣中也再没有人跳出来说你应该退位。既然是这样，那就再向前一步，把唐朝这张皮掀掉，把太后这个身份改掉。

当时的人们一定有许多疑惑：为何所有的反对派都被武则天一一铲除，为何所有的讨武行动都被武则天一一剿灭，是否李氏宗室就该当有此一劫？在这个疑惑中，有一个传说不胫而走。说太宗皇帝死的头年六月，本来应该在黎明或傍晚出现的太白金星，常常白天挂在空中，这就是"天变"。观察天象的官员指出，太白主阴，太白昼见，是"女主昌"的预兆。无独有偶，一部民间秘籍传出，其中一句骇人听闻："唐三世之后，女主武王代有天下。"这本是蛊惑人心的"妖言"，但和天象对应，就是预言。李世民为此大开杀戒，又找来通晓天文、地理、人事的活神仙李淳风，商量对策。李淳风说得很平稳，但李世民听得心惊肉跳："臣仰稽天象，俯察历数，其人已在陛下宫中为亲属。自今不过三十年，当主天下，杀唐子孙殆尽，其兆已成矣。"（《资治通鉴·唐纪》）李世民说，那我把宫中可疑者全杀了，可以挽回吗？李淳风神色凝重，说天命如此，人不可违，杀人再多也不可挽回，反而增加罪孽。自今以往三十年，其人年纪也大了，或者良心发现，为祸稍浅。

天意不可违。既然是天意，人们也就坦然了。再说，"请看今日之域中"，对整个帝国的掌控，又有谁比得了武则天？说到天意，又有了新的天意了，不过这个"天意"，人们认为是武则天的侄子武承嗣弄出来的。武承嗣寻访到一块白色巨石，命人在石上镌刻了八个大字："圣母临人，永昌帝业。"又让人上表，说是从神都洛阳附近的洛水中发现。武则天大喜，将这块巨石命名为"宝图"，且亲自前往，祭拜洛水，迎请"宝图"。洛水有灵，赐名"永昌洛水"；"宝图"所出之地，赐名"圣图泉"；洛阳以南的嵩山，封为"神岳"。武则天自己则上尊号为"圣母神皇"。当然,"圣母"只是过渡,"神皇"才是所望。

一切准备停当,公元690年农历九月初九日,67岁的武则天革唐之命,改国号为"周",改元"天授",将"圣母神皇"的尊号改为"圣神皇帝"。中国空前绝后的一代女皇,经过三十多年的千呼万唤,终于诞生,这才是真正的"千古一人"。

那么,武则天和她开创的这个"大周"帝国,能够生存多久?

第十六讲 继往开来

一、一生折腾

　　经过三十多年的经营，武则天终于从后台走到前台，由皇后、太后转型为皇帝，抵达了权力的顶峰，成为中国历史上空前并且绝后的女皇，从这个意义上说，是真正的"千古一人"。

　　一生喜欢折腾的武则天，虽然已经 67 岁，仍然精力旺盛，所以继续折腾。但不能不说，武则天的伟大之处，是她只折腾自己在行的事情，不折腾自己不在行的事情；折腾的事情也在国家财力尚能承受的范围之内。而且，由于人生阅历丰富，又享有高寿，因而对于人心、人性更是明察秋毫，不要说中国历史上的"庸主"，就是一般的所谓"英主"，也未必能够达到她的高度。所以，尽管在通向权力顶峰的过程中心狠手辣、滥杀无辜，但对于忠于自己并且对国家有用的人才，她不但重用，而且保护。

　　哪些事情武则天不折腾？第一，战争的事情她不折腾。无论是"垂帘听政"的时候，还是"临朝称制"的时候，以及"君临天下"的时候，唐朝的对外战争并没有停息。但是，不管是对高句丽及西域战争的大胜，还是对吐蕃战争的大败，都控制在国力能够承受的范围之内。

特别是决不做所谓"御驾亲征"的蠢事，而且还打消了高宗御驾亲征高句丽的念头。第二，过于劳动民力的事情不折腾。在她当政的时候，很少有全国性的劳役，也不增收各项税收。相反，遇上喜庆的事情，分批减免赋税，这是老百姓乐意看到的事情。所以，管你统治者内部斗得天昏地暗，民众既不关心，更不参与，照常过自己的日子。这才是"大唐"及武则天"大周"稳定的基本保证，也真正体现出"群众是真正的英雄"。人民安心过日子，政权方能得稳定。这也是中国几千年政权史的一个经验和教训：扰民者乱，顺民者安。

虽然不该折腾的事情不折腾，但武则天的一生就从来没有停止过折腾。前期的折腾是为了通向权力顶峰，所以不断地与人斗：李渊、李世民的子孙，杀戮殆尽；反对她的贞观旧臣及子孙，清洗殆尽；自己的四个儿子也弄死了两个。后期的折腾是为了给自己塑造形象、制造神话，试举数例。

第一，造势。武则天的造势，历代帝王恐怕无出其右者。先看年号。唐高宗在位的34年一共用了14个年号，除了开始的永徽、显庆，平均两年不到换一个，都是"垂帘听政"的武则天折腾的结果。后来"临朝听政"的6年用了4个年号，"君临天下"的15年用了13个年号。所用年号多别出心裁，"天册万岁"，"万岁通天"，耸人听闻。再看官名。唐朝以中书、门下、尚书三省长官为宰相，就这个尚书省，武则天先改文昌，再改中台；中书、门下则改名为凤台、鸾阁，其他也多类此。初涉唐史，你不知道是些什么官。三看祥瑞。由侄子弄出一个"宝图"，自己煞有介事地祭天、祭地、祭山、祭水。四看尊号。本来给死人加的尊号，武则天统统提前加给自己：皇后是"天后"，太后是"圣母"，皇帝是"圣神皇帝"。五看文学。武则天仿照当年秦王府的"十八学士"，搜罗文学之士，特许从玄武门出入禁中，称"北门学士"，以武则天的名义编写《列女传》《臣轨》等，进行形象包装。

第二，造相。洛阳南郊伊水两岸的龙门石窟，名闻天下。龙门石窟最伟大的单体雕像，是奉先寺的"卢舍那"大佛。有人认为，龙门石窟被列入"世界文化遗产"，很大程度上是因为这座大佛。奉先寺坐落在伊水之西的山腰，依山就势，南北宽36米，东西深40米，"卢舍那"大佛端坐其中。梵语"卢舍那"为"光明普照"之意，"卢舍那"大佛也就是光明普照之佛。佛像通高17.14米，头高4米，耳长1.9米，面目端庄慈祥，眉宇宽敞明亮，覆盖全身的通肩大氅虚掩着丰腴健美的躯体。据后来补刻的碑文说，这尊大佛动工于公元672年，是唐高宗李治为父亲李世民还愿，皇后武则天为建此佛赞助了两万贯脂粉钱。不知是高宗或武则天本人的授意，还是雕塑家们倾慕皇后的美貌与智慧，三年竣工后人们发现，这尊大佛竟然酷似皇后武则天。而竣工的这一年，正是高宗表态要逊位于武则天的那一年。

第三，造宫。在神都洛阳，为了与中国有史以来唯一的女皇相匹配，建起了中国有史以来最为宏伟的木结构建筑——明堂，作为举行重大盛典及祭祀祖先的场所。根据《旧唐书》的记载：明堂通高二百九十四尺，东西南北各三百尺，折合成现在的单位，即高88.88米，基底为90米见方的正方形。这个高度比当代仿古建筑南昌的滕王阁、武昌的黄鹤楼高20多米，是明清建筑承天门即今天安门城楼高度的两倍多。李白有诗："危楼高百尺，手可摘星辰。"这个明堂，是李白诗中可以摘星辰的"危楼"高度的三倍。可以想象，一千多年前这样一个庞然大物给人们一种什么样的震撼和威慑。明堂分上、中、下三层：基底之上为四方形的建筑，四面各为一色，象征着一年的春、夏、秋、冬四季，女皇举行大典在此层；中层为12面的多边形建筑，象征一天的12个时辰，上为圆盖，有九龙盘旋的雕塑，女皇祭拜祖先在此层；上层为24面的多边形建筑，象征着一年的24个节气，也是圆顶覆盖。整个明堂的造型像是一个巨大的亭子，所以《旧唐书》说，"亭中有巨木十围"，上下贯通。这"十围"的巨木到底直径有多少？根据相关考古发现，"巨木"础基的遗址，坑口直径达9.8米。

所以有一种说法，说此木的周长有 15 米左右，直径为 4.7 米多，当是多根巨木合围拼接而成。

二、归宿何处

作为皇后、太后、女皇，武则天实际统治中国达半个世纪之久，这个时间超过她前后及同时的五个男人统治时间的总和：高祖李渊 9 年，太宗李世民 23 年，高宗李治实际 6 年，中宗李显 6 年，睿宗李旦 2 年。但是，作为一个人，武则天也和所有的普通人一样，在通向自己目标的时候，并不会去想自己最终的归宿在哪里，人生的这个句号该怎么去画。

但是，尽管精力充沛，生命力强，但随着年龄的增加，武则天发现，自从登上权力顶峰之后，大概因为失去了前进的动力，自己正在无可奈何地老去。既然如此，自己的家在哪里？归宿在哪里？

在中国传统社会，从理性上说，女人嫁鸡随鸡、嫁狗随狗，理所当然地要维护夫家的利益，因为夫家的利益就是儿子、孙子的利益，同时也是自己的利益，这就叫荣辱与共。但从感性上说，许多女人偏向于娘家，希望尽可能多地回报父母的养育之恩，尽可能多地给娘家兄弟姐妹以及他们的儿孙以帮助。这也十分正常。但如果太过分，希望把夫家整个儿地移就娘家，这就不应该了。而历史上恰恰有许多过分的事例。我们曾经说到的汉元帝的皇后、王莽的姑姑王政君是这样，现在我们说到的武则天也是这样。王政君给娘家回报的结果是局面完全失控，侄子王莽代汉，做了皇帝。武则天不同于王政君，她不只是要回报娘家，而是直接革了李家的命，国号改为周，儿子改姓武。夫家子弟都是她的敌人，娘家从母亲到侄子，才是她的亲人。所以，武则天的想法，是立一个自己看得上的侄子为太子，把夫家的天下全部给娘家。

但是，想归想，能否做到却是问题。满朝文武是否接受？大家说，您不是说过，在君主制度下，关于皇帝的家事，如立皇后、立太子等，只要君主坚持、执着，大臣是阻挡不住的吗？确实是这样，但有一个前提，就是君主的性格、力量是否真正强硬。李治立武则天为皇后，是因为武则天的强硬；后来废立太子，还是因为武则天的强硬。但是，现在的武则天却正在老去。如果强行立侄子为太子，自己在世的时候或许可以庇护，死了之后会发生什么事情？当年周勃、陈平联合刘氏宗亲尽杀吕氏的事情，会不会重演？

带着这种担心，武则天严厉警告过一位文官领袖。这位文官领袖名叫吉顼，为天官侍郎即吏部侍郎，同平章事，就是宰相了。吉顼忠心耿耿，有才干、能办事，被武则天倚为腹心。但是，身材伟岸又嗓门洪亮的吉顼，竟然当着武则天的面，训斥一位身形猥琐的武则天的堂侄，"声气陵厉"。武则天见状，心中一惊，对身边的侍臣说：吉顼当着我的面，尚且不把我武家子弟放在眼里，一旦我不在，那还得了！于是，找个机会向吉顼讲了"狮子骢"的故事，用以警告，如果再对武家子弟不敬，小心铁鞭鞭背、铁挝挝首、匕首断喉！

但是，不把武家兄弟放在眼里的不仅仅是一个吉顼，而是满朝文武及朝野上下的舆论。那怎么办？武则天把宰相们找来，进行试探，说打算立侄子武三思为太子，众卿意下如何？这个时候的武则天，内心其实也十分矛盾。众人见问，面面相觑，都把目光投向一个人。谁？当时最受武则天器重，又最受人们尊崇的狄仁杰。诸位说，是那个"神探"狄仁杰吗？不错，传说中的"神探"、现实中出将入相的狄仁杰。但是，狄仁杰更深的智慧，是知道如何将武则天引向他认为的正确方向。见人们都在看着自己，女皇武则天也朝自己点头，不说是不行的。但狄仁杰一开口，顿时就让众人把心提到了嗓子眼儿。

狄仁杰说，最近发生的一件事情，想必陛下也知道。朝廷为了备边，让武三思招兵买马，给他立功的机会，以便服众。但一个多月过去了，只招到了寥寥千人，这打什么仗？后来让废太子李显做同样的事情，十天不到，竟有五万多人投军。可见，尽管陛下革唐之命，但无论是上天还是黎民，还是对唐朝有感情。武则天正为此事头痛，见狄仁杰哪壶不开提哪壶，恼羞成怒，拂袖而去，把众宰相晾在原地，不敢动弹。

这就要说一个现象了。同是一件事情，同是一句话，张三说和李四说就是不一样。如果换个人敢拿武三思、李显的招兵说事，按武则天的脾气，也许就用铁鞭抽、铁挝挝，甚至直接动用匕首了。但是，这番话从狄仁杰口中出来，分量却不一样。武则天尽管恼火，却不得不进行掂量。

三、后人评说

过了些日子，武则天将狄仁杰和另外一位宰相王方庆召到内宫。狄仁杰以为是说立太子的事情。没想到，武则天和他们说到了"梦"。说是这几天连续做梦，梦中的自己和人下"双陆"——当时流行的一种棋，说总是输，这是什么缘故？狄仁杰和王方庆都没有想到武则天会问梦。但二人是官场老手，又都在为同一件事情操心，竟然不约而同地说了三个字："无子也。"什么意思？下棋老输，是因为手中的棋子不够啊！但这个"子"此处却是双关语，以棋局说政局，陛下手上得有棋子，身边得有儿子啊！接着，二人对武则天晓之以理、动之以情："姑侄与母子孰亲？陛下立庐陵王，则千秋万岁后常享宗庙；三思立，庙不祔姑。"（《新唐书·狄仁杰传》）陛下废了自己的儿子，把他们贬到外地，却想立侄子为太子，是否觉得侄子更贴心？如果是这样，就大错而特错。陛下英明，请问天底下的人性，是母子亲，还是姑侄亲？不管庐陵王李显做事如何不中陛下之意，但对陛下的孝心却是尽人皆知。如果陛下以李显继位，千秋万代祭祀的就是您；如果让武三思继位，祭祀的将是他的父亲。陛下听说过有侄子祭祀姑姑的吗？到那个时候，您的家在哪里，归宿在何方？

这番话极具说服力，所以人们认为，正是狄仁杰和王方庆的这番话打动了武则天，李显被从外地接回，立为太子。但是，更有材料指向，使武则天下决心重立李显为太子，并非只是因为狄仁杰的这番话；而狄仁杰能办事，从来就不是光凭嘴上的功夫，还得有权谋，还得上手段。否则，他就不是狄仁杰了，武则天也不会器重一个只会耍嘴皮子的人。那么，狄仁杰还上了什么手段，用了什么权谋？这就像是打蛇要打七寸。

武则天晚年，除了接见大臣、处理公务，就是和两位年轻的男宠在一起，享受人生。这两位男宠是两兄弟，一位名叫张易之，另一位名叫张昌宗，不知道他们是什么样的民族基因，也不知道他们的父母长得怎么样、接受过什么样的教育。二张兄弟皮肤白净，阳刚帅气，而且多才多艺，所以深受武则天的宠爱，须臾不离。但是，随着武则天一天天老去，二张也为自己的前途担忧，于是向狄仁杰求教自保之道。这张易之、张宗昌兄弟，就是此时武则天的七寸。狄仁杰告诉他们，如果要自保，要善终，只有一个人能够救你们，这个人就是庐陵王、废太子废皇帝李显。

和狄仁杰一样打七寸的，还有我们刚刚说到的吉顼。虽然受到了武则天的警告，但吉顼为恢复李氏江山不遗余力。吉顼和二张曾在同一个衙门办事，关系不错。又因为为人正直，敢于担当，而且一表人才，所以尽管武则天的侄子们讨好二张，二张却十分敬重吉顼，于是也向吉顼讨教自全之策。吉顼乘机力推庐陵王李显，说二位受圣母宠信，并非是因为立有大功，而是靠男色才艺，所以天下侧目切齿，恨不得将你兄弟碎尸万段。能救二位的，只有庐陵王。为何这样说？虽然诸武仗着圣母的宠信，耀武扬威，但圣母春秋已高，他们还能威风几天？天下之人思念唐朝，希望圣母千秋万岁之后，由庐陵王继位。如果二位用你们的办法让庐陵王继位，那不但可以免祸，而且可以长保富贵。

众望所归的狄仁杰这样说，和自己关系密切的吉顼也这样说，而他们所代表的，又是日后可能左右自己命运的势力，这一点十分重要。二张怎么办？《资治通鉴》有这样一句话："二人以为然，承间屡为太后言之。"用我们现在的话说，这就叫"枕边风"，这种风的威力是巨大的。二张对武则天也忠心无二，所以明确告知，这是狄大人、吉大人为我兄弟二人出的主意。

大家说，那武则天还不把狄仁杰、吉顼砍了？但是没有，什么原因？此一时，彼一时。如果是几年前敢于如此算计，十个狄仁杰、吉顼也被砍了。但此时的武则天，或者正如当年李淳风向李世民说所的那样，杀戮之心逐渐淡了一些。另外，以她对人情世故的认识，也知道狄、吉二人的话确实代表着人心。人们可以服她个人，但决不会服武家。而且，在武则天的子侄中，还真没有产生出能够服众者。所以，武则天干脆把吉顼找来，当面咨询。吉顼并不畏惧武则天对付狮子骢的三种手段，向武则天直陈利害，当然也是狄仁杰反复向武则天陈述的"母子"与"姑侄"孰亲孰疏的观点。

公元698年，75岁的武则天终于下了决心，将李显召回洛阳，立为太子。但是，武则天的侄子们并不就此罢休，而是集结力量，等待时机。另外，随着时间的推移，二张的权力越来越大，想法也就多了。人们看得十分清楚，只要武则天还有一口气在，什么样的变故都可能发生；但是，只要武则天还有一口气在，什么人都不敢轻举妄动。

转眼已是多年。公元705年农历正月初一，82岁的武则天病重，事态急转直下。时隔近八十年，玄武门事件在洛阳宫城发生。正月初二，一支五百人的羽林军由宰相张柬之、羽林卫大将军李多祚等人率领，簇拥着太子李显夺门而入，来到"圣神皇帝"武则天所在的迎仙宫，不由分说，将闻讯而来的张易之、张宗昌兄弟斩首，随即围住了武则天的寝宫长生殿。

武则天的想法和我刚才所说的一样，只要有一口气在，谁敢轻举妄动？所以厉声喝问："乱者谁？"虽然武则天这口气还在，但谁都知道，这口气随时都可能接不上。张柬之此时81岁了，是狄仁杰极力推荐的宰相，此时表现出应有的担当，说二张谋反，我等奉太子之命诛之，恐消息走漏，故不敢预闻。武则天没有理睬张柬之，看了太子李显一眼，口中说，二张既诛，可回东宫。心里可能在想，如果不是这帮人作乱，你小子有这个胆量？

但是，这时已经由不得武则天了。两天后，张柬之等人以武则天的名义诏告天下，传位太子。当年年底，既失去了权力，又失去了男友的武则天，死在了洛阳的上阳宫。

武则天的死去，和她的出生一样，没有引起太多的关注。因为新的皇帝已经继位，因为大唐的国号已经恢复。对于李唐宗室来说，这是一场灾难的终结；对于唐朝的臣民来说，这是一个时代的结束。中宗李显将母亲武则天合葬于父亲高宗李治的乾陵，武则天也以李唐的儿媳、高宗的皇后的身份回到了丈夫的身边，这里才是她的归宿。这座乾陵却因此成为中国历史上唯一一座埋着两个朝代的两个皇帝的陵墓：大唐高宗李治、大周圣神皇帝武则天之陵。

一生之中从来没有输过任何人的武则天，最后的时刻没有能够掌控局面，使得自己蒙羞而退。如果她的生命早几年结束，如果她在立了李显为太子之后立即退位，应该不至于被比她小一岁的老人张柬之羞辱。当然，如果是那样，也就不是武则天了。而生前对于死后的安排，使武则天给自己的"千古一人"提供了又一例证：死后的墓碑上，拒绝任何人评价。她要的碑，是一块没有任何文字的"无字碑"。这在中国历史上，又是绝无仅有的创举。

坐落在陕西咸阳西北大约100里的乾陵，7.9米高的武则天的无字碑和7.5米高的高宗李治的《述圣碑》，分立东西。谁功谁过，孰圣孰庸？

四、乱象再生

武则天长眠乾陵，被废 21 年之后再度为帝的中宗李显，不但恢复了"大唐"的国号，也把都城迁回到长安。

但是，人们很快发现，曾经的废帝，如今的皇上李显，就是一团糊不上墙的烂泥。第一次做皇帝被废的直接原因，是在皇后韦氏的操纵下，大肆封授韦氏家族，甚至说了一句混账透顶的话：我把天下给了韦氏，又能怎么样？既奈皇后不何，又向母后发难。结果触怒了武则天，直接将其废为庐陵王。如今再度做皇帝，没有任何长进，当家的还是皇后韦氏，还有他们共同的女儿安乐公主。不但如此，皇后韦氏还和武则天的侄子、曾经觊觎太子之位的武三思混在一起，安乐公主则嫁给了武三思的儿子。三人各有自己的打算：武三思耿耿于怀的是恢复大周的天下，韦皇后日思夜想的是效法武则天做女皇，安乐公主一心一意要做"皇太女"并继承皇位。三人之外，又加上一个个性极像母亲武则天的太平公主。一群野心家包围着一个李显，既相互勾结，又相互斗争。李显自己则醉生梦死，和妻子的情人武三思也成了好朋友，今日观灯，明日游园；今日泛舟，明日赏花。此时的李显，年届 50，他大概在盘算，祖父李世民活了 51 岁，父亲李治活了 56 岁，自己的好日子还有几天，还不尽快作乐？他的唯一想法，是把失去二十多年的享受狠狠补回来。至于大唐江山以后怎么办？哪里管得这许多。所以，一个人的行为和他对家庭、对国家是否有责任心直接相关。

《论语》有句话："唯上知与下愚不移。"程颐和王阳明都认为，孔子的意思不是说"不能"移，而说是"不愿"移。如果不断修正自己，不断取得进步，那就是上知；如此拒绝修正错误，不求进取，那就永远是"下愚"。欧阳修《新唐书》，万般无奈地给了这位中宗皇帝下了一个评价："所谓下愚之不移者。"此人真是愚中之愚，不可救药啊！

公元 710 年农历六月初二日，李显去世。《旧唐书·中宗纪》说是皇后韦氏和安乐公主合谋下毒致死："帝遇毒，崩于神龙殿。"《新唐书·中宗纪》没有明说下毒，却先说韦氏及安乐公主等谋反，然后说"皇帝崩"。措辞比较谨慎，实际上也是认同被毒死。这个事件可以说是由韦氏、乐安公主共同发起的一场宫廷政变。皇帝死了，皇后韦氏立16岁的儿子李重茂为帝，自己学着武则天，临朝称制，做起了准女皇。但是，韦后既无武后的人格魄力，又无武后的谋略手段，控制不了局面。眼看唐朝将要陷入一场乱局，一场新的政变发生了。

就在中宗去世、韦氏临朝称制的19天后，公元710年农历六月二十日，一场更大规模的宫廷政变在玄武门发生。这是唐朝建立之后玄武门见证的第四次政变。第一次发生在公元626年农历六月初四日长安的玄武门，结局是李世民做了皇帝，开创了一个"贞观时代"；第二次发生在公元705年正月初二日洛阳的玄武门，结局是武则天被迫让位，中宗李显复辟；第三次发生在公元708年长安的玄武门，李显的太子被杀；这一次是第四次，发生在公元710年农历六月二十日，又是长安的玄武门，一位伟大人物在玄武门闪亮登场，他将继往开来，开启唐朝的又一伟大时代。

那么，这位伟大人物是谁？他将怎么开启唐朝的又一伟大时代？

第十七讲 拨乱反正

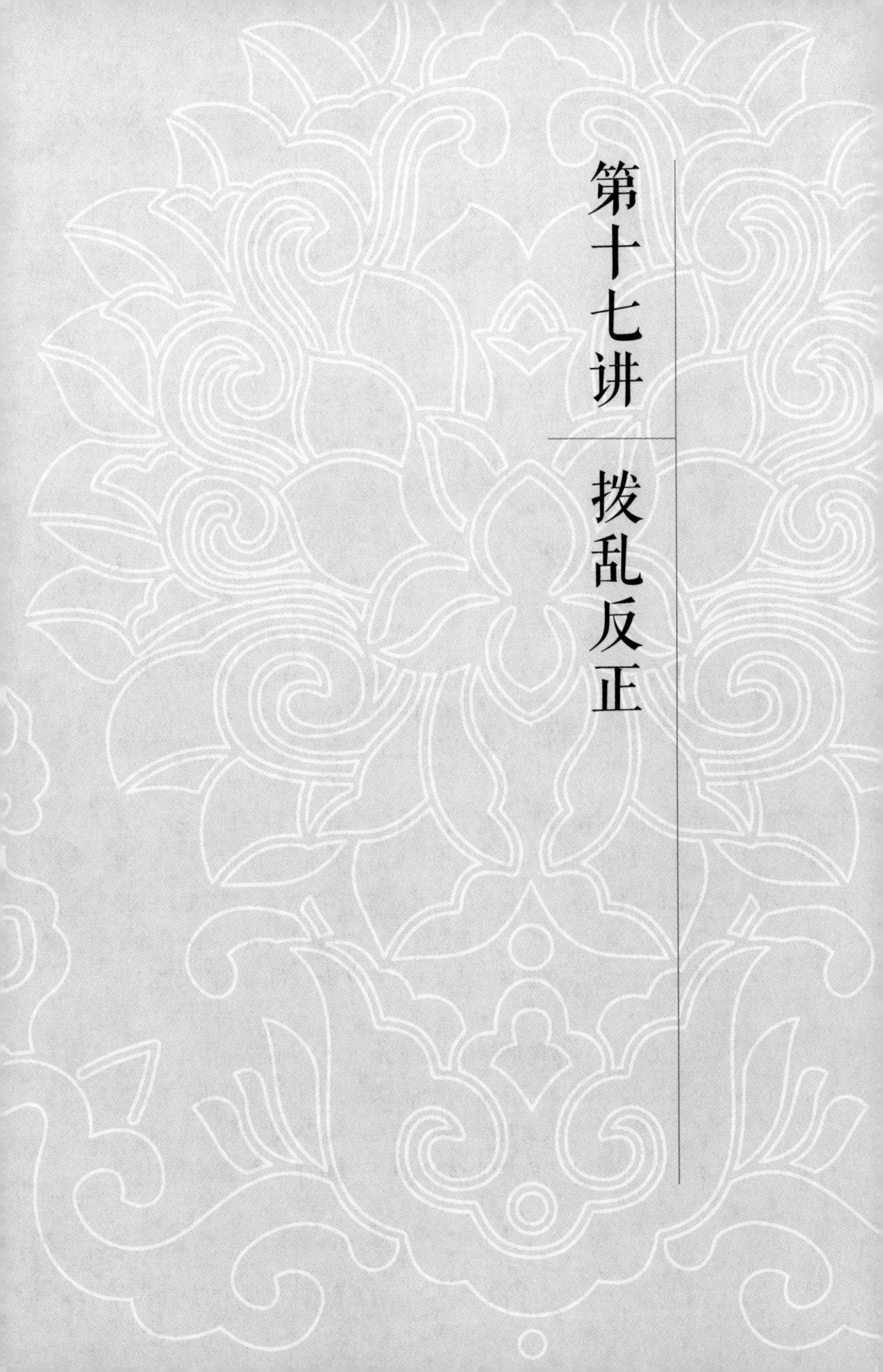

一、潞州别驾

公元710年农历六月二十日，长安的玄武门见证了唐朝历史上发生在这里的又一次宫廷政变。宫廷政变的主要策划者和领导者，是太宗李世民的曾孙、高宗李治和女皇武则天的孙子、睿宗李旦的儿子，也就是日后开创唐朝历史、中国历史上最伟大盛世之一的唐玄宗李隆基。

李隆基是李旦的第三个儿子，出生在"垂拱"元年即公元685年农历八月。此时"垂拱"的，是李隆基的父亲李旦；"而治"的，是李隆基的祖母武则天。李隆基出生后不到两年被封为"楚王"。按照中国传统的计岁方法，是"时年三岁"，其实两周岁还不到。在做了六年傀儡皇帝之后，李隆基的父亲李旦被请下台，祖母武则天自己做了皇帝。

女皇武则天一面刻意扶植武氏子侄的势力，一面又希望自己尚存的两个亲生儿子和武氏子侄保持良好的关系，所以特别让儿子李显、李旦和侄子武三思等人在明堂立誓，表示两家兄弟之间的亲密无间、精诚团结。李隆基七岁的时候，当然也是"虚岁"，这是现在小孩刚刚上小学的年龄，祖母武则天给他和两个哥哥开府，设置官属。所以，每月的初一、十五，李隆基得上朝"面圣"。看到李氏兄弟威风凛凛的仪仗队伍，武则天的一位堂侄心中不快。此人名叫武懿宗，就是曾经被吉顼当着武则天的面训斥过的那位。武懿宗此时为"金吾将军"，在朝堂值班，当今皇上已经姓武，下台的皇帝也已经赐姓武，他想压压李家孙子的气焰，要求裁减其仪仗。七岁的李隆基看了看年龄上可以做祖父的表伯父武懿宗，厉声喝道："吾家朝堂，干汝何事，敢迫吾骑从！"（《旧唐书·玄宗纪》）这是我李家的朝堂，你武懿宗算个什么东西，敢在此说三道四！

宰相吉顼训斥武懿宗，武则天给他讲了一个"狮子骢"的故事，警告他别对武氏兄弟不敬；但孙子李隆基训斥武懿宗，武则天却感到快慰，大概是从七岁孙子的身上看到了自己年轻时候的影子，从此对这个孙子刮目相看。诸位看看，这就叫立场决定观点、关系决定态度。而这位叫武懿宗的武则天的堂侄，大概也是诸武兄弟中最受人欺负也最丢人现眼的一位。

中宗李显复辟之后，拨乱反正，把国号由大周改回大唐，在当时可以说是大得人心、大快人心。但是，所谓"拨乱反正"，拨的也许是"乱"，反的却未必都是"正"。没有了武则天的大唐朝廷，迅速陷入混乱之中。韦皇后、安乐公主、武三思、太平公主，加上宫中主持文书的才女上官婉儿，各自形成势力。中宗李显唯一的胞弟、曾经的皇帝、现时的相王李旦，也是一股势力。但是，这股势力的核心并非性格恬淡、与世无争的李旦，而是其子李隆基。父亲李旦的性格酷似高宗李治，儿子李隆基的性格却酷似女皇武则天。所以，在动荡的政局中，儿子李隆基比父亲李旦更有想法。

不知何故，中宗李显一度将李隆基调离京城长安，发往潞州为"别驾"。从京师长安到山西潞州，看似"外放"，却给了李隆基施展拳脚的机会。用一句套话，机会是给有准备的人提供的。

潞州地处太行山南段，为河北、山西之间的门户，民风彪悍，盛产"燕赵奇侠之士"；州治所在地上党即今山西长治，历来为兵家必争之地，战国时期秦、赵之间的"长平之战"就发生在这一带。上党东南的壶关，为太行山的著名隘口，北魏尔朱荣率领七千勇士，就是由此关东出太行山，直扑邺城，一举击溃葛荣的几十万大军。"别驾"在州中地位仅次于刺史，李隆基以曾经的皇子、现在的皇侄的身份任"潞州别驾"，有着充分的活动空间。于是，和当年太宗皇帝在太原的时候一样，暗中搜罗"材力之士"，壮大自己的势力，等待可能出现的机会。

两年后，李隆基奉命返京，有位心腹卜者韩礼为其预测吉凶。卜筮的过程中，所用的蓍草竟然有一枝蠹立起来。韩礼大惊："蓍立，奇瑞非常也，不可言。"（《旧唐书·玄宗本纪上》）蓍草蠹立是极为罕见的奇瑞，是贵为天子的征兆，不可向外人泄漏。这类事情当然可以说是李隆基事后为自己编造的神话，但我更相信可能是当时的真实情况。在中国传统社会，不仅仅在人心浮动之时，即使在太平盛世，这种"帝王梦"也常常发生。而对于李隆基及其追随者来说，不管这枝蓍草是如何蠹立起来的，只要蠹起来，就是"天意"，就传达出信念的力量。

回到京城长安之后，李隆基一面韬光养晦，避免在公开场合抛头露面，一面继续结交英雄，尤其是结交宫廷禁军中的豪强。中宗去世之后，皇后韦氏立儿子重茂为帝，自己临朝称制，俨然成为武则天第二。李旦和太平公主本能地在问，哥哥之死，是否正常？是否嫂子和侄女捣了鬼？李隆基迅速和姑姑太平公主结成了政治同盟，并在太平公主及一批重要将领的支持下，决策发动兵变，铲除韦氏。这在当时就是谋反了。有人为了给自己壮胆，提议先行请示相王李旦，但被李隆基断然否定：

> 我拯社稷之危，赴君父之急，事成，福归于宗社，不成，身死于忠孝，安可先请，忧怖大王乎？若请而从，是王与危事；请而不从，则吾计失矣。（《旧唐书·玄宗本纪上》）

此事关系到社稷安危。如果成了，那是祖宗之福；如果不成，我等将慷慨赴义。这种事情能够把我父亲牵扯进来吗？人们记忆犹新的是，就在两年前，中宗太子李重俊曾经发动过意在铲除韦氏的兵变，因为没有能够攻破玄武门，兵败被杀。李隆基此次的行为，是福是祸，难以预测。与谋诸人，只要有一人反水，参与者全是灭门之祸。正是因为这样，李隆基不愿让本分、怕事的父亲牵扯进来，更不能让本分、怕事的父亲坏了自己的事情。这就是担当，这就是主见。为何有人天生就是做领袖的料，就是因为有主见、有担当、有正确的判断力。

二、太平公主

公元710年农历六月二十日夜，李隆基率百余名"便衣"从南苑潜入宫中，已经掌控的禁军从玄武门杀入，直扑韦氏所在的太极殿，在殿前为中宗守灵的卫队也加入到兵变之中。韦氏闻讯大惊，逃到"飞骑营"寻求保护，为乱兵所杀。李隆基发布的命令是，凡韦氏党羽、武氏余党，家中身高超过马鞭长度的男子，一个不留。这大概也是当年草原民族杀戮仇家的习俗，其实是见男子就杀。在那种情况下，难道还真的用马鞭量，像现在查小孩的车票那样？第二天天亮，包括安乐公主及其丈夫武延秀以及上官婉儿等在内，在长安的韦党、武党，基本肃清。直到此时，李隆基才"驰诣睿宗，谢不先启请之罪"。李旦已经知道兵变的发生，抱着儿子失声痛哭："宗社祸难，由汝安定。神祇万姓，赖汝之力。"（《旧唐书·玄宗本纪上》）

历代的政治斗争，从来都是几家欢喜几家愁。李旦、李隆基父子是喜极而泣。最为悲惨的，倒未必是太后韦氏家族及武延秀等家族，而应该是中宗李显的儿子、做了十多天傀儡皇帝的李重茂。韦氏家族、武氏家族，反正被杀戮殆尽，而16岁的李重茂，父亲的灵柩还停放在太极殿中，母亲韦氏、姐姐安乐公主及舅氏兄弟都死于非命，自己每天还赔着笑脸面对杀母、杀姐的仇人，堂兄李隆基，以及叔叔李旦、姑姑太平公主等人。

接下来的事情是，如何让曾经的皇帝、相王李旦复位，如何安置现在的皇帝李重茂。当然，自从有了国家机器、有了官僚制度之后，许多事情是用不着当事人亲自出面的。兵变结束的当天，相王李旦被安排带着皇帝李重茂，叔侄二人一同登上安福门楼，告谕已经等候在门楼之下参与兵变的将士和长安各界父老：赖天地之庇佑、祖宗之垂裕、将士之勤劳，乱党韦氏、武氏，已被肃清，大唐将重新回到列祖列宗的正确道路上来。

兵变后的第四天，公元710年农历六月二十四日，李重茂退位，李旦重新登上皇位。公开的表演是李重茂下诏让位，李旦上表坚持不从。但是，架不住人心所向，众望所归，李旦终于勉为其难地再次登上皇位。而这场表演的总导演，则是李显和李旦的妹妹、李重茂和李隆基的姑姑太平公主。

太平公主是高宗和武则天的小女儿，也是高宗的最后一个孩子。当年高宗李治鼓起勇气要废武则天，受到武则天的当面训斥，那时的武则天正怀着日后的太平公主，她是挺着大肚子训斥丈夫的，仅仅这一点，就足以令李治"羞缩不忍"（随带提及，自从武则天入宫之后，高宗的其他嫔妃就再也没有生育）。无论长相还是性格，特别是"智计"，太平公主都酷似母亲武则天，武则天的一些大手笔，不少实出自太平公主的主意。但是，母亲在世之日，太平公主一直保持低调，所以母女之间的种种故事鲜为外人所知。张柬之等人发动洛阳的玄武门之变，诛杀张易之、张宗昌兄弟，太平公平是重要的策划者。中宗李显复辟，给弟弟相王李旦增号"安国",为"安国相王",给妹妹太平公主增号"镇国",为"镇国太平公主"。兄妹三人,劫后余生,情深谊重。

这时的太平公主,环顾四周,李唐宗室,须眉男子,论谋略和决断,没有一个比得上自己。皇后韦氏、安乐公主、上官婉儿三个女人加上一个武三思,控制着中宗李显,进退宰相,诛杀异己,所忌惮者,也唯有太平公主。这个时候的太平公主,或许胸中正升起了母亲当年一样的使命感,她放下昔日的矜持,开始从后台走向前台。李隆基在中宗去世后发动兵变,太平公主是强力支持者。没有太平的势力,李隆基能否干成这件事,还真在两可之间。

李重茂是太平公主的亲侄子,平日被如同儿子一般地看待。但李重茂毕竟是被杀的韦氏之子,虽然和哥哥李显一样,是个扶不上墙的主,但留在皇位上对所有人都不利。怎么办?别人看来复杂的事情,到了太平公主这里,再简单不过。太平公主来到朝堂之上,直接教训李重茂:"天下事归相王,此非儿所坐。"(《新唐书·太平公主传》)这个位子本来就是你叔叔相王的,你这孩子怎么这么不懂事,还坐在这里?说罢,把晕头转向的皇帝李重茂从御座上拉了下来,接着,派人给相王李旦送去了天子的仪仗。

后来的史家对于废帝李重茂表达了一定程度的同情。李旦带着李重茂上安福门楼,《旧唐书》用了一个"挟";太平公主将李重茂拉下御座,《新唐书》用了一个"掖"字。无论是"挟"还是"掖",都是"挟持",都是逼迫。而李旦的复辟和李显的复辟一样,也极其滑稽。兄弟二人和父亲李治一样,并没有做皇帝的欲望,却都因为命运的摆布各做了两轮皇帝。

虽然李隆基发动兵变的直接理由是皇后韦氏毒死了丈夫李显,但从李旦重新做皇帝的当年,以礼改葬韦氏及安乐公主,说明中宗李显之死本属正常,与韦氏、安乐公主并无关系。但是,谁也没有因此而追究半年前说韦氏、安乐公主毒死中宗李显是谁造的谣,更没有人去

第十七讲 拨乱反正

追究李隆基以此发动兵变并且后来做了皇帝的合法性。历史的残酷性和现实的残酷性一样，只承认既成事实。

三、去旧迎新

睿宗李旦和太平公主虽然贵为高宗李治和女皇武则天的亲生子女，却是历经磨难，故兄妹情深。恬淡的李旦和张扬的公主，性格上真正互补。兄妹之间的真情实感，非李治、武则天半路夫妻可比。

李隆基发动兵变后，李旦、太平公主兄妹在"挟"与"被"的过程中，完成了唐朝历史上的又一次废帝、立帝。重新做了皇帝的哥哥李旦，对妹妹太平公主可以说是言听计从。此时的太平公主，也才真正扬眉吐气。但是，既是性格使然，也受母亲在世时的影响，加上哥哥李旦的过于纵容，太平公主对权力和财富的追逐也就没有了节制。培植私人更成为她所热衷之事。当时有一种说法，"宰相七人，五出其门"（《资治通鉴·唐纪》）。虽然有所夸张，但太平公主确实不断将自己的私人安排到宰相的位置上，以加强对朝政的控制。这样，太平公主和同样雄心勃勃的侄子李隆基之间，便迅速由盟友转化为政敌。

李隆基在李旦的儿子们中排序老三，故称"三郎"，因为铲除韦氏有功，越过两位兄长，被立为太子。对于这个侄子，太平公主开始和对待李重茂一样，并不在意，不过是小毛孩一个。但是，通过铲除韦氏的合作，太平公主发现，眼前的这个三郎，已经不再是以前的那个对自己恭敬有加的小毛孩了，其思虑之缜密、行事之果断，绝不在自己之下。两年后，睿宗李旦传位太子李隆基，自为太上皇，使得李隆基和太平公主在政治身份上由同殿称臣转化为君主臣僚，这使太平公主十分不痛快。由于太平公主的主张，已经传位的太上皇李旦仍然大权在握，成了太平公主的保护伞，甚至成了太平公主和皇帝李隆基进行斗争的重器。但是，政出多门在中国历史上从来都是灾难，公主、皇帝，还有一位太上皇帝，各行其政，政治的混乱一如中宗在位之时。

当时的明眼人都可以看出，形势的发展只有两种结果：一、继续政出多门，朝廷的乱局将延伸到地方，延伸到社会，结果可能是政治动荡、人心涣散；二、铲除太平公主及其势力，结束乱象，唐朝可能回归到持续发展的道路上来。当时的唐朝官场、唐代社会，仍然是在向着好的方向发展，社会安定、民众乐业乃是人心所向。所以，铲除太平公主的势力成为时代的需要，势在必行。所以，有些宫廷政变或权力斗争，看上去是个人之间的博弈，却直接关系到国家的命运和民众的生计。

公元713年农历七月初三日，李隆基命人先杀了太平公主安插在禁军中的亲信，控制住禁军，然后对太平公主的亲信、党羽进行搜捕。第二天，七月初四，太上皇李旦诏诰天下，归政于皇帝李隆基："自今军国政刑，一皆取皇帝处分。朕方无为养志，以遂素心"（《资治通鉴·唐纪》）这是一个迟到的诏书，如果睿宗逊位给太子之时就安心做太上皇，太平公主没有了倚仗，弄权之心、聚财之心或者有所收敛。从这个角度来说，太平公主与太子及后来的皇帝李隆基之间矛盾的公开爆发，老好人李旦是应该承担责任的，他犯了祖父李世民一样的错误，"牵于多爱"，最后是坑害所爱。而作为一个政治家，何时应该急流勇退，何时应该割舍权力，确实是一种大智慧，它不但涉及个人的结局，甚至关系国运和民生。

太平公主遇上李隆基这样一个侄子，也是该当倒霉，如果父亲李治有这个侄子两三分的英武之气，母亲武则天就绝无出头之日。李隆基动手铲除太平公主的党羽之前，有位官员曾经分析形势："太平谋逆有日。陛下往在东宫，犹为臣子，若欲讨之，须用谋力。今既光临大宝，但下一制书，谁敢不从？"（《资治通鉴·唐纪》）陛下为太子时，要对太平公主下手，得动动脑子，玩玩阴谋；如今为天子，要铲除太平公主还不是下道诏书的事吗？这话揭示了李隆基和太平公主之间的态势，但也是只知其一，不知其二：李隆基尽管做了皇帝，但上面还有一个太上皇，太上皇和太平公主兄妹情深，是不可能让李隆基对姑姑下手的。所以，李隆基不能掉以轻心，29岁的他，和当年发动"玄武门之变"的秦王李世民同岁，虽然形势不同，难易不同，却都是谋定而后动。李隆基解决太平公主的问题，并不是堂堂正正公开下诏书，而是不动声色地暗中用武力。等到大局已定，什么罪名都可以安在太平公主的头上，这也是中国传统政治文化的重要特征。那时的人们还没有设计出通过政治谈判来分配政治权力的智慧，他们采用的是最为快捷的办法——动用武力，置对手于死地。

开始的时候，太平公主在亲信们的安排下，避入一座山寺，静观事态发展。几天之后，太平公主承认自己的失败。既然大势已去，大局已定，她不能再龟缩下去，回到了自己的府第，要看看侄子李隆基如何处置自己，当然，也希望哥哥李旦再次伸出援助之手。但此时的李旦和当年的李渊一样，已经被儿子控制，什么事情也做不了。人们向其灌输的，也全是偏向儿子的一面之词。对于高傲的姑姑太平公主，李隆基自有办法对付：第一，太平公主本人，禁锢终身；第二，太平公主的儿子们，除了一位曾经和自己一道铲除韦氏，又力劝母亲收敛的以外，其他全部处死。太平公主是喜欢热闹、有着极端自尊的人，禁锢终身，生不如死。既然不能骄傲地活着，那就干脆悲壮地死去，自杀是维护尊严的最好选择。

太平公主的自杀，在当时具有重大的政治意义。第一，它宣告了一个短暂的乱象时代的结束，更宣告了持续五十年之久的女人政治的结束；第二，它预示着一个相对安定时期的到来。至亲如太平公主，强悍如太平公主，只要敢和新皇帝作对，下场必然是身败名裂。而摆在亲政后的皇帝李隆基面前的，是再次拨乱反正，将国家引入正常发展的道路。

四、后有姚宋

早在韦氏被铲除、李旦重新即位、李隆基为太子之时，就曾经有人建议，为了政治的稳定，应该对太平公主予以限制。提出这个建议的，一位叫姚崇，一位叫宋璟。有一个说法："唐称贤相，前有房杜，后有姚宋。"（杨士奇《历史名臣奏议》录李椿语）房、杜指的是太宗李世民时代的房玄龄、杜如晦，姚、宋就是玄宗李隆基时代的姚崇、宋璟。

姚崇是个奇才，自小"倜傥尚气节"，天性洒脱，豪迈不羁，不喜读书，独好武艺。成年以后，受友人的影响，感觉到读书的重要性，于是拼命攻读。这倒有些像我们过去说到的北伐中原的祖逖。由于读书较晚，起步较迟，所以姚崇在官场的进步开始的时候也比较缓慢。

但是，只要有机会，姚崇就能让人们认识到他的价值。武则天称帝之后，契丹南下，攻陷河北数州，声势浩大。每当战争发生，最为繁忙的是兵部和户部，兵部要调兵遣将，户部要筹划钱粮。姚崇当时为夏官郎中，也就是兵部下属一个部门的长官，预测军情，处理军机，皆井井有条、算无遗策。密切关注河北形势的武则天十分惊讶，没有想到身边竟然有如此奇才，立即将姚崇越级提拔为夏官侍郎，不久即为"同凤阁鸾台三品"。这就是武则天对人才的识拔。姚崇从兵部郎中到侍郎、副宰相、宰相，前后不到四年。其后，姚崇又以"凤阁鸾台三品"出任灵武道大总管。离京之前，武则天令其推荐宰相的接班人，和狄仁杰一样，姚崇力荐张柬之。正是这位张柬之以诛张易之、张宗昌为名发动兵变，逼迫武则天退位。

和姚崇不同，宋璟少年得志，"弱冠"即举进士，而这个年龄的姚崇还没有认识到读书的重要性。如果说姚崇的特点是"出奇"，是解决问题，宋璟的特点则是"守正"，是恪守道义。武则天晚年，张易之、张宗昌兄弟受宠，构陷时任御史大夫的名臣魏元忠，并威胁中书舍人张说做伪证，张说左右为难。同为中书舍人的宋璟鼓励张说：

> 名义至重，神道难欺，必不可党邪陷正，以求苟免。若缘犯颜流贬，芬芳多矣。或至不测，吾必叩阁救子，将与子同死。努力，万代瞻仰，在此举也。（《旧唐书·宋璟传》）

为人处事，安身立命，没有比名声和道义更为重要的了。在任何情况下，都不能因为受到胁迫而违背良心。用我们现在的流行语，就是"人在做，天在看"。如果因为恪守道义而遭受贬谪，那是流芳百世的事情。如果真有不测，我当与子同死。大丈夫名垂千古，在此一举！张说热血沸腾，面见武则天时，揭穿了张易之对魏元忠的构陷，此后更为一代名臣。

睿宗李旦复辟之后，姚崇为中书令，宋璟为吏部尚书，并为同中书门下三品，史称二人："协心革中宗弊政，进忠良，退不肖，赏罚尽公，请托不行，纲纪修举，当时翕然以为复有贞观、永徽之风。"（《资治通鉴·唐纪》）出于对太子李隆基的忌惮，太平公主来到宰相议政之处，以关心政事为名，暗示宰相们向皇帝提出更换太子。虽说宰相中有太平公主的"私人"，但对于废立太子，却不敢轻易发表看法。宋璟当即抗言："东宫有大功于天下，真宗庙社稷之主，公主奈何忽有此议！"接着，与姚崇一道向李旦密奏：一、太平公主频频在宗室中活动，令太子不安，请将公主于东都洛阳安置；二、请以太子统领禁军，以防他人觊觎。李旦是个没主意的主，既不忍心将太平公主安置到洛阳，又希望太平公主与太子和平共处，遂将姚、宋的主意告诉太平公主，以示提醒。太平公主闻言大怒，直接找李隆基算账，李隆基此时根基未稳，还不敢公开和姑姑撕破脸，只好丢车保帅，称姚、宋二人离间姑侄关系，皆贬他州为刺史。

公元713年农历十月，已经亲政的李隆基讲武于骊山，围猎于渭滨。讲武即阅兵，是在军队中树立自己的威望。而在渭水之南围猎，既是休闲，更是为了召见一个人。谁？正在同州即今陕西渭南为刺史的昔日宰相姚崇。李隆基问姚崇："公知猎乎"？这是双关语了。围猎不但指和野兽周旋，也指和对手周旋。姚崇坦言：为臣从小就喜欢打猎，常以呼鹰逐兽为乐。但到20岁的时候，有朋友说我以后当官至宰相，不能辜负了自己，于是下决心读书，后蒙天后识拔，出将入相。虽然几十年过去，对于从小就熟悉的手艺，还是忘不了。李隆基闻言大喜，正想看看姚崇的精神气力。君臣二人或纵马狂奔，或策马信步，李隆基不禁心中赞叹，姚崇虽然年过60，却精力充沛，如同少年，谈论天下大事，更是精神焕发。

但是，当李隆基说到请姚崇回归相位时，姚崇却卖起了关子，说这些时间一直在琢磨，国家屡经动荡，百废待兴，该从哪里下手？有10件事情，实为当务之急，陛下如果认同，当随陛下回长安，否则，还是让我回同州吧！

此时的李隆基正求贤若渴，笑道："试为朕言之。"别说10件，就是百件，你说给朕听听。那么，姚崇说了哪10件事？李隆基是否认同？

第十八讲　开元盛世

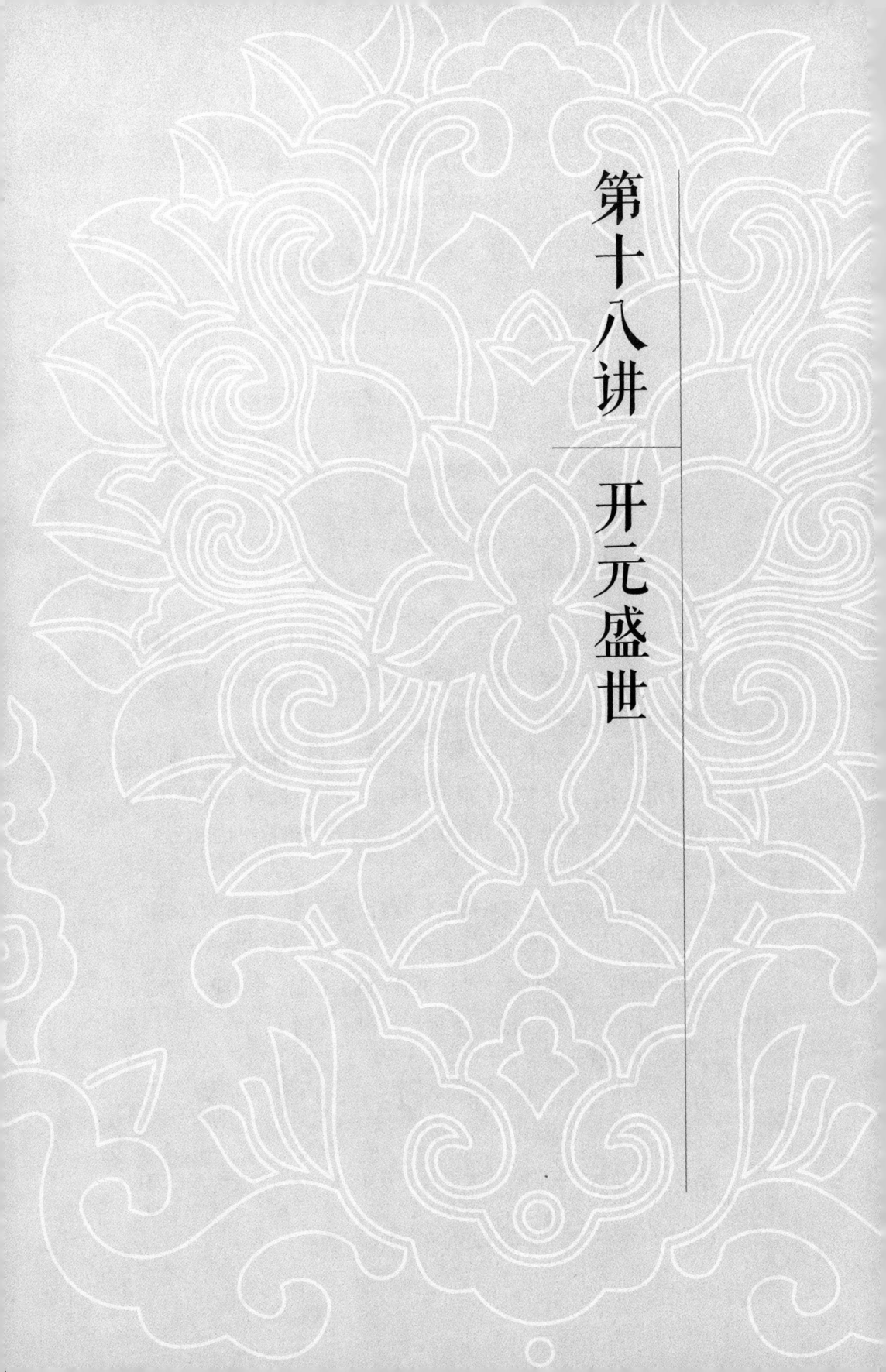

一、施政纲领

亲政不久的唐玄宗李隆基，骊山阅兵，渭滨围猎，特别召见正在同州刺史任上的昔日宰相姚崇，姚崇一口气向李隆基提出十大要务，其实就是他的施政纲领。

由于成竹在胸，姚崇不假思考，不做停顿，一件接着一件地陈述。李隆基时而点头，表示赞赏；时而皱眉，感到为难。等到姚崇把十件事情说完，李隆基深思片刻，下了决心，缓缓说道："朕能行之。"（《新唐书·姚崇传》）

那么，姚崇到底说了哪些事情？我们归纳一下，合并为八条：

第一，行仁政。姚崇把看上去有点"虚"的"行仁政"放在自己施政纲领的首位，是深思熟虑的。武则天临朝称制，建铜匦，用酷吏，打击异己，开群体告密之先河。虽然后来革除，但余风尚在，朝野上下，人有余悸。姚崇要求告示天下，当今天子为政，革除告密之风，以"仁恕"为先。姚崇希望通过这个措施，以安天下的官心、民心，人心定，人心才齐。

第二，严执法。武则天、太平公主及中宗、睿宗，身边多有宠臣，违法乱纪，掠夺民财，民怨极大却逍遥法外，导致人心浮动，法纪紊乱。姚崇提出"法行自近"的理念，惩治犯罪应从皇帝身边的亲信开始，让人们看到，当今皇帝在位，只认法，不认人。这应该是最让李隆基及一切统治者感到为难的事情，一切依法办事，那自己的权威到哪里去了？

第三，禁外戚。自高宗以来，武氏家族、韦氏家族倍受尊崇，更相用事，牟求私利，紊乱朝政。姚崇主张明确界限，凡是外戚，不得在台省即三省六部任职，以革武、韦外戚用事之风，防东汉外戚专权之祸。

第四，禁宦官。武则天晚年，男宠张易之兄弟及宦官得宠，手握王爵，口含天宪，对正常的官场秩序造成严重冲击。姚崇提出，人主当和士大夫共治天下，不得让宦官、佞幸参与其间，以杜宦官干政之弊。

第五，禁贡献。中宗时代，外戚、佞幸及地方官员为了固宠，争向皇帝进贡土特产品，看似微不足道，但所有贡品皆来自百姓，进一征十，民所不堪。姚崇要求，除了国家正常的租赋之外，所有贡品，一概禁止。

第六，禁寺院。武后及中宗时期，佛教盛行，京师长安、东都洛阳以及全国各地，大建佛寺，耗费巨大，民怨沸腾。姚崇主张，立刻禁止佛教寺院的营造，以节约民力。

第七，慎用兵。从太宗、高宗到武则天，唐朝对外战争从未停息，有战争就有胜负。不久前，唐军在与吐蕃的战争中失利，姚崇希望先修内政，积蓄力量，不急于用兵，以省民力。

第八，纳忠言。武后及中宗时，官员言事，多因触犯忌讳获罪。姚崇希望玄宗李隆基向太宗皇帝学习，鼓励官员提出不同乃至极端性意见，即使"批逆鳞、犯忌讳"，也不应治罪。

所有这些建议或主张，都集中在两个方面：一是整顿官场，二是节约民力。简言之，就是四个字：治吏，宽民。这应该是任何时代统治者的"当务之急",也是任何时期统治者的安身立命之本。但是,屁股永远最终决定脑袋,看上去简单的这四个字,却永远是所有统治者的命门。姚崇提出的施政纲领,除了行仁政、慎用兵之外,全是得罪人,也让李隆基为难的事情。所以,姚崇要趁着李隆基刚刚继位时提出,逼迫李隆基下决心。有道是"新官上任三把火",如果是太平时期、正常时期,是不必烧什么火的,烧火无非是立威。但非常时期、拨乱反正时期,却是要有雷霆手段的。

由于长期的积累,官场的腐败、民力的滥用已经十分严重,妨碍着李隆基对唐朝政局的掌控,也妨碍着李隆基地位的稳定,从大局来说,更妨碍着唐朝的发展回归正轨。所以,李隆基经过一番思想斗争,表示采纳姚崇的纲领,当即以其为兵部尚书、同中书门下三品。

这是姚崇第三次拜相。姚崇办事,向来雷厉风行,既敢于决策,执行力也强。这正是此时的李隆基所需要的,也是李隆基在亲政之后不久,就趁着渭滨围猎之机召见姚崇并立即拜相的原因。姚崇第三次为相之后,立即大刀阔斧地推进他的"施政纲领",仅停建寺院一项,就节省了大量的民力物力。而对于僧道身份的甄别,更一次性清理出一万两千多名假和尚、伪道士。之所以有人为假和尚、伪道士,既是因为为僧、为道在当时已为时髦,更因为方便逃避国家的徭役和田赋。他们应该承担的徭役和田赋,都转嫁到相关民众的身上。

二、救时宰相

应对突发事件更显示出姚崇的才干。开元四年,山东及河南、河北,蝗灾泛滥,如果不迅速扑灭,接下来可能是饿殍遍野。国以民为本,民以食为天。姚崇派遣御史,分道督促除蝗。奇怪的是,地方官竟然抵制,朝堂之上,也是一片反对之声。理由有三:一、蝗为天灾,非人力可御;二、杀虫太多,恐有伤和气;三、历代除蝗,弊多而利少。一句话,"皆以驱蝗为不便"(《旧唐书·姚崇传》)。如此奇谈怪论,我们今天是闻所未闻,在当时却振振有词。其实也可以理解。试想当年,举目望去,但见铺天盖地的蝗虫如黑云压城般滚滚而来,是个什么感觉?那才真是恐怖,真会感觉到是难以抗拒的天意。

玄宗犹豫了,问姚崇怎么办。这个时候,读了书比没读书的优势显出来了。姚崇20岁以后发奋读过书,所以他有理论:"秉彼蟊贼,以付炎火。"(《新唐书·姚崇传》)老祖宗教导我们,用火对付蝗虫。这句话源自《诗经》,原话是:"不稂不莠,去其螟螣。及其蟊贼,无害我田稚。田祖有神,秉畀炎火。"(《毛诗·小雅》)稻麦要长得壮实啊,稗草不要滋生。虫蛇蝗螟要除去啊,不得危害我苗。田祖要显神灵啊,让天火烧死害虫。姚崇告诉玄宗,谁说蝗虫不能除?我们的祖先就是以火对付它们。蝗是天灾,火是天火。姚崇对各地官员进行训斥:"坐看食苗,何忍不救,因以饥馑,将何自安?"(《新唐书·姚崇传》)如何除蝗,古人自有古人的办法:蝗虫的天性,是白天趋光、夜间赴火。姚崇严令发生蝗灾的州县组织民众,夜间举火,火旁挖坑,一边焚烧,一边填埋。并且继续向各地派遣御史,严加督促,将除蝗的成果作为考核官员的标准。发生在开元四年即公元716年的大规模除蝗,是一场极其壮观的破除陋习的行动。由于姚崇的决策与坚持,除蝗取得了十分有效的成果,也给后世的除蝗提供了样板。

姚崇行政,多类乎此。姚崇对自己的本事也十分得意,问朋友:作为宰相,我可与管仲、晏婴并肩吧?朋友笑道:管、晏之法,虽然不能施之于后世,但可以管终身。君之行政,在于应急,可以说是"救时宰相"。姚崇闻言,先是失落,随之大喜:"救时宰相,岂易得哉!"(谢维新《古今合璧事类备要》)救世宰相,是那么容易做的吗?

人无完人。姚崇的优势是敢作敢为,勇于担当,既明白政事,又熟悉边务,所以三次拜相,都兼任兵部尚书。其毛病是一言堂,个人说了算。关于姚崇的第三次拜相,有一个小小的插曲。李隆基初政时,中书令是张说。姚崇的才能,人人佩服;但姚崇的个性,未必人人能接受。张说也一样,他佩服姚崇的才干,但感到难以共事。为了阻止姚崇拜相,张说让人抨击姚崇的个性,玄宗没有理睬。张说又让人称赞姚崇的才干,说陛下一直想物色合适人选为河东总管,姚崇文武全才,再合适不过。玄宗笑道:"此张说之意也,汝何得面欺?罪当死!"(《资治通鉴·唐纪》)

尽管张说的脾气比姚崇也好不到哪里去,但他对姚崇的担心还是有道理的。姚崇的贡献大了,毛病也就突出了,以权代法的事情时有发生。有位中书省的属官,因为接受贿赂被处以死刑。姚崇既惜此人之才,又因为与自己关系密切,遂百般营救。玄宗心中不快,却仍然给姚崇面子,在大赦令中加入此人的名字,免于死刑,杖一百,发配岭南。姚崇这才感到事情的严重,不断面陈,希望辞去相位,并且真心实意地推荐了继任者。姚崇推荐谁?宋璟。

如果说姚崇身上表现的是一种豪侠之气,宋璟传递给人们的,则是一股凛然正气。武则天晚年,张易之、张宗昌兄弟受宠用事,人所忌惮,却被宋璟抓到把柄,拘捕到御史台,不日审讯。武则天自然不能让二张吃亏,特旨免罪释放,并让二张当面向宋璟谢罪。宋璟拒而不见,让人传话:"公事当公言之,若私见,则法无私也。"(《旧唐书·宋璟》)

宋璟因为得罪太平公主而外放,所到之处,以宽简为要,不扰民,不铺陈,深得人心。但是,宽简并非不作为。广州的旧俗,以竹茅为屋,多有火灾。宋璟请来中原工匠,教当地匠人烧瓦,用以改造房屋,预防火灾,人怀其德。宋璟再度拜相后,广州有人为其立起"遗爱碑"。宋璟闻讯,当即向李隆基陈言,说自己在广州并没有做出太大的业绩,而皇上给我的恩宠成了有人谄谀的理由。此风不除,为害不浅。要革此风,从臣开始。于是立下禁令,不得为健在官员树碑立传、歌功颂德。风气为之一变。

姚崇为相，百废待举，故雷厉风行；宋璟为相，走上正轨，故重在用人守法。宋璟明白自己的职责所在：第一，姚崇制定的各项制度，恪守不变；第二，随才授任，使百官各称其职，自己居中调度，使刑赏无私；第三，一如既往，敢于犯颜直谏。对于宋璟的脾气，李隆基早有所知，他需要也敬畏宋璟的操守，因为这正是大唐帝国回归正轨所必需的品质。

新、旧《唐书》都将姚崇、宋璟合传，北宋的两位伟大史学家欧阳修、司马光，几乎用同样的文字对姚崇、宋璟的贡献给予评价。欧阳修《新唐书》的赞语说：

> （姚）崇善应变以成天下之务，（宋）璟善守文以持天下之正。二人道不同，同归于治，此天所以佐唐使中兴也。……唐三百年，辅弼者不为少，独前称房、杜，后称姚、宋，何哉？君臣之遇合，盖难矣夫！

姚崇、宋璟之于唐玄宗的开元时代，颇类于房玄龄、杜如晦之于太宗的贞观时代，也更像西汉前期的萧何、曹参。萧何、曹参随汉高祖刘邦起兵，一入相，一出将，性格作风不同，关系也并不是太和谐。但萧何的死讯一到山东，曹参即命整理行装，而萧何推荐的接班人，恰恰就是曹参，于是有了"萧规曹随"。二人之间，何等默契。姚崇、宋璟的性格及行事作风更是不同，但对于辅佐唐玄宗开创开元时代，既是同心协力，又是前赴后继。二人同为宰相时，力保李隆基的太子之位，革除中宗时代的诸多积弊；姚崇辞相，力荐宋璟代己；宋璟继任，一反姚崇的一言堂，以守法为原则，但对于姚崇制定的规矩、推行的措施，恪守不变。二人的共同目标，都是使社会稳定发展，使百姓富庶安宁，使大唐帝国繁荣富强。

三、顺时而进

但是，正如欧阳修所说，无论是萧何、曹参，还是姚崇、宋璟，最为难得的是"君臣之遇合"。"萧规"能够"曹随"，是因为有谦虚谨慎的汉文帝刘恒的支持；姚崇、宋璟能够各展其才、共成其志，更是因为励精图治的唐玄宗李隆基有抱负。李隆基的抱负，是将他的"开元"时代打造成为超越"贞观"时代的伟大时代。

那么，唐玄宗李隆基的励精图治表现在哪里？他为推进唐朝历史发展做了哪些事情？算来算去，却很难算出来。比起伟大的汉武帝北伐匈奴、打通西域、盐铁官营、封禅泰山，唐玄宗李隆基除了也去泰山封禅之外，好像没做什么事情。唐朝前期的北部边患是突厥，太宗时代基本处理；唐朝东北最捣乱的是高句丽，高宗时代已经收拾；西域的打通，太宗、高宗及武则天时期一直在做。国计与民生、国家财政和个人财富的关系，既统一又矛盾，一般来说，随着经济的发展和财富的积累，国家财政得打民间财富的主意，但是，并没有看到李隆基像汉武帝刘彻那样，通过国家强制，把大财主、小财主的钱袋子都收归国有。大家说，这就奇了怪了，我也奇了怪了，既然这也没做、那也没做，"开元盛世"是怎么来的？又表现在哪里？

其实，所有的"盛世"都有各自的特点，有的表现为惊天动地，有的表现为润物无声，有的表现为强盛，有的表现为富庶。李隆基的"开元盛世"当属于后者，既是顺势而进的自然发展，又在不知不觉中走向繁荣，走向富庶。

唐玄宗李隆基铲除太平公主而亲政的时间，是公元713年农历七月，当年改年号为"开元"。此时离唐朝建国将近一百年。

在这近百年的时间里，唐朝经历了高祖李渊时期的国内统一战争，经历了太宗李世民时期的经济恢复与发展及对周边民族的和亲与战争，又经历了高宗李治、特别是女皇武则天半个世纪的统治，虽然统治者内部政变不断，对周边民族和国家的战争连续不断，但整个趋势是朝着繁荣昌盛的方向行进的。百年之间，除了零星的民变及偶发的兵变之外，可以说是国内无大乱、国外无强敌。承平百年，人口在增长，经济在发展，国家实力在增加。到唐玄宗统治时期，虽然民间多有隐瞒，但国家掌握的"编户齐民"的数量，已经超过隋朝的大业年间。

特别重要的是，随着公私财富的积累和民众生活水平的提高，随着唐朝对外战争的节节胜利，"大唐"得到国内民众的高度认同，也受到周边民族及毗邻国家的尊重。民众以为"大唐"子民而自豪，周边民族以与"大唐"联姻而骄傲，毗邻国家以与"大唐"交往为荣耀。这是对唐朝、对玄宗李隆基极为有利的"国内形势"和"国际形势"，是难得一见的"国家认同"和"国际认同"。

可以说，所谓"开元盛世"，乃是经历了两晋南北朝三百年的民族大融合之后，隋唐100—150年间社会持续发展的伟大成果。我们有时会感到很迷惑，从武则天临朝称制，到李隆基亲政，其间经历过多少宫廷斗争、血腥屠杀，但唐朝社会仍然在向积极的方向发展，这固然与武则天、李隆基的强力统治有关，更是时代发展的大趋势在主导。我们在不断赞赏卫公李靖、英公李绩以及侯君集、苏定方、薛仁贵、阿史那社尔、契苾何力等各民族将领浴血奋战、开边拓土的同时，更需要指出一个重要的事实，正是包括府兵制度下的士兵在内的广大民众对"大唐"的高度认同，才是卫公、英公们赫赫战功的基石，才是唐朝持续发展的基础。正是这个基础，托起了唐朝社会的进步，托起了开元盛世的到来。

所谓"时势造英雄"，"时"无法选择，"势"却有可能营造。李隆基十分幸运地遇上了这个好时代。在这样的国内与国际形势下，李隆基君臣所要做的，是因势利导，顺势而进。但"因势利导，顺势而进"八个字说来简单，做起来并不容易。好时代并不只是李隆基才遇上，隋炀帝杨广也曾经遇上，但由于对内对外的不断折腾，最终将大好形势断送，身死国亡。李隆基顺势而进的"开元盛世"，就是在相当长的一段时间里，沿着姚崇、宋璟设计的方向行进，严于治吏，宽于待民。

四、治吏宽民

对于"治吏"，我们时时产生误解，以为治吏就是惩治腐败，惩治违法乱纪。但"惩治"只是"治吏"中的一个环节，甚至是"末端"环节。古人所谓"治吏"，包括对官员、吏员的设置、选任、培养、监督、考核、奖惩等诸多环节，是一套相对完整的管理制度。唐玄宗李隆基对"治吏"重视既表现在实际运用中，更表现在理论总结上。

在实际运用中，李隆基一面精简机构，革除武则天、中宗时代的通过不正常手段任命的冗官、冗吏、冗职；一面推进隋朝创立、唐朝继承的科举取士制度，通过这个制度，选拔大量来自豪门、寒门的士子进入官场，极大地改变了官场的成分，扩大了统治基础。

在理论总结上，李隆基亲自领衔，让张说等人带着一个研究班子，对唐朝建国到开元时期的中央、地方各级各类官府的建置、官员的编制及职责范围等进行整理、总结，编撰成了中国历史上第一部行政法典——《大唐六典》，分30卷共30万字，开了历代政书"典章""会典"编撰的先河。

需要强调的是，我们常常说，科举制度使寒门子弟改变了身份，进入官场。这是事实。但是，通过科举进入官场的，既有寒门子弟，同样有豪门子弟。我们刚刚说到的开元名相姚崇、宋璟，都有过科举的经历。姚崇以"孝敬换郎"的身份，应了"制举"中的"下笔成章"举；宋璟则在"弱冠"之年就中了"进士科"。但二人都不是出身"寒门"，而是出身"豪门"。科举制度真正伟大的意义，一是打破门第，二是体现公平。不但让大量寒门子弟有了改变身份的机会，改善了官场结构，使国家在政策制定、实施上，有寒门代表，更使豪门子弟放下身段，至少在科举考试这个环节上，和寒门子弟站在同一条起跑线上，公平竞争。

但是，任何制度都包括两个方面，一个是白纸黑字的制度条文，一个是执行制度的主体人事。在君主制的时代，任何制度条文是否有效，都得看君主是否英明。而君主是否英明，则看他选择了什么助手，又如何使用这些助手。

和白居易并称为"元白"的唐代诗人元稹，十分怀念唐玄宗开元时期的宰相队伍：

> 昔我玄宗明皇帝得姚元崇、宋璟，使之铺陈大法，以和人神，而又益之以张说、苏颋、嘉贞、九龄之徒，皆能始终弥缝，不失纪律。（《元氏长庆集》）

这里的姚元崇就是姚崇。姚崇本名元崇，字元之，因为一位叛乱的突厥首领名叫"元崇"，武则天让姚崇去"元崇"而用"元之"，于是为姚元之；玄宗改元"开元"，又让姚崇去"元之"而用"崇"，于是叫姚崇了。司马光和其助手们十分细心地归纳李隆基助手们的特点：姚崇的特点是"通"，既豁达又变通，所以能做"救世宰相"；宋璟的特点是"法"，坚持原则，恪守底线，所以能做"守成宰相"；张嘉贞以严于约束下属著称，张说则以文学见长。另有韩休、张九龄等，既坚持节俭，又敢于直言。这些人，都是一时之选。但是，无论哪一位，都有自身的问题，或能力超常而目空一切，或过于耿直而不能容人，或执于守法而缺乏变通，甚至相互倾轧、纵容家人，等等。但是，只要当家人李隆基保持清醒，保持明白，保持"英明"，宰相们的优势就能发挥出来，而缺点则无妨于大局。

有一个十分著名的故事，说唐玄宗是如何包容韩休的。韩休以耿直著称，为相的时间在开元二十一年也就是公元733年，唐玄宗每有铺张，总要问身边的侍从，这件事情韩休知道吗？言犹在耳，韩休的谏疏就到了。次数一多，弄得李隆基十分不舒服，有时对着镜子沉思。侍从们看出皇帝不高兴，加一把火："自韩休入朝，陛下无一日欢。何自戚戚，不遂去之？"李隆基摇摇头道："我虽瘠，天下肥矣。……韩休敷陈治道，多迁直。我退而思天下，寝必安。吾用休，社稷计耳。"（《新唐书·韩休传》）别人做宰相，我可能肥了，天下却瘦了。但韩休做了宰相，我确实常常不开心，甚至自觉消瘦了。但我是瘦了，天下百姓却肥了。韩休的行为虽然令人感到不快，但回过神来想想，确实有道理。有他在，我睡觉踏实。我是为大唐江山而用韩休。

虽然惹得皇帝不高兴、惹得皇帝消瘦的韩休不到一年就罢相，但接替他的张九龄仍然以直谏著称。所以人们认为，从开元时期所用的宰相群体，可以看到一个励精图治的英明的李隆基。而从开元时期的民众生活，我们还可以看到一个宽厚而且包容的李隆基。

说到唐朝"开元盛世"的表现，一般不会遗漏一个商人：王元宝。王元宝是位富商，对钱财自然看得重。唐朝流行铜钱，流通最广的铜钱是唐高祖武德年间开始由朝廷铸造的"开元通宝"，规制严格，铸造精美，"开元通宝"四字，由初唐四大书法家之首的欧阳询书写。王元宝认为钱的名称和自己的名字相通，皆为"元宝"，遂称其为"王老"。"王老"遂成佳话。王元宝是"王老"，唐朝的货币也是"王老"，人与钱合为一体。（《太平广记》）

"王老"的故事传到宫中，引起了唐玄宗的好奇。一天，玄宗在含元殿，隐隐看见远处终南山有一白龙横亘山间。问左右，左右皆说不见。玄宗命人急召"王老"王元宝。王元宝仔细一看，说见一白物横在山顶，但不知是何物。左右奇怪，说为何我等皆不见。玄宗笑道，民间有种说法，"至富可敌至贵"，朕为天下至贵，元宝为天下至富，尔等既非至贵也非至富，自然不见。于是问王元宝，"王老"家中到底有多少钱？王元宝自豪地回答："臣请以绢一匹，系陛下南山树。南山树尽，臣绢未穷。"（《太平广记》）这等事情，如果放在明太祖时期，十个王元宝也活不了。但唐玄宗却以"至贵"包容着王元宝的"至富"，这不但是唐玄宗本人的大气，更是开元时代的大气。

在这个时候，不仅仅是富豪，杜甫的名诗《忆昔》，更描绘出开元时代整个社会的富裕：

忆昔开元全盛日，小邑犹藏万家室。
稻米流脂粟米白，公私仓廪俱丰实。
九州道路无豺虎，远行不劳吉日出。
齐纨鲁缟车班班，男耕女桑不相失。

这是何等的气象！而且，这个气象还在延续，还在发展。
怎么延续？怎么发展？

第十九讲 天宝之宝

一、天降宝符

唐玄宗引领大唐帝国顺势而进,开创出中国历史上的一个伟大时代——开元时代。但是,这个时代还在延续,还在发展,"开元"过后,迎来了"天宝"。杜甫在《忆昔》诗中所说"稻米流脂粟米白,公私仓廪俱丰实"的"开元全盛日",表达的不但是开元时代,应该还有天宝时代,甚至更应该是天宝时代。所以,与其说是"开元盛世",倒不如说"开天盛世"更为准确。

唐玄宗李隆基在位期间,一共有过三个年号:先天、开元、天宝。"先天"用了一年多,但那时真正的当家人是"太上皇"李旦,所以被人们也被唐玄宗李隆基自己忽略不计。"先天"二年即公元713年,李隆基清除太平公主及其党羽并且亲政以后,改年号为"开元","开元时代"由此开始。开元二十九年的除夕刚过,第二天是公元742年农历的正月初一,本来应该是"开元"三十年的正月初一,但李隆基在这一天宣布改元"天宝",从此进入"天宝时代"。"天宝"年号用了14年。开元、天宝,即公元713—755年,一共43年,为李隆基实际统治的时间。

古人定年号是有讲究的。唐玄宗李隆基亲政后改年号为"开元",意味着将开创一个新的纪元,一个新时代,表现出他的雄心壮志。班固《东都赋》说:"夫大汉之开元也,奋布衣以登皇位,由数期而创万代。"汉高祖刘邦仅仅花了几年时间,就开创了大汉的新纪元。"天宝"则意味着国家的强盛、社会的繁荣、民生的富庶,表现出李隆基的志得意满。王勃《滕王阁诗序》有"物华天宝"句,"天宝"和"物华"是紧密相连的。改元"天宝",同时也体现出"物华"。唐玄宗下诏,大赦天下,普天同庆。

这个"大赦"不比寻常,它包括两个方面的内容:

第一,大赦令赦免的不但是一般的罪犯,更包括"常赦不原"的杀人、强盗及贪赃枉法等重刑罪犯,除了"谋反"等之外,一概赦免。一时之间,各地监狱几乎释放一空。诸位说,这还得了,"大虫"出狱,那不是让坏人出来坑害好人吗?但过去有一句俗语,说是"世上无冤枉,牢中无犯人"。在"衙门八字朝南开,有理无钱莫进来"的时代,监狱里关着的固然有一些真正的罪犯,但更多的是无辜民众,包括为犯罪的有钱者、有权者顶缸的民众。

第二,这个大赦令还有一项重要内容,"百姓所欠负租税及诸色并免之"(《旧唐书·玄宗下》)。这一条对于官府和民众,都有一些玄机。隋、唐继承北魏冯太后时代创立的"均田制"和"租调制",虽然都有变革,但以理论上的"均田制"作为实际上的"租调制"及"租唐调制"的前提,一直是它的本质特征,不管是否拥有理论上的土地数量,都必须按照实际上的户、丁纳户税、服丁役。加上不时发生的天灾与人祸,民众拖欠租税及其他各种摊派是十分平常的事情。年复一年地拖欠,旧的租税没还清,新的租税又来了。官府十分清楚,欠负是难以征收的,徒给贪官污吏留下盘剥民众的借口。所以,通过朝廷的"大赦"给民众一个人情,让民众感谢朝廷、感谢皇恩浩荡,成为历代皇朝的常态。民众心里也明白,欠负是可以不交的,只是要等着国家的大赦，等欠负一笔勾销，也就无债一身轻了。所以，不管玄机怎样，"大赦""免赋"是民众高兴的事情。

和"大赦"令一并发布的，是一项"惠官"同时也是"普惠"的政策：离职官员及平民中的读书人，"有儒学博通、文辞秀逸及军谋武艺者"，各地官府可列名推荐；在京的文武官员有自认为"才堪为刺史者"，均可以上书自荐。（《旧唐书·玄宗下》）

每当国家有大灾或大典，通常都是投机者谋求利益的机会。就在改元"天宝"和发布"大赦"令后的第七天，唐玄宗李隆基的第25子陈王李珪的王府中冒出了一位人物，名叫田同秀，为陈王府参军。田同秀上书说，自己在京师长安的丹凤门大街，亲眼看到"太上玄元皇帝"即老子从天而降。田同秀说，"玄元皇帝"还冲他说了一句话："灵符在尹喜之故宅。"（《旧唐书·玄宗下》）田同秀说，"玄元皇帝"的这句话，肯定让臣下上传给陛下的。

关于老子和尹喜，《史记》记载了一个传说：老子本来在洛阳为东周的史官，眼见天下将乱，决心隐退，于是骑着青牛，西出函谷关。函谷关关守尹喜也非常人，见到老子，便点破他的身份。老子大吃一惊，遂将自己的意图坦诚相告。尹喜说，完全理解您的做法，但以后无缘得见，能勉强为我写几个字吗？老子说可以啊。但是，不写则已，老子一写就是五千余言，这就是后世所知道的上下两篇《道德经》。老子将《道德经》交付尹喜之后，"莫知其所终"（《史记·老庄申韩列传》）。

老子被李唐皇室尊为始祖，这个传说在唐朝流传甚广。田同秀的上书使唐玄宗极为振奋，命人带同田同秀前往函谷关，在传说中的尹喜台西侧，居然发掘到《道德经》，将其供于老子的"玄元庙"中。在当时看来，这就是上天赐予的宝物，正应了"天宝"的年号，所以称为"宝符"。大家说，还真有这样的事啊？我也不知道怎么会有这种事。如果以小人之心度之，应该是田同秀和其同党事先在尹喜台西侧做了手脚，但我不忍心如此猜测古人。

二、西域飞仙

由于"改元"和"得宝"两件事情离得很近，所以有这样一种说法，说唐玄宗改元"天宝"，是因为田同秀提供了"宝符"。其实是把时间先后弄颠倒了，甚至可以说，如果没有"改元"的启发，也许就没有"宝符"的出现。但是，得到"宝符"之后，唐玄宗倒是在大臣们的建议下，在自己原有的尊号"开元圣文神武皇帝"（开元二十七年）的基础上，再加上"天宝"二字，为"开元天宝圣文神武皇帝"。藏有"宝符"的函谷关，当时属桃林县，桃林县被改名为"灵宝县"；提供"宝符"信息的田同秀，从七品下的王府参军直升为五品官。唐玄宗再一次大赦天下囚徒，不管犯罪轻重，统统释放。

可以想象，通过由"开元"改元"天宝"发布的大赦令、普惠令，因"宝符"的出现而再一次大赦天下，是如何使朝野上下额手称庆、天下百姓感恩朝廷的。大唐帝国的国家认同又有了进一步的加强。几乎所有的人都在期待、欢呼，开元之后的天宝，将是大唐更好的时光。如果不是十多年后发生的突变，"开天盛世"或许是中国历史上最好的时代。

但是，"开元盛世""开天盛世"，正如我们指出的那样，不同于开边拓土的汉武帝时代，也不同于唐玄宗效法的唐太宗时代。在汉武帝时代，我们耳熟能详的人物是卫青、霍去病，是张骞、苏武，是司马迁、司马相如，当然，最伟大的还是汉武帝；在唐太宗时代，我们耳熟能详的人物是房玄龄、魏征，是唐僧玄奘、文成公主，是李靖、李绩，同样，最伟大的仍然是李世民。从这些人物，我们大概可以知道那些时代的风貌，那是崇文尚武、向外开拓的时代。那么，李隆基的"开天时代"，又有哪些人物我们耳熟能详？虽然我们花了不少时间说姚崇、宋璟，说唐之贤相，前有房杜，后有姚宋，但如果不是对历史比较感兴趣的朋友，根本不知道姚崇、宋璟是何人。在这个时代，我们最知道的，当然是李隆基，是李白、杜甫，是杨贵妃、张果老，然后是安禄山、史思明，如果再算，那就是李林甫、杨国忠了。

当这些名字一个个出现在大屏幕上的时候，我们知道，唐玄宗的"开天时代"，是一个十分热闹、十分繁荣，也十分好玩的时代，但同时，又是一个隐藏危机、乐极悲生的时代。

在函谷关尹喜台获得《道德经》，是上天送给改元"天宝"后的唐玄宗的第一件"宝符"，事情发生在天宝元年的年初。到了这年的年末，上天又给唐玄宗送来一个"宝符"，什么"宝符"？一个大活人，李白。严格地说，李白是上天送给整个中国、送给全人类的"宝符"，只是把赠予的时间放在了开天时代，用以考验唐玄宗李隆基识不识货、能不能消受得起。

有一个很著名的"励志"传说，说李白小的时候读书不用功，经常逃课。一天逃课出来，见到一位老奶奶在磨刀石上磨一根铁杵，即铁棒，李白好奇，问道：您这是干什么啊？老奶奶头也不抬，说了两个字"磨针"。李白大吃一惊："磨针？"这得磨到哪个猴年马月，得磨掉多少块石头啊？老奶奶没有停下手上的活，只是抬头看了李白一眼："铁杵磨成针，只要功夫深。"（彭大翼《山堂肆考》）说完，继续磨针不已。一句话点醒梦中人，李白从此用功读书，十岁"通诗书"。这是一个类似于"愚公移山"的故事。这个传说还留下了几处胜迹：李白读书的眉州"象耳山"、象耳山下的"磨针溪"（祝穆《方舆胜览》），等等。

诸位可能又说，这个故事是真的吗？不知道。因为李白是"谪仙"，是从"天上"来到"凡界"的，所以，他的身世至今是个谜，他的世界，我们永远弄不懂。《旧唐书》说李白的父亲曾为"任城尉"，举家到任城，所以李白是山东人。但是，李白从来没有告诉别人他的父亲是谁，是什么来历，只是时而自称祖上是金陵大族，时而又称先祖是西汉的"飞将军"李广。后来逐渐统一口径，说自己是唐高祖李渊的七世祖、十六国时期后凉的开国之主李暠的九世孙。从这个辈分来说，他和唐玄宗的祖父高宗李治同辈，唐玄宗李隆基提称其为"叔祖"。虽然唐朝的皇室从来没有承认李白的这个身份，但《新唐书》的"李白传"却采用了李白自己的说法："李白，字太白，兴圣皇帝九世孙。"不仅如此，《新唐书》对李白少年时代的描述也完全采信了李白自己的叙述：祖先在隋朝末年以罪迁徙到西域，中宗复辟的时候，李白的父亲举家潜回内地，客居"巴西"即川北。又说李白出生之前，他的母亲梦见了太白金星，此儿乃是"太白之精"，所以取名"白"，字"太白"。

其实，李白的父亲不仅根本没做过官，连真实姓名也不为人知，人称"李客"。"李客"本是从西域迁居四川的"胡客"，指李树为姓，故称"李客"。郭沫若先生在他的《李白与杜甫》中，根据李白自己的说法和后人的研究提出，李白的出生地应该是唐朝在西域的重镇"碎叶城"，现在与我国新疆毗邻的吉尔吉斯斯坦境内。中宗复辟那年，也就是公元705年，李白五岁左右，"李客"举家迁到四川盆地北缘的绵阳、江油一带。从这个角度说，《道德经》的出现，固然是"天降宝符"，而李白的出现则是"西域飞仙"，是幅员辽阔的唐朝的意外之喜，这才是真正的"天宝之宝"。

三、李白进京

第一位对李白的才华表示赏识的，是开元时期的名相苏颋。开元八年（公元720年），苏颋卸相，以礼部侍郎出任益州长史。此时的李白刚过二十岁，不但诗文已经有了一些名气，而且自称曾经"手刃数人"，类似江湖豪侠，当然，也和其他年轻人一样，希望向官府推销自己。苏颋做过宰相，而且是文人宰相，李白带着自己的诗文，求见苏颋。

苏颋看了看眼前的这位年轻人，相貌有些特别——不少研究者指出李白的长相应该有西域"胡人"的特点——再看看李白的诗文，十分诧异："是子天才英特，少益以学，可比相如。"（《新唐史·李白传》）这是个天才，只要稍加努力，那就是当代的司马相如。正如苏颋所说，李白的身上不但有"才"气，更有"英"气。而且，正是这股英气，使他的才气冠绝古今。司马相如和卓文君的故事，早已成为爱情的经典；司马相如的赋，更为汉赋的代表。苏颋以李白比相如，应该是带有鼓励的意思，但万万没有想到，虽然司马相如被尊为"赋圣""辞宗"，是从四川盆地走出去的第一大才子，而眼下的这个年轻人日后闯下的名头，却远远盖过司马相如。

开元十二年（724年），二十四岁的李白怀"四方之志"，"仗剑去国，辞亲远游"，开始了他周游天下的历程。二十年后，天宝元年十二月即公元743年初，李白来到长安。这是他第三次进京了，前两次虽然也结识了一些朋友，但无缘得见皇帝。这一次，李白的名气已非昔日可比，而且得到三位有力者的推荐，故隆重登场。

李白的第一位推荐人是吴筠。吴筠的身世也有些模糊。作为唐宪宗元和时代的宰相，权德舆和吴筠的活动时代相差也就半个世纪，但在给吴筠的著作作序时，称吴筠为"华阴人"，而为吴筠作传，又说是"鲁中儒士"。结果，《旧唐书》采用权德舆"传"的说法，说吴筠是山东人；《新唐书》则采用权德舆"序"的说法，说吴筠是"华州华阴人"。吴筠早年参与过科举，但屡试不第，遂弃儒而入道，成为当时著名的道家人物，著作甚多，广为流传。唐玄宗也是道家的笃信者，命人寻访吴筠，并将其召至长安问道。吴筠此时正在剡中即今日浙江绍兴、嵊县一带，与同在剡中的李白等人喝酒论道。吴筠被邀请进京，没有忘记推荐酒友兼道友李白，于是李白也被请到了长安。

尽管李白有吴筠的推荐,被召至长安,但是否能够得到皇帝的亲自接见,又以什么样的方式接见,并不明朗。这个时候,第二位推荐人出现了。此人叫贺知章,身份又非吴筠可比。第一,贺知章是武则天时代的状元,开元十二年,也就是李白"仗剑去国"、开始游历天下的那一年,唐玄宗到泰山封禅,贺知章随行,为礼仪顾问。到天宝元年李白进京时,贺知章已经年过八十,虽然没有做过宰相,却是官场上的"老祖宗"。第二,贺知章是著名的文人,而且又是文化人中的"老祖宗",不但精通历代礼仪,而且文章、诗赋及书法均有一定的造诣,"少小离家老大回,乡音未改鬓毛衰"的名句就出于其手。第三,贺知章性格狂放,好酒善谑,自号"四明狂士",又喜养生,是道家的热衷推动者和实践者。如此一位多才多艺的"老祖宗",是包括唐玄宗在内的各色人等喜欢的人物。李白来到长安,立即带着自己的诗文拜访贺知章。贺知章不看则已,一看惊讶半天,说怎么可能出自凡人之手呢?"此天上谪仙人也!"。(《旧唐书·文苑传下·李白》)而且,李白的性格和贺知章又十分对味儿。在吴筠的基础上,贺知章的推荐自然增加了李白的分量。

不仅如此,一位若隐若现的重量级人物,又在吴筠、贺知章的合力中加了一把力。这第三位推荐人,是被新、旧《唐书》隐匿了的神秘人物,唐玄宗李隆基的妹妹玉真公主。唐玄宗李隆基的生母窦氏,被武则天处死。窦氏生前和李旦生有一个儿子、两个女儿,儿子就是李隆基。窦氏死时,儿子李隆基只有八岁,两个女儿,一个四岁,一个可能只有一两岁。李隆基兄妹三人经历了皇室的种种动荡,一直熬到李隆基亲政,才算是脱离了凶险。李隆基对两个患难与共的胞妹呵护有加,一个封号为"金仙公主",另一个封号为"玉真公主",为她们广置田园、厚赐租赋。金仙、玉真两位公主在经历种种磨难的过程中,逐渐热衷于道教,并且双双入道,成为女道士。金仙公主死得早,与李白好像没有交往。玉真公主比李白大十来岁,不但入道,而且酷爱文学，通过"道学"与"诗文"渠道，和李白成了好朋友。有传言说，唐玄宗一度想把这个妹妹许配给后来"八仙"之一的张果（张果老）。虽然玉真公主的男性朋友不止李白一个，李白的女性朋友也不止玉真公主一人，但李白到长安，住的却是玉真公主的别馆，并有多首诗说到玉真公主和玉真别馆。其一为《玉真仙人词》：

玉真之仙人，时住太华峰。清晨鸣天鼓，飚欻腾双龙。弄电不辍手，行云本无踪。几时入少室，王母应相逢。

这是李白一生为数不多的奉承女子的诗，写得并不好，但由于出自李白之手，玉真公主高兴。李白死后，好友魏颢为他的诗文集作序说："白久居峨眉，与丹丘，因持盈法师达，白亦因之入翰林，名动京师。"（魏颢《李翰林集序》）"持盈法师"为玉真公主之号，李白希望玉真公主向皇帝推荐自己，玉真公主也以与李白为友而自豪。

四、超级现象

有道士吴筠、老祖宗贺知章特别是文友兼道友玉真公主的推荐，李白受到唐玄宗李隆基的高规格款待，并且让他"待诏"翰林，成了唐朝翰林院的"临时工"，时不时按要求撰写官样文章。尽管只是一个没有编制的临时工，但一直有"四方之志"的李白终于有了一个可以公开向世人展示的身份："翰林"，死后的集子也题名为《李翰林集》，其实有点名不符实。民间更有李白让宦官首领高力士脱靴、让文官首领李林甫磨墨，以及撰文吓退"蕃使"的传说。

在京城长安"待诏"一年多，临时工李白主要的时间并不是在翰林院等待皇帝的召见，而是与"老祖宗"贺知章、"草圣"张旭等人，结伴于酒肆，醉卧于街头，人称"酒八仙"。虽然"李白斗酒诗百篇"，虽然李白不仅写了不少拍马屁的诗文，也十分想拍马屁，以期获得政治地位，但他实在不是拍马屁的料，也并非"命题作文"的高手。他的"马屁诗""马屁文"写得太过稀疏平常。他的名诗名篇都是发自内心深处的灵感和情感。事实说明，李白非池中之物，他并不属于皇宫，不属于李隆基，更不属于皇家的翰林院。时代伟人李隆基和千古伟人李白，毕竟缘分有限，李白更属于自然，属于民众，属于他的朋友们。一年多后，李白被放归江湖，重新回归自然，回归到民众和他的朋友之中。

但是，从吴筠、贺知章、玉真公主对李白的推荐，以及李白得见唐玄宗、唐玄宗善待李白，却展示了唐朝前期的一个现象：从唐太宗时代开始，经过武则天时代，到开元、天宝年间，那个时候的唐朝，一派开放气象，不但外国的使者、学者、僧人、商人来中国，中国的使者、学者、僧人、商人也去国外；不但"至富"的王元宝可以在"至贵"的皇帝面前显富摆阔，像李白这样放荡不羁的读书人，也可以要求拜访当地的高级官员，而且得到皇帝的盛情款待。上层与下层之间，贵族与平民之间，通过科举、宗教、文学，通过共同的喜好，通过男女之间的感情，有着多种交集方式。尽管权力斗争仍然是你死我活，但唐朝的社会，已步入一个十分开放、十分自由的时代。

通过吴筠之类的道士、术士，通过贺知章之类的官员、文人，通过玉真公主之类的皇亲、贵族介绍给皇帝的，并非李白一个，无数各色人等，在道士吴筠、文人李白、富人王元宝等人的示范下，抱着致贵、致富和成名的梦想来到长安。说不定玉真公主的一个推荐，就进了翰林院；说不定承接了一个皇室工程，就成了一个"小王元宝"；说不定失意之后的一次酗酒，竟然和李白一起醉卧在长安街头。长安的繁荣，前所未有；长安的好玩，也前所未有。

李白是独一无二的。没有李白，唐朝的繁荣会有不少缺憾；有了李白，才是真正的唐朝，真正的"开天盛世"。唐朝的诗歌、文化，唐朝的富庶、繁荣，无疑是空前的。我们只需要稍稍开出一个名单，就可以看出、想象出那个时代的气象：诗仙李白，诗圣杜甫，被苏轼称为"诗中有画、画中有诗"的王维；"草圣"张旭，"画圣"吴道子，颜真卿的"颜体"；公孙大娘的"剑舞"，李隆基的"霓裳羽衣舞"，敦煌壁画中自由奔放的"飞天"，等等，等等。

开元、天宝时代的长安，已经成为那个时代全世界规模最大也最为繁荣的城市；开元、天宝时代的唐朝，也成为那个时代全世界人口最多、最为富庶的国家。不但黄河流域，长江流域也成为经济发达区，两大流域的资源使得唐朝的富庶更超过主要在黄河流域的两汉。隋炀帝背负骂名而开凿的运河，在这个时候也真正发挥了作用。张九龄主持在江西、广东交界的大庾岭开辟驿道，将珠江流域纳入大唐的经济圈，极大地加强了唐朝的经济实力。

所有这些，和独一无二的李白一道，成为真正的"天宝之宝"。

但是，这个看似中国有史以来最好的时代，却又是一个乐极生悲的时代。一场天崩地裂式的突发事件，直接导致了"开天盛世"的坍塌。

第二十讲　盛衰之间

一、口蜜腹剑

开元、天宝时代，是唐代的一个自由、开放的时代，甚至可以说是中国有史以来最好的时代。但是，一场突如其来的天崩地裂般的事件，导致了"开天盛世"的坍塌。说到这里，不得不重提我们上一集曾经提及的几个人物：李林甫、杨贵妃、安禄山、史思明。

人们普遍认为，"开元"时期的李隆基，是励精图治的李隆基，而"天宝"时期的李隆基，则是意志衰退的李隆基。而李隆基由"励精图治"到"意志衰退"的标志，则是作为宰相的李林甫的出现。严格地说，是李隆基选择了李林甫。但是，李林甫的为相乃至为首相，并不需要等到天宝，而是在开元二十四年。所以唐朝的人们又认为，唐玄宗的"意志衰退"，也并不是从天宝的时候才开始，而是从倚重李林甫的开元二十四年就开始了。

但是，皇帝个人的意志衰退，并不一定影响经济的繁荣、社会的进步，恰恰相反，有的时候还是经济繁荣、社会进步的前提或条件。这确实是一个矛盾。关于这种现象，这个矛盾，我们在以后将要进行分析。尽管如此，皇帝政治意志的衰退，居安而不思危，却毫无疑问不利于中原皇朝和周边民族及国家的军事对抗，乐极生悲的故事也往往由此而发生。很多的事情就是这样地矛盾，如何处理好这个矛盾，从来就是中国历史发展过程中的一大难题。

说到李林甫，有个成语"口蜜腹剑"和他联系在一起，说李林甫总是口中说着甜得像蜜一样的好话，心中却在盘算着如何向人"捅刀子"。为了压制言论、大权独揽，李林甫还用"立仗马"为警示，告诫言官们要少吭声，要学会"懂事"："君等独不见立仗马乎？终日无声，而饫三品刍豆；一鸣，则黜之矣。后虽欲不鸣，得乎？"（《新唐书·李林甫传》）你们看看仪仗队的那些仪仗马，只要老老实实不吭声，好吃好喝好享受；一不听话，立即赶了出去，后悔就来不及了。不能不说李林甫是个人物，竟然举了一个如此形象的例子，根本用不着杀鸡，猴子就不敢乱说乱动。

但就是这样一个人物，却被唐玄宗李隆基给予高度信任。开元二十二年即公元734年农历五月，李林甫为礼部尚书同中书门下三品，为副相；两年后，取代张九龄为中书令，同中书门下三品，为首相；到天宝十一年十一月底即公元753年初去世止，李林甫为相整整19年，为首相的时间超过17年。这不但在唐玄宗李隆基时代，即使在整个唐朝，也没有第二人。所以，不管当时的人们和后来的人们如何评说，李林甫必有他的过人之处。而李林甫为相的推荐人，正是敢于提批评，让唐玄宗能够睡得踏实的韩休。

李林甫是李唐的宗亲，论辈分是唐玄宗李隆基的族叔，但年龄只比李隆基大两岁，倒有点像是"族兄"。李林甫有音乐天赋，这方面至少和同样有音乐天赋的李隆基是"同志"。而从仪表举止上看，李林甫毫无疑问具有大唐宰相的风采。

有一个记载很有意思，说李林甫入相的时候，排位在前面的还有两位老资格宰相。一位叫裴耀卿，为侍中，是理财能手、漕运专家；还有一位是张九龄，为中书令，不但敢于直言，诗也写得特别好，"海上升明月,天涯共此时"这样的名句就出自张九龄之手。每逢上朝的日子,李林甫和张九龄、裴耀卿一道,要从宰相议政的中书省,前往朝见皇帝的月华门就列。三位宰相对自己的神态并没注意,因为表现出的应该是他们各自习惯的神态,但其他的官员怎么看怎么觉得好笑:张、裴二人"鞠躬卑逊",就像两只踮着后腿、垂着前腿、弯着腰、垂着首的兔子;而李林甫则是"抑扬自得",酷似一只仰首挺胸、舍我其谁的大雕。一个典故从此流传开,说是"一雕挟两兔"(李昉《太平广记》)。一头神雕,带着两只兔子。当然,这个故事也可以做另外一种解读,表现出李林甫的狂妄、得意、目空一切。

虽然列举了李林甫的斑斑劣迹,《旧唐书》仍然对李林甫做出了一个可能更为真实、客观的评价,由此我们也可以看到一个更为真实、客观的李林甫:

> 林甫性沉密,城府深阻,未尝以爱憎见于容色。自处台衡,动循格令,衣冠士子,非常调无仕进之门。所以秉钧二十年,朝野侧目,惮其威权。及国忠诬构,天下以为冤。

如果把我们过去对李林甫的各种印象抹去,《旧唐书》简直给我们描述了一位盛世名相的形象:性格沉稳,富有心计,喜怒不形于色。自为宰相之后,恪守法纪,杜绝请托。立朝二十年,令百官敬畏。死后受到杨贵妃族兄杨国忠的诬陷,天下皆为其鸣冤。即使是同样目空一切并在后来发动"安史之乱"的首恶安禄山,见了皇帝李隆基、贵妃杨氏,可以装聋作哑,可以插科打诨,但在李林甫面前,却大气也不敢出。

"安史之乱"后,颠沛游离来到成都的唐玄宗点评他任用过的宰相,说到李林甫,用了八个字:"妒贤疾能,举无比者。"(《新唐书·李林甫传》)有人问,既然如此,陛下为何还是那样信任他?李隆基不吭声了。

二、大唐管家

那么，到底是什么原因使得唐玄宗李隆基如此信任李林甫？说到底，是因为随着时间的推移，随着李隆基政治意志的衰退，他离不开李林甫了。诸位说，怎么可能？

清初王夫之说了唐朝的一个现象："唐政之不终者凡三：贞观也，开元也，元和也。"（《读通鉴论·玄宗》）唐太宗贞观时期，唐玄宗开元时期，唐宪宗元和时期，这是被人们视为唐朝最好的三个时期，但王夫之指出，这三个时期都有始而无终，有善始而无善终。元和时期我们暂时放下，就在贞观中期，魏征已有"十渐"之说，说唐太宗的政治意志正在衰退，已经听不进批评意见了。那个时候，魏征等人还可时时以隋朝二世而亡的教训敲打李世民。但李世民仍然想着做两件事：一是去泰山封禅，宣告太平盛世的到来；二是亲征高句丽，要把表叔隋炀帝比下去。如果贞观不是二十三年而是三十三年，坦率地说，不知道唐太宗将如何谢幕。

虽然不敢和曾祖父太宗皇帝比贡献，但李隆基发动兵变把父亲推上台，又铲除太平公主自己亲政，他的皇位也是靠本事夺来的。国家承平日久，国内少战事，国外无强敌，在经历了姚崇时期的拨乱反正、宋璟时期的回归轨道之后，李隆基逐渐失去政治目标和动力。他该干什么？不知道。社会财富在积累，民众生活在提高，王元宝之类的富人在攀比夸富。皇帝也是人，李隆基的祖父李治、祖母武则天、伯父李显、父亲李旦，还有姑姑太平公主、堂姐安乐公主，哪一个不是在抓紧时间占有财富、享受生活？宋璟、张九龄、韩休成天唠叨，确实会振奋起李隆基的一些精神。但看到的是莺歌燕舞，听到的是歌功颂德，明明是"形势大好"，你偏偏说这也不好那也不行，不是危言耸听又是什么？环顾四周，谁又有能力给大唐造成麻烦？所以，尽管李隆基曾经说韩休的唠叨可以让自己睡觉安稳，但不到一年，韩休就被体面地被请出了政事堂；尽管说唐朝贤相，后有姚、宋，但若干年后，唐玄宗在对能办事的"救时宰相"姚崇给予高度评价的同时，对爱提意见的宋璟却充满鄙视："彼卖直以取名耳。"（《新唐书·李林甫传》）国家太平，百姓富庶，你还让我过穷日子，哪里有这个道理？对于李隆基来说，如果有人不唠叨也可以让自己睡得安稳，岂不更好？

虽然中国这么大，人口这么多，但要找出和周边民族、周边国家真刀真枪干并且干得过的英雄如李靖、李绩，实属不易。而要真正找到一个让皇帝玩得舒服、睡得安稳的人，其实也并不是想象的那么容易，而李林甫却是这个行当中的状元，是这个领域中的卫公、英公，是那个可以不唠叨而能让皇帝睡得安稳的人。

李林甫做宰相的最大特长，可以用三句话概括：让皇帝舒服，让舆论闭口，让自己安稳。在这三件事情中，让皇帝舒服是第一位的；皇帝不舒服，下属不可能闭口，自己也不可能安稳。只有皇帝舒服了，下属开口也没用，自己的地位也就安稳了。要让皇帝舒服，就要想皇帝之所想，急皇帝之所急，干别人所不能干。

自从开元二十四年即公元736年离开洛阳回长安之后，玄宗李隆基就大抵上没有离开过长安。这就是李林甫工作的成果。李林甫早已看出比自己小两岁的族弟李隆基政治意志正在衰退，所以未雨绸缪，在长安及其附近储存粮食，使得庞大的官员队伍及关中百姓没有发生大的粮荒。李隆基知道这是李林甫和其助手们的功劳，一高兴，和高力士交心："天下无事，朕欲高居无为，悉以政事委林甫，何如？"（《资治通鉴·唐纪》）高力士既对玄宗、对大唐忠心耿耿，也不愿意看到李林甫的势力太大，所以表示保留，说天子巡狩四方，是自古以来的规矩，哪有老窝在皇宫的道理？再说，国家的大政方针应该是皇上亲自决策，哪里能够指望他人代劳？一旦权势既成，又有谁能够制约得了？这本来是"忠言"，但李隆基听来却是"逆耳"。高力士从此不敢再对李林甫的事情发表意见了。

自从李林甫为首相之后，负有批评责任的御史们都在学习"立仗马"，不吭声了；愿意发表意见的官员，被"口蜜腹剑"的李林甫通过各种方法排斥出去了。朝廷之上，杂音没有了。来自地方的报告，多讲风调雨顺、民安物阜；来自边境的报告，多言大唐江山固若金汤。李林甫本人则是大唐帝国的大管家，他的责任，是把里里外外所有的事情都安排得妥妥帖帖，让主人唐玄宗不用操心，安心享受。而且，李林甫这个管家，管家近二十年，对官员的脾性、官场的风气及国家机器的运转，对各项事务的处理，远比李隆基娴熟。犹如当年的太宗皇帝，尽管打江山的时候曾经指挥千军万马，但做了二十年皇帝，不上前线，你以为还是原来的那个战无不胜的军事统帅秦王李世民？尽管能力超常、智慧过人，但在近二十年间，当把主要精力放在了享受、放在了声色之后，李隆基也早已不是当年的三郎了；即使当年的三郎，管理国家、处理军事大计，也得倚仗姚崇。而此时李隆基所倚仗的，则是大总管李林甫。

三、霓裳羽衣

李隆基不但是伟大的政治家，还是造诣深厚的运动家和艺术家。有李林甫做大唐的大总管，李隆基放下政治，从运动和艺术中寻找享受了。宋代晁说之根据唐人留下的《明皇打毬图》有《题明皇打毬图》诗：

> 阊阖千门万户开，三郎沉醉打毬回。九龄已老韩休死，无复明朝谏疏来。

热衷马球，显示出李隆基强壮的体魄。但没有了张九龄、韩休等人的提醒和批评，马球已经不再是强壮体魄的运动，而成了消磨意志的游戏。开元时期的名相张说有《华清宫》诗：

  天阙沉沉夜未央，碧云仙曲舞霓裳。一声玉笛向空尽，月满骊山宫漏长。

这支被称为"霓裳羽衣舞"的"霓裳曲""霓裳舞"，正出自李隆基之手。当这支舞曲和一位女子联系在一起的时候，则成了"开天盛世"的挽歌。这位女子，就是中国历史上最为著名而充满悲情的美女杨贵妃。也正是这位杨贵妃，使得唐玄宗李隆基在开元二十四年回到长安以后，就再也不愿离开长安了。

李隆基为太子时，已经立王氏为太子妃。太子妃是位有政治头脑的女子，曾经参与李隆基发动兵变的策划。李隆基继位，王氏为皇后。十分遗憾的是，玄宗皇帝的这位王皇后，和当年高宗皇帝的王皇后一样，不会生育。玄宗皇帝又和他祖父高宗皇帝一样，爱上了另外一位会生育的女子，这位女子是李隆基祖母武则天的侄孙女，被封为"惠妃"，即武惠妃。这种关系也是很有意思的。

武惠妃死后，后宫数千人，再无一人能让皇帝开心。有人出主意，说"寿王妃"，也就是武惠妃和皇帝李隆基共同的儿子李瑁的妃子杨氏，姿色冠代。出主意的是谁？宦官的首领高力士。于是，杨氏被授意自请离开寿王府为女道士，法号"太真"，再以女道士的身份进入皇宫。杨氏的这个曲线入宫的方式，在今天看来，无异于掩耳盗铃，以为天下人都是傻瓜吗？但在当年，却并没有引起人们太多的关注。其一，这个故事的前因与后果，开始的时候只有极少的几位当事人知道。其二，在当年，女孩子出家为女道士乃是时髦的事情，寿王李瑁的两个姑姑、父皇李隆基的两个妹妹，金仙公主、玉真公主就是双双离开公主府第为女道士的。其三，当年的和尚、道士、尼姑、女冠进出皇宫，乃是十分平常的事情。其四，一百年前，高宗皇帝将侍候了父亲太宗皇帝十多年的才人武氏召入皇宫，立为皇后，成就了一代女皇。比起这个故事，玄宗皇帝把进入寿王府不久的儿媳"寿王妃"召入皇宫，也算不了什么大事。

但是，杨氏由"寿王妃"演变成为"杨太真"起于何时，却至今是一个谜。《新唐书·玄宗纪》记，开元二十八年十月："幸温泉宫，以寿王妃杨氏为道士，号太真。"也就是说，杨贵妃是开元二十八年开始受宠的，地点在温泉宫，也就是著名的骊山北麓的"华清池"。但是，另外的记载却使这个时间扑朔迷离起来。

新、旧《唐书·后妃传》的"武惠传"说，开元二十五年五月，武惠妃做了一件歹毒的事情，和李林甫等人勾结，构陷太子李瑛等，至其被废并赐死。半年之后，武惠妃病逝。但是，同是新、旧《唐书·后妃传》，在杨贵妃的传记中，却说"开元二十四年，惠妃薨"。武惠妃、杨贵妃二传前后相连，不知为何在武惠妃死的时间上出现如此不应该出的矛盾。

十分有可能的是，在武惠妃死前，也就是在开元二十四年，杨氏为"寿王妃"后不久，她的天生丽质已经有人报告给了李隆基，已经为唐玄宗所"幸"。武惠妃不但已经开始失宠，而且皇帝的新欢还是自己儿媳妇。武惠妃或许正是在这种刺激下去世的。史家既为唐玄宗讳，又希望留下一些痕迹，所以有意识地留下武惠妃死期的矛盾。

当然，不管杨贵妃是在开元二十四年还是二十八年开始受宠，从此以后的李隆基，便再也离不开这个女子了。正如白居易《长恨歌》所说："春宵苦短日高起，从此君王不早朝。"

有李林甫在外安排，有杨贵妃在内侍候，李、杨二人的"男女混合双打"，把曾经励精图治的李隆基彻底改造成为贪图安逸的李隆基。但是，皇帝李隆基的表现，其实代表着全社会的表现，是一种上下互动的对安逸生活的追求。从皇室贵族到平民百姓，从富商地主到樵夫渔父，都赶上了难得的好日子，所以也都在追求过好日子。这也是唐朝以来真正的最好的日子。

四、营州"杂胡"

但是，"居安思危"四个字的提出，却是建立在无数次"乐极生悲"的实例之上的。就在唐朝的上上下下都沉浸在享乐之中的时候，一股颠覆这一"大好形势"的力量正在迅速形成。

开元二十四年，被后来的人们视为唐玄宗李隆基统治的转折点。因为在这一年，李林甫开始为首相，意味着李隆基政治意志消退、追求安逸享受的开始；同样在这一年或稍后一两年，杨贵妃入宫，李隆基开始沉醉于这个安乐窝中；还是在这一年，有一个人物开始引起了人们的关注，此人名叫安禄山。

《旧唐书》说："安禄山，营州柳城杂种胡人也。"（《旧唐书·安禄山传》）这一说法为各种史料所采纳。《新唐书》说安禄山之母为突厥女巫。这位女巫在轧荦山祈子，并在武则天长安三年（703年）正月初一生下了安禄山。这又是一个从原始到文明的民族只知其母不知其父的故事，如同当年姜嫄践巨人之迹而生下周之始祖弃、简狄吞玄鸟之蛋而生下商之始祖契一样离奇。由于是在轧荦山祈祷而得子，所以这个小孩就被取名为"轧荦山"。"轧荦山"在突厥语中为"斗战神"，安禄山的母亲选择这座山祈子，并将儿子取名为"轧荦山"即"斗战神"，代表着草原民众对儿子的共同期望。不仅如此，这位母亲还为儿子的出生编造了更加奇异的神话，这个神话或者成为后来安禄山一切行为的精神力量："光照穹庐、野兽尽鸣，望气者言其祥。"（《新唐书·安禄山传》）

后来的人们从安禄山的体貌认为，安禄山的父亲应该是来自西域的康姓"胡人",更有可能是来到突厥经商的粟特"胡商"。父亲为西域胡人,母亲为突厥人,安禄山自然属"杂胡"。后来,安禄山之母携其嫁入安姓家族,又迁徙到唐朝管辖的营州柳城,以"安"为姓,取名"禄山"。在唐朝,无论是"安"姓还是"康"姓,大抵都出自"西域"。而营州柳城则在现在辽宁西南部的朝阳一带,本属"东胡"契丹、奚等民族的活动区域。

根据中外学者的研究,安禄山实为"粟特"人,而"禄山""轧荦山"在粟特语中为谐音,意指"光明"。"粟特"位于今中亚乌兹别克和塔吉克斯坦,国都则在乌兹别克的撒马尔罕一带,唐朝概称为"西域"。"安""康"等族的活动地域也在这一带,民族习性和粟特相近。由于地处东西亚交通的枢纽,这一地区民族的共同特点是善于沟通、经营,且能歌善舞。

从安禄山的身世,可以看出"五胡十六国"及南北朝时期的民族冲突和融合到隋唐时期仍然在延续,这也是隋唐大一统的重大特征。正是在这种民族融合的过程中,才会发生当时大量人物身世扑朔迷离的情况,安禄山是这样,我们上一集说到的李白同样是这样。

复杂的身世及母亲的影响,造就了安禄山的忍辱负重、狡诈多智,他善于窥测人心,善于语言表达,而且通晓六种语言,成了远近闻名的经纪人,当时被称为"互市郎"。这仅仅是安禄山的一面,是粟特人的一面。安禄山还有另一面,是他生在突厥、长在突厥的一面,这一面是好勇斗狠,是"斗战神"的一面。安禄山一面做着经纪人,一面干着斗殴偷盗的勾当。和安禄山一样既是经纪人又斗殴偷盗的,是比他早一天出生,后来共同摧毁"开天盛世"的好朋友史思明。

史料记载说,安禄山因为盗羊被捕,竟然惊动了当时的幽州节度使张守珪。当张守珪下令要将安禄山斩首时,安禄山竟然大声呼喊:"公不欲灭两蕃邪,何杀我?"(《新唐书·安禄山》)张守珪感于这个"杂胡"的勇气,又见其身材雄伟、皮肤白净,起了爱才之心,将其收至帐下，与史思明等人为"捉生将"。"捉生将"的使命，是深入北边的突厥、契丹、奚等族，捕捉人口。有一次，安禄山一行五人，竟然抓回几十个契丹人。张守珪大吃一惊，对安禄山更加刮目相看，并将安禄山收为养子。几年之后，三十多岁的安禄山已经是平卢讨击使、左骁卫将军，成为唐军中的高级将领。

　　在一次讨伐契丹的战斗中，安禄山因恃勇轻进而败，按律当斩。但张守珪既惜安禄山是个人才，又有养父子感情，故将安禄山送到京师长安，说是请求朝廷决断，实为请求朝廷的宽宥，以堵住属下口舌。这件事情发生在开元二十四年二月，此时李林甫已经为相，但首相还是张九龄。张九龄主张按律将安禄山斩首，原因不仅仅是安禄山的"失律"。所谓"将在外，君命有所不受"，所谓"兵者诡道"，在中外军事史上，还找不到一位从来不"失律"的名将。张九龄力请将安禄山处死的真正原因，是他认为安禄山有"反骨"，此时不除，必遗后患。

　　但是，连张九龄自己也没有想到，他的这番话竟然是一语成谶。二十年后，正是这位安禄山，活生生地将唐朝的江山捅了一个天大的窟窿，使唐朝的"开天盛世"猛然坍塌。

第二十一讲 安史之乱

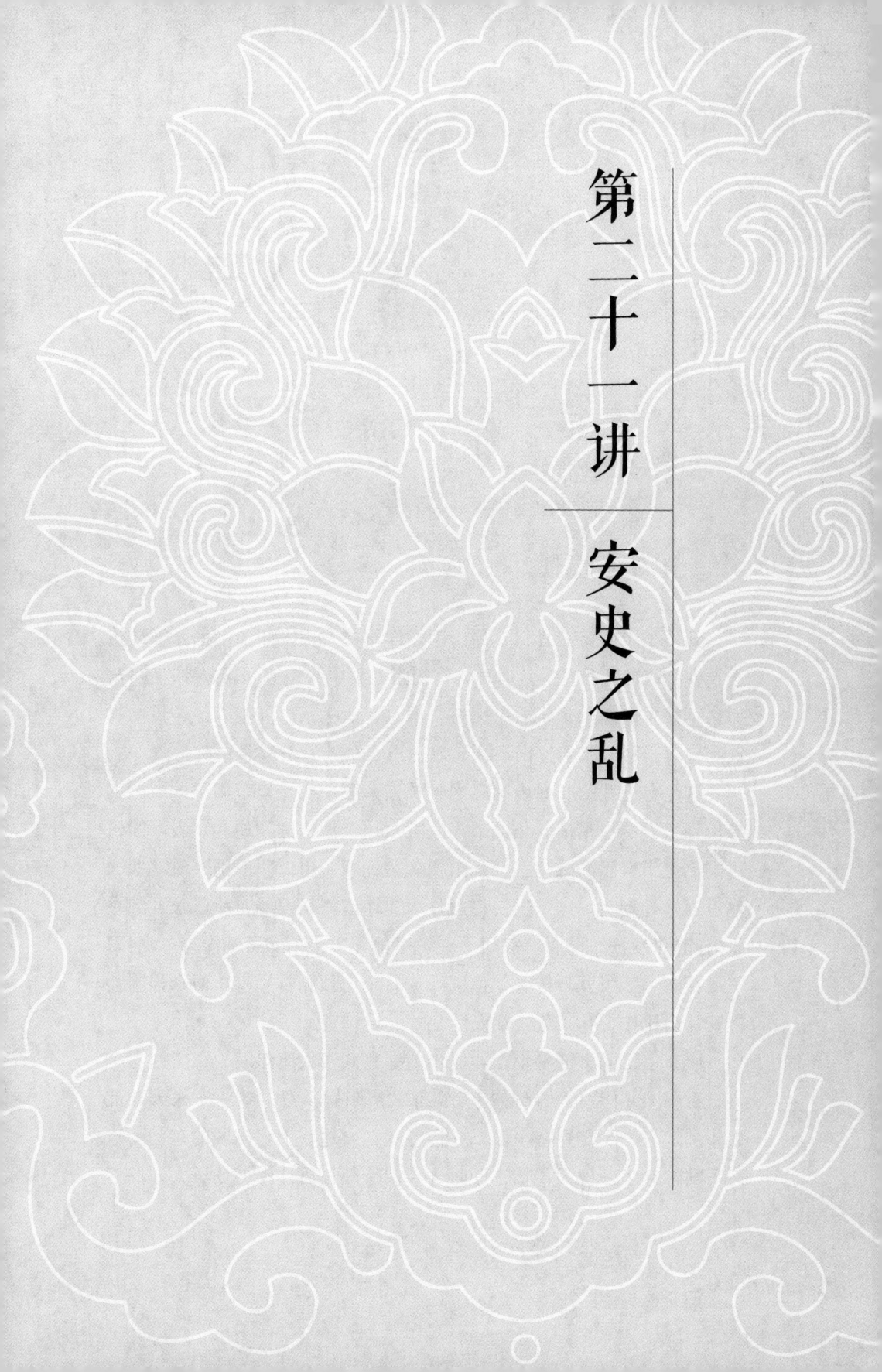

一、十节度使

开元二十四年二月,安禄山因贻误军机,被幽州节度使张守珪遣送长安,请求朝廷发落。当时的首相张九龄主张按律问斩,并且警告,如果不处置安禄山,将后患无穷。但是,唐玄宗李隆基以他一贯的大气和包容,释放了安禄山,让其以"白衣"的身份戴罪立功。

这是有记载的安禄山第二次到长安,第一次是以范阳"偏校"的身份到长安奏报军情。张九龄当时就对这个傲慢的"胡儿"看不惯,对同僚说了自己的感觉:"乱幽州者,此胡雏也。"但别人没有罪,你也不好处理啊。这一次安禄山是以违律遣送长安的,所以张九龄主张借此消除后患。但唐玄宗问了一句:"卿无以王衍知石勒而害忠良!"(《新唐书·张九龄传》)你别因为有王衍预测石勒事,便牵强附会把安禄山比作石勒,冤枉好人!

唐玄宗说的事情发生在400年前。晋武帝太康年间,正值西晋全盛,有一个14岁的少年随族人到都城洛阳做生意,第一次来到如此繁华的地方,少年兴奋至极,一边呼啸,一边登上洛阳城的东门。这声呼啸惊动了一位大人物,即时为黄门侍郎,后任中书令、太尉的玄学家王衍。王衍当时正在洛阳，目睹了这件事，立即命人抓捕，但小孩已经出了洛阳城。王衍无奈地摊了摊手："吾观其声，视有奇志，恐将为天下之患。"（《晋书·石勒传上》）这个少年，名叫石勒。若干年后，是刘渊、刘聪、刘曜父子攻灭西晋的重要帮手，把中原搅乱得一塌糊涂。但是，无论是玄宗，还是坚决要求处决安禄山的张九龄，都万万没有想到，二十年后，正是这位安禄山，活生生地将唐朝的江山捅了一个天大的窟窿，使唐朝的"开天盛世"猛然坍塌。

经历了这一次的风险，安禄山变得比过去低调了一些，并且在唐朝对契丹和奚人的战争中取得了一些战功，由平卢"讨击使"升为"平卢兵马使"，并在天宝元年为"平卢节度使"，成为唐朝最早设置的十大节度使之一。

说到这里，需要对开元、天宝时期唐朝的一项重大军事改革加以说明。由于长年用兵，从武则天时代开始，临时性的"行军大总管"有了长驻边镇的趋势，边镇驻军也逐渐增加。到睿宗李旦，特别是玄宗李隆基的开元时期，陆续在沿边设置"节度使"，作为战区的最高军事长官，每个节度使都"节制""调度"多个军镇，"节度使"之名也由这个职责而来。到天宝元年，唐朝已设有十个节度使，根据《旧唐书·地理志》的记载，自东北向西南，排列如下：

一、平卢节度使：驻营州（今辽宁朝阳），临制东北的室韦、靺鞨等族，兵员17,500（实34,800）人、马5500（实5300）匹。

平卢节度使从范阳节度使中分出，是十大节度使中最靠东北的一个。营州是安禄山的生长地和发迹地，"平卢节度使"的设置，既是形势的需要，也是为了安置资历较浅而又善于经营的"胡将"安禄山。靺鞨为当时东北的一个重要民族，是女真族在唐朝的名称，居住在黑龙江一带的被称为"黑水靺鞨"，居住在辽东一带的被称为"渤海靺鞨"；室韦为"契丹之别类"，是后来蒙古族的重要族源之一。

二、范阳节度使：治幽州（今北京），所以又称幽州节度使，临制契丹、奚族等，兵员91,400（实93,500）人、马6500匹。

这是兵员最多也是最有势力的节度使，说明契丹的崛起已经引起唐朝的高度重视。也正是这个契丹，不断深入河北地区，并且建立了占据"燕云十六州"、长期压制五代与北宋的"辽"。

三、河东节度使：治太原（今山西太原），临制突厥等族，兵员55,000（实65,000）人、马14,000（实14,800）匹。

四、朔方节度使：治灵州（今宁夏灵武），临制突厥等族，兵员64,700人、马4300（实9600）匹。

五、河西节度使：治凉州（今甘肃武威），隔断突厥、吐蕃，兵员73,000人、马19,400匹。

河西节度使定额兵员仅次于范阳节度使，加上河东、朔方二节度使，皆以防范突厥为主，可见东突厥虽然在贞观时期遭受重挫，其势力仍然不可轻视。

六、安西节度使：治龟兹（今新疆库车），统辖龟兹、焉耆、于阗、疏勒四镇，兵员24,000人、马2700匹。

七、北庭节度使：治庭州（今新疆乌鲁木齐东北的吉木萨尔），防御西突厥及其他民族，兵员20,000人、马5000匹。

安西、北庭二节度使是唐朝经营西域的重要力量，但兵员配备显然不足。这既使后来唐朝在与"大食"即阿拉伯帝国争夺中亚时处于下风，也可以看出由于远离中原，经营之不易。

八、陇右节度使：治鄯州（今青海乐都），防御吐蕃，兵员70,000（实64,000）人、马10,600（实19,900）匹。

陇右节度使的兵员定额仅次于范阳、河西，加上河西、剑南二节度使，为防御吐蕃，可以看出吐蕃在当时的发展势头。

九、剑南节度使，治益州（今四川成都），防御吐蕃，弹压西南，兵员35,000人、马2000匹。

十、岭南经略使（后改为节度使）：治广州（今广东广州），绥靖诸越,兵员 14,400 人。

二、暗潮涌动

从开元至天宝年间十大节度使的设置,可以看出唐朝的"迫不得已"。十大节度使中的九个,是为了防御来自北边和西边的游牧民族。联系到秦汉大一统之后的"匈奴"、西晋统一之后的"五胡",以及隋唐时期的"突厥"及契丹、吐蕃、回纥等,特别是此后的女真、蒙古,可以看出这样一个事实:以黄河、长江两大流域为中心的农业民族及以其为主体建立的中原政权,始终面临着北边、西边游牧民族的挑战。一方面,自春秋、战国以来,随着人口的增长,农业民族一直在蚕食或挤压游牧民族的生存空间。另一方面,中原地区农业民族的文化、物产,对于北边、西边游牧民族具有极大的诱惑力;而游牧民族的天性,是"游",是"牧",是不断在动态中寻找财富、占有财富,对农业民族造成威胁。

这可以说是制约中国古代社会发展的极为重大的因素,是中原农业民族和政权必须面对的"民族关系"和"国际环境",无法回避。从秦汉大一统,到隋唐大一统,中国统一多民族国家的形成和发展,中国高度的中央集权和君主制度的建立,均与这一因素有重大关系。没有强大的统一国家和集权制度,无法抵御北方民族的持续南下。从这一点来说,完全应该理解当年汉武帝在政治一元化的同时,推行经济一体化政策,也可以理解此后的周世宗柴荣和宋太宗赵光义,为何一有机会,就希望夺回"燕云十六州"。

沿边十大节度使的设置,有其特定的意义,既是对周边民族的一种震慑,也是在形成一种军政合一的管理制度。到唐朝后期,节度使更成为地方一级行政区划,所以《旧唐书》将其列入《地理志》。但是,任何事情都有它的两重性。节度使的设置,特别是边境地区的大量驻

军,至少在两个方面违背了唐朝"朝廷"对军队的控制原则,从而成为后来爆发"安史之乱"的"制度"因素:

第一,"居重驭轻"的原则。从唐高祖李渊到唐太宗李世民,乃至到武则天时代,京城长安及东都洛阳一带,都驻有重兵,一旦地方或边境发生危机,中央直接控制的军队可以居于压倒的优势。这也是武则天临朝听制时,尽管多处发生兵变,但中央大军一出便迅速平定的重要原因。节度使的设置及边境驻有重兵,使得中央与诸边之间的兵力对比发生变化,北部、西部的八个节度使共兵力近50万,中央未必"重",而地方未必"轻",乃至"外重而内轻",这就造成了极大的隐患。

第二,"兵农合一"的原则。唐朝继承西魏、北周以来在"均田制"基础上建立的"府兵制",均田制下的农民有服兵役、徭役的义务,是为"征兵制"即"义务兵",国家军费开支相对较少。随着人口的增长和贫富不均的扩大,土地的私人占有对均田制产生巨大的冲击,以均田制为基础的府兵制难以维系。所以,作为"义务兵"也就是征兵制下的府兵,逐渐被"募兵制"的"雇佣兵"所取代。十大节度使之兵,多为"募兵",既增加了财政负担,更加深了军士对将领的依附关系,朝廷养军队,但军队却听命于节度使。

这是我们所说的造成"安史之乱"的"制度因素"。而从安禄山本人来说,第一,在多次往返于边镇与洛阳、长安的过程中,以及在长安居住的日子里,安禄山目睹了中原大地的富庶、洛阳长安的繁华、宫中生活的奢侈,特别是正在进入暮年的皇帝和风华正茂的贵妃的醉生梦死,由此也窥测到大唐皇朝这个庞然大物经济繁荣掩盖下的兵备空虚。

第二,"出将入相"一度是唐朝的"常态",高宗时代的李𪟝、武则天时代的姚崇,都是出则领兵、入则为相。李林甫为了巩固自己的地位,主张边将,弃用汉将,以避免入朝与自己争权,从而为安禄山及其他民族将领扩大势力提供了便利。杨贵妃的族兄杨国忠为相之后，极力主张剥夺安禄山的兵权乃至将其铲除。这本为良策，但杨国忠这样做的目的，却是为了与安禄山争宠。所以，剥夺安禄山兵权的计策并没有奏效。杨国忠却通过各种方式，希望逼迫安禄山造反，以证实自己的"先见之明"。李林甫、杨国忠可以说是进行了一场将安禄山推向造反的接力。

第三，在安禄山集团的内部，也正在形成一股力量，推动安禄山与唐朝分庭抗礼乃至取而代之。核心人物，倒不是少数民族的将领，而是以高尚、严庄为首的汉族文人。高尚年轻的时候在各处游学，善长文学，工于谋略，常有怀才不遇之感，曾私下和好友交流："当作贼死，不能龁草根求活也。"（《新唐书·高尚传》）哪怕是造反而死，也不能窝窝囊囊过一辈子。这就是动乱因素了。高尚也确实有些本事，所以总有人乐意推荐，并由唐玄宗的大内总管高力士推荐给了安禄山。高力士的本意是爱惜人才，想给高尚一个建立边功、出人头地的机会，但做梦也没有想到给安禄山送去了一个策动造反的主谋。高尚到平卢后，做了安禄山的"掌书记"，参谋兼文书，深受宠信，和"孔目官"即公文出纳官严庄密谋，向安禄山讲述历代开国君主的故事，自然少不了要讲少数民族首领，如西魏的实际创建者宇文泰的故事，如统一中国北方的北魏太武帝拓跋焘、前秦皇帝苻坚的故事，乃至杨坚、李渊创建大隋、大唐的故事，同时通过图谶、祥瑞等，向安禄山灌输建立帝业的"天意"。而到中原去，到繁华的洛阳、长安去，正是长年居住在北陲边境的汉族和少数民族将士们梦寐以求的事情。

三、英主昏君

在这些因素的推动下，安禄山为叛乱做了大量的"前期准备"：第一，以粟特经纪人的头脑，建立关系网，扩大势力。在安禄山的关系网中,将包括皇帝李隆基和杨贵妃在内的相关人员,几乎一网打尽。尽管有人也在唐玄宗面前提醒对安禄山要保持警惕,但所有到平卢、范阳考察的官员,回到京城,统统说安禄山的好话。在唐玄宗改元"天宝"之后的十多年里,安禄山先是为平卢节度使,其后身兼平卢、范阳、河东三镇节度使,拥兵20万。这些都是合法的军队,由唐朝的军饷养着,却是安禄山起兵的基本力量。

第二,以突厥斗战神的精神,网罗死士,构建战争机器。我们排列一下安禄山集团的骨干名单:张通儒、李廷坚、平洌、李史鱼、独孤问俗为幕府,高尚典书记,严庄掌簿书考核,阿史那承庆、安太清、安守忠、李归仁、孙孝哲、蔡希德、牛廷玠、向润客、高邈、李钦凑、李立节、崔乾祐、尹子奇、何千年、武令珣、能元皓、田承嗣、田乾真为大将,贾循、吕知诲、高秀岩分别居守范阳、平卢、大同。在这个名单中,朋友们熟悉的可能只有尹子奇、田承嗣等人。尹子奇攻睢阳,与睢阳守将许远、张巡血战;田承嗣降唐之后,成为"河北三镇"中最强硬的魏博镇节度使。但这二人只是安禄山麾下众多将领中的两位。

第三,筑垒范阳,号"雄武城",以为屯兵积谷之地。安禄山收养了铁勒族的同罗部以及奚族、契丹族约八千精壮之士为"假子"即义子,称为"曳落河",这是突厥语的"壮士",又将家奴中擅长骑射者组织起来。安禄山通晓各族语言,对各族的"曳落河"即壮士嘘寒问暖、倍加体恤。这些是安禄山的私人军队,效忠的是其个人。同时,购得来自塞北及西域良马三万匹、牛羊五万头,以备战时之用。

第四,罗致"胡商""胡贾",出入边境,往来各地。安禄山既为粟特人,又曾为"互市郎",与中亚商人有着广泛的联系,让"胡商""胡贾"购买珍奇异物,用以讨好皇帝、贵妃及朝中权贵;购买锦缎、布帛等物品,用以犒劳将士、储备军需。

我们可以相信,安禄山所做的这些事情,未必在一开始就是为着"叛乱",更多的是为了扩充实力,但随着形势的变化,逐渐成为目标明确的"叛乱"准备。而所有这些，也并非没有人向朝廷报告，杨国忠断言安禄山必反，也是基于各种报告的分析。但被安禄山关系网笼罩的唐玄宗，却对表面上憨态可掬的安禄山信任有加，认为一切报告都因嫉妒对安禄山的信任、歧视安禄山是"杂胡"所致。

"英主"和"昏君"，原来只是隔着一张关系网，一张被假象蒙住眼睛、固执己见的关系网。当然，绝不能排除另外一种可能，那就是随着时局的发展，唐玄宗对于安禄山的图谋已经洞若观火，但已经无法掌控形势，只得温言厚赐，企盼其改弦易辙或延缓其反，企盼其发生意外而祸害消弭。这个时候的唐玄宗，严格地说已经内外失控，内失控于宰相，外失控于镇将，只能听天由命。当然，幻想毕竟是幻想，形势却在不可逆转地发展。

天宝十四年（从天宝三年开始，不叫"年"，而叫"载"，我们仍然按习惯称"年"）十一月初九（甲子日），公元755年12月16日，安禄山以奉唐玄宗密诏讨伐杨国忠为名，在范阳起兵15万，号称20万，大举南下，一场被称为"安史之乱"的大规模战乱爆发了。有记载说当时的情形：

> （安）禄山乘铁舆，步骑精锐，烟尘千里，鼓噪震地。时海内久承平，百姓累世不识兵革，猝闻范阳兵起，远近震骇……所过州县，望风瓦解。（《资治通鉴·唐纪》）

这个时候，71岁的唐玄宗李隆基，正和37岁的杨贵妃一道，在骊山的华清宫即温泉宫，享受着冬天里的春天，欣赏着亲自创作的《霓裳羽衣曲》。安禄山起兵的七天后，告急文书送到了华清宫的御前。白居易的诗句十分传神地描绘了当时的形势："渔阳鼙鼓动地来，惊破霓裳羽衣曲。"

虽然所有记载都说，唐玄宗开始并不相信安禄山真反，其实是抱着侥幸之心宽慰自己。在得到安禄山叛乱的准确消息之后,唐玄宗和宰相们商议破敌之策。接替李林甫为相三年的杨国忠,十分佩服自己的先见之明,"扬扬有得色",并且断言:"反者独禄山耳,将士皆不欲也,不过旬日,必传首诣行在。"(《资治通鉴·唐纪》)如此既不知己又不知彼的狂言,正迎合了李隆基的侥幸心理。

根据对叛军的了解和一段时间的战况,几乎所有的高级将领对形势的认识都越来越清楚,他们包括:先后任安西节度使的高仙芝、封常清,身兼陇右、河西二镇节度使的哥舒翰,在后来平定"安史之乱"中居功至伟的郭子仪、李光弼。他们都主张避敌锋芒,固守潼关,在稳定关中的同时,调集西北各镇兵马,挺进河北、河南,和当地正在抵挡叛军的军民一道,袭击叛军的后方,切断叛军的供给。时间一长,叛军必生内乱,那时一鼓歼之,叛乱必平。他们同时警告,内地百年承平,民不知兵,兵不知战,如果驱未经训练之兵,与凶悍的叛军正面争锋,后果不堪设想。这五位当时最为著名的将领中,高仙芝是高句丽族,哥舒翰是突厥族,李光弼是契丹族,我们于此也可以看出唐朝的"大国气象"。

但是,所有将领的判断和陈说,都无法改变唐玄宗的行为。一千多年后毛泽东在《论持久战》中所批评的"速胜论"和"亡国论",竟然在唐玄宗应对"安史之乱"中表现得淋漓尽致。唐玄宗李隆基亲政以来,事事顺心,太过安稳,他无法接受安禄山的反叛,希望这是一个恶作剧的传闻,他不能容忍安禄山破坏大唐的"大好形势",希望迅速扑灭这场动乱。一句话,希望"速胜",希望以此来挽回自己的面子。于是,连连自毁长城。临危受命的前安西节度使封常清,带着一帮新招募的市井之徒,虽然丢失了洛阳,却屡败屡战,对叛军进行节节抵抗;曾经带兵在中亚和大食军队血战,此时奉命为副元帅的高仙芝,和封常清一道,力主坚守潼关。结果,二人双双被唐玄宗命监军的宦官斩于军前。接替高仙芝为副元帅的哥舒翰,同样主张坚守潼关,却被严令出关与叛军决战,结果全军溃散,本人被俘,潼关失陷。

潼关的失陷在天宝十五年即公元756年农历六月初九日;三天后,六月十二日,唐玄宗李隆基来到久违的"勤政楼",向人们宣布,他将"御驾亲征"。看着老态臃肿的皇帝,鬼也不相信他能御驾亲征。果然,第二天早上,有官员照常早朝,宫门一开,却见宫女们蜂拥而出,说皇上、贵妃都不见了。消息传出,从王公贵族,到普通百姓,整个长安城乱成一团麻,城里的往城外涌,急于逃命。没想到城外竟然有人往里跑,跑到皇宫,跑到王府,跑到达官富人之家,行偷盗抢劫之事。

叛军未到,皇帝却不见了。长安内外,一片混乱。

四、马嵬兵变

伟大的唐玄宗李隆基到哪里去了?一夜之间,唐玄宗由"速胜论"沦为"亡国论",至少是"逃亡论",带着贵妃杨氏姐妹、宰相杨国忠及其他几位亲信官员,带着太子李亨及在宫中的皇子、皇孙等,由"龙武大将军"陈玄礼率军保护,出了长安,向西而行。当晚,在距离长安八十多里的金城县城住下。日行缺粮,夜宿无灯,惶惶如丧家之犬。金城原名始平,因为中宗李显时以宗室之女金城公主和亲吐蕃,金城公主曾在此落脚,故改名金城。

第二天,皇帝、贵妃一行继续西行,来到距离县城二三十里的马嵬驿,进驿站歇脚。扈从将士都是被临时调集保护皇帝出城,来不及和亲人告别,也不知道要到哪里去。但人们一致认为,国家的事情到这种地步,都坏在杨氏之手:杨贵妃在内迷惑皇帝,杨国忠在外独揽大权,而且,整个杨氏家族都在鱼肉百姓。愤怒的士兵杀了宰相杨国忠及贵妃的几个姐姐,又包围了驿站,要求皇帝处置贵妃。皇帝李隆基拄着手杖出了驿站,和士兵们对话。见到如此落魄、老态尽现的皇帝,士兵们反倒说不出话来,但也不肯离开,只是把驿站团团围住。

唐玄宗返身回到驿站内，倚着手杖站立半天，问高力士：贵妃常居深宫，从不干预朝政，今日之事，与她何干？唐玄宗说的是实话。杨贵妃不但美貌，而且"善歌舞、通音律，智算过人"（《旧唐书·后妃传》），所以深得李隆基的宠爱，一门尽享富贵。但是，贵妃本人和历史上一切被视为"祸水"的女子并不一样。第一，她从来没有过分的要求，比如要名正言顺做皇后，搅乱皇宫；第二，她没有因为自己没有小孩而认养一个皇子并要求立为太子，引发内部杀戮；第三，没有任何记载说她干预皇帝的人事任命，干预皇帝对重大事情的决策；第四，虽然做了贵妃，但她并不一味讨好皇帝，而是有自己的个性，两次因为得罪皇帝被送出宫去。她的唯一罪行，是既漂亮又会玩，且充满活力。这是所有男人都喜欢的好女人，能够怪她吗？但是，杨贵妃最终还是在唐玄宗的默许之下，被活活勒死于马嵬驿中的佛堂之内，并且将尸体陈列在驿站的庭院之中，让乱军验尸。

人们可以斥责所有与"亡国"相关的女人，但对杨贵妃却是充满着同情和惋惜，不但是因为她承担了不该由她承担的责任，而且是被白居易称为"在天愿作比翼鸟，在地愿为连理枝"的男人所抛弃，尽管这种抛弃是"迫不得已"。因为高力士的一句话，让唐玄宗下了决心："将士安则陛下安。"（《资治通鉴·唐纪》）言下之意是，贵妃在则将士不安，将士不安则陛下不安。

曾经是热血青年的李隆基，此时不但对他深爱的女人不负责任，也对他深爱的国家不负责任，更对民众不负责任。当时的金城县治就在马嵬，所以，当金城县的父老们知道皇帝又要从马嵬驿西行时，数千人遮道，说陛下此去，难道真的不顾百姓的生死，不顾大唐的存亡，不顾祖陵的安否？但是，不管"父老"如何陈说大义，李隆基什么也不顾，他顾的只是自己逃命，留下太子李亨和父老敷衍，自己自顾前行。

幸亏太子李亨有两个不错的儿子，广平王李俶、建宁王李倓，二人力劝父亲顺从父老的请求，举起平叛的大旗，给大唐军民重新点燃起希望。父子三人带着两千多人，与父亲、祖父分道扬镳，奔向灵武，也就是朔方镇的所在地灵州。天宝十五年七月，李亨在当地文武官员的拥戴下，自称为帝，改年号为"至德"，这就是后来的唐肃宗，遥尊尚在前往成都路上的唐玄宗为"太上皇"。

李亨此举，被恪守"道义"的人们称为"不孝"，因为是逼父亲让位。有人认为，所谓"马嵬兵变"，其实是李亨和他的两个儿子一手策划，所以有"马嵬涂地，太子不敢西行"（《旧唐书·后妃传》）之说。但是，在当时人心动摇、天下动荡之际，李亨挺身而出，对于稳定大局，组织对叛军的反击，无疑起了重大作用。

那么，李亨将如何组织起对安禄山叛军的反击，又如何收拾被叛军冲击得七零八落的"大唐"江山？

第二十二讲 元气难复

一、胜负之间

"安史之乱"爆发后才半年多,唐玄宗李隆基就由"速胜论"转变为"亡国论""逃亡论",一口气由长安逃到了成都。但是,唐玄宗的逃亡,客观上对平定"安史之乱"却是重大贡献。如果潼关失守之后,71岁的唐玄宗继续窝在长安,不逃不走,表示要和长安共存亡,如果被叛军杀害或俘虏,不管他愿不愿意,关于大唐天子投降、大唐天子臣服大燕、大唐天子要求唐朝军民就地放下武器停止抵抗的诏令,将由安禄山叛军颁布天下,对于将唐玄宗奉为神明的大唐军民的斗志,将是致命打击。在当时,只要李隆基这个老祖宗还健在,不管在哪里,他都是大唐的定海神针。

皇帝李隆基向西南跑,太子李亨即后来的唐肃宗则向西北跑,跑到朔方镇所在地灵武即今宁夏银川南边的宁武。虽然父子二人跑的距离差不多,但灵武是唐朝的西北重镇,是朔方节度使所在地,军事地位与成都不可同日而语。特别是到灵武之后,李亨自立为帝,对于此后形势的发展具有更为重大的意义,它宣告唐朝皇帝完成了新老交替,宣告唐朝将以新的态势应对新的形势。老子在成都掌舵,儿子在灵武坐台，以示后继有人。

叛军虽然占领了洛阳、长安，安禄山还在洛阳建号"大燕"，但是，正如我们前几集所说，从唐朝建立到"贞观之治"，再到"开天盛世"，近一个半世纪里，唐朝已经建立起了高度的"国家认同"和"国际认同"。虽然由于承平日久，民不知兵，兵不知战，战火一起，河北、河南"望风瓦解"，安禄山叛军在短期内取得了极大的军事成功，但由于这个"国家认同"，使得中原大地的官员和军民在稍稍缓过一口气之后，迅速组织起来，对叛军进行顽强抗击，他们只认同李氏"大唐"而不承认安氏"大燕"。也由于这个"国家认同"，使得正与叛军周旋的郭子仪、李光弼等人，以及一些正在迷失方向的军事将领，在得到李亨的召唤之后，立即赶赴灵武，表现出效忠唐朝、拥戴新君、与叛军血战到底的决心。这是其一。其二，唐朝的"国际认同"，使得周边的民族和国家同样难以接受一个突然冒出来的"大燕"，一旦"大唐"召唤，这些民族和国家愿意出手相助。其三，在长安建都并且有着辽阔疆域的唐朝，有和叛军周旋的足够空间和物资供给，西北的朔方、河西、安西、陇右等镇的军队，也陆续开赴战场，与叛军决战。正是这些因素，制约着此后事态的发展。

从整个"安史之乱"的过程看，有三件事情可以说是双方的"胜负手"。

第一件事，唐玄宗自毁长城。我们上一集说，为了挽回面子，唐玄宗李隆基气急败坏地希望"速胜"，不但处死了主张坚守潼关的封常清、高仙芝，并且逼迫同样主张坚守潼关的哥舒翰与叛军决战，导致潼关失陷，叛军进入关中，夺取长安。此时为天宝十五年（756年）六月，距离"安史之乱"的爆发仅仅六个月。几乎所有的记载都说，安禄山占据洛阳之后，唐玄宗一度打算让太子"监国"，自己"御驾亲征"，只是因为杨贵妃的劝阻而未能成行；而杨贵妃的劝阻是受杨国忠的指使，因为杨国忠担心，如果和自己有矛盾的太子掌权，将对杨氏家族不利。这个说法其实是让杨国忠给唐玄宗背黑锅。不要说此时的唐玄宗已非昔日之"三郎",早已没有"御驾亲征"的胆量,即使有这个胆量,也没有能力和安禄山的叛军抗衡,如果真的"御驾亲征",结果和哥舒翰没有两样。

　　第二件事,安禄山死于非命。天宝十五年(公元756年)正月初一,是安禄山54岁的生日。就在那一天,安禄山称帝洛阳,改元"圣武",国号"大燕",这时离起兵还不到两个月。但乐极生悲,本来就患有眼疾的安禄山,称帝之后不久竟然双目失明。我们可以想象,安禄山当时的心情是如何焦虑、心态是如何失常。苦心经营十多年,眼看就要梦想成真,却什么也看不见了。繁华的洛阳和长安,只能成为昔日的追忆;各族军民特别是大唐军民的顶礼膜拜,只能成为心中的感受。心情焦虑,心态失常,行为必然乖戾。原来那位对各族将士嘘寒问暖的最高统帅不见了,肆意滥杀成了安禄山的常态,叛军高层,人人自危。为了自保,也是为了稳定大局,鼓动安禄山起兵的两大主谋之一严庄,再一次成为主谋,策动安禄山的儿子安庆绪及贴身宦官李猪儿杀死安禄山,由安庆绪继位为"大燕"的皇帝。这件事情发生在唐肃宗至德二年(757年)正月,离安禄山称帝正好一年。叛军和唐朝一样,也经历了一次"新老更替"。但是,唐朝通过"和平过渡"的新老更替,改变了被动局面;叛军则通过"你死我活"的新老更替,开启了内部一而再、再而三的谋杀和动荡。此后,安禄山的搭档史思明杀安庆绪自立,史思明的儿子史朝义又杀父自立。叛军一次又一次的内讧,给了唐军一次又一次喘息和反击的机会。

　　第三件事,张巡、许远死守睢阳。

二、睢阳得失

　　说到睢阳,现在的人们大抵没听过,但说商丘,就熟悉了。睢阳在河南的东部，位于古睢水之北，故称"睢阳"。这里曾经是商族的故地，遂名"商丘"；又是春秋时期宋国国都所在地，所以唐朝名其为"宋州"；西汉时为"梁国"的国都，所以隋朝名其为"梁州"。"吴楚七国之乱"时，汉景帝的弟弟梁王刘武坚守睢阳，叛军被阻坚城之下，无法西进，被周亚夫截断粮道，全军溃败。唐玄宗天宝时，改"宋州"为"睢阳郡"，仍治睢阳。睢阳南扼依古睢水而开的睢阳渠，既是衔接黄河流域和淮河流域的枢纽，又为江淮的屏障，还是当时南北物资的集散地，战略地位十分重要。

唐肃宗至德二年（757年）正月，安庆绪弑父而立之后，以尹子奇为汴州刺史、河南节度使，率军13万，东进睢阳，以图江淮。这一部署表现出安庆绪谋主严庄的战略眼光，叛军中是有高人的。

当时唐朝主持睢阳防务的，是睢阳太守许远。许远是一位宽厚长者，也是行政好手，既爱民如子，又明习吏治，故深得民心，但军事并非所长。得知尹子奇进兵睢阳，许远向正在宁陵布防的张巡告急，请其合兵睢阳，共同抗击叛军。

张巡是开元末年的进士，从小博通群书，志向高远，尤其喜好排兵布阵之法，希望有朝一日报效国家。入仕之后，张巡先后为清河（河北今县）、真源（今河南鹿邑）两县的县令，治绩为天下最，名重一时。但是，张巡的行事风格和许远不同。许远以"宽厚"称，张巡以"节义"著称，行政从简，治吏从严。真源有豪吏，名叫华南金，网罗爪牙，把持县政，当地有民谚说："南金口、明府手。""南金"就是华南金，"明府"即官府，汉代指郡守，唐代指县令。民谚的意思是，豪吏华南金只要动动口，真源县衙就得出手为他办事。但遇上张巡，华南金算是遇上灾星。下车伊始，张巡即将华南金处死，余党不问，皆令改恶从善，一方大治。

安禄山叛军长驱南下之时，锐不可当。这时的唐朝，"国家认同"的"软实力"尚未表现出来，而投机政客却是任何时代都有。与睢阳郡南部毗邻的谯郡，也就是现在安徽亳州，尚未受到叛军的冲击，太守就按捺不住了，认为唐朝大势已去。真源是谯郡的属县，又处谯郡西北，所以谯郡太守命县令张巡代表谯郡、代表自己西迎叛军，以表忠心，可见其迫不及待。张巡整装待发，但并没有"西迎"叛军，而是在玄元皇帝庙哭祭李唐皇帝的先祖老子，发誓要与叛军血战到底。随后，张巡率部沿睢阳渠西进，先在雍丘抗击叛军，然后退守宁陵。宁陵（河南今县）是睢阳郡西部属县，东距郡治睢阳80里。为了集中兵力，谯郡真源县令张巡接受了睢阳郡太守许远的调遣，弃守宁陵，率部三千，入驻睢阳，与许远合兵，共6800人，加上其他一些部队，应该有万人，城中还有居民三万，共同抵御叛军。

张巡率部前脚进城，叛军前锋后脚就到。张巡激励将士，昼夜苦战，连续16天，杀死叛军两万多，擒获叛将六十多。睢阳军民，士气大振。早就听说张巡文武全才，果然名不虚传。许远是睢阳太守，地位高于张巡，年龄也稍长于张巡，但襟怀坦荡，真心实意请求张巡主持军务："远懦，不习兵，公智勇兼济；远请为公守，公请为远战。"（《资治通鉴·唐纪》）我是个读书人，生性懦弱，更不会打仗，张公智勇兼备，非我所及；睢阳战事，全仗于公，我做好守城的保障。张巡也十分感动，誓与睢阳共存亡。

尹子奇是安禄山麾下名将，转战华北，攻城略地，这次所率叛军，以铁勒、突厥等族勇士为骨干，大有踏平睢阳之势，没有想到竟然遭遇前所未有的挫败。连续半个月的猛攻，留下了两万多具尸体，睢阳城岿然不动。睢阳久攻不下，作为"伪燕"的河南节度使，尹子奇遂经略他处，但不久又卷土重来。张巡远远看去，多位叛军将领在阵前指指点点，打算实施"斩首行动"，却不知谁是尹子奇。怎么办？要不怎么说张巡足智多谋，他让人射出一支带着绢帛的箭，叛军以为这是城中的求降信，连忙交给尹子奇。目标锁定，神箭手南霁云一箭射去，正中尹子奇的左眼，城头唐军齐声欢呼。但是，由于距离过远，虽然射瞎了尹子奇的左眼，却没有能够穿透头颅。尹子奇忍痛，再次撤围而去。

尹子奇伤愈之后，调集数万人马，第三次围攻睢阳。不但要夺城，还要报一箭之仇。但是，此时的形势正在发生逆转。在东线，唐军与叛军之间可以说是进入了"相持阶段"，并呈狼牙交错、相互拉锯之势。同一座城市，今天被唐军收复，明天可能又被叛军夺去；另一座城市，今天还在叛军手上，明天可能就被唐军攻占。在西线，由于得到回纥及西北各镇的援助，唐军开始向京城长安发起进攻。所以，虽然张巡、许远坚守的睢阳难以得到周边友军的援助，尹子奇却也受各地唐军的牵制，既不能尽全力而攻睢阳，更不敢弃睢阳于不顾而长驱江淮。

张巡、许远及睢阳军民面临的真正考验，正是从这年（至德二年即757年）七月尹子奇第三次围攻开始的。整整三个月，叛军百计攻城，张巡、许远百计防御，战事之惨烈，出乎人们的想象。所谓杀敌一千，自损八百。叛军固然伤亡惨重，睢阳军民也同样付出了沉重的代价，守军由近万人减员到600人。更严酷的是断粮。睢阳本来有许远囤积的足够的粮食，但被调出一半接济他郡，每位将士的口粮控制在每天一合，按现在的重量就是一两多，夹杂着茶叶、麻纸、树皮，勉强充饥。但是时间一长，粮食完全断了，茶叶、麻纸、树皮吃光了，只能杀战马；战马杀光了，只好网罗麻雀、捕捉老鼠；雀鼠绝迹了，人相食也发生了。怎么办？有人提议，如此下去，城必不保，"留得青山在，不怕没柴烧"，不如弃城东去，以图再举。但张巡、许远坚决不撤，他们有他们的认识："睢阳，江、淮之保障，若弃之去，贼必乘胜长驱，是无江、淮也。"（《资治通鉴·唐纪》）睢阳为江淮的保障，睢阳失则江淮不保。何况，叛军围城，几百疲惫之师，能往哪里走？只有一条路，继续坚持，等待援军；即使睢阳最后失陷，也可以给增援军队留下时间。

至德二年十月初九日，叛军终于登上了睢阳城头，不是守军放下武器不抵抗,而是已经饿得、病得拿不起武器,甚至无法站立了。叛军占领的,几乎是一座空城,连战士加百姓不到一千人。张巡、许远和将士们一样,束手就缚,他们没有力量进行任何抵抗。其实,尹子奇的叛军此时也已经在丧失斗志,长安已经失守,唐军正向洛阳逼近。

三、艰难收场

尹子奇带着仇恨,以胜利者的身份进到睢阳,瞪着一只右眼,恶狠狠地问张巡,听说你每战必声嘶力竭、嚼碎钢牙,你的牙难道真是钢铸的,这么经得咬、经得嚼?张巡答道:"吾志吞逆贼,但力不能耳。"(《资治通鉴·唐纪》)我恨不得一口将你们这些逆贼咬碎,只是没这个力量而已。尹子奇大怒,命人用刀撬开张巡的口。但是,当杀人如麻的尹子奇看到眼前的这位铮铮铁汉,口中只剩下几颗残缺不全的牙齿之后,不禁心中一动,肃然起敬了。

尹子奇突发奇想,如果张巡能够归降自己,那该多好。当然,这只是尹子奇瞬间的想法,立即遭到叛军将领的反对,他自己也自嘲地摇摇头,张巡这样的人会投降吗?尹子奇最后成全了张巡。张巡和南霁云等三十多位将领一道,在睢阳被杀。

其实,唐朝军民对叛军的抗击,处处皆是。大书法家颜真卿在平原,其族兄颜杲卿在常山,都对叛军进行了拼命抵抗。一年之前,颜杲卿在常山抗御叛军,被俘后送到洛阳,因怒斥安禄山而被割去舌头。五百年后,文天祥将张巡、颜杲卿并列,称为"张睢阳齿""颜常山舌",写进自己的《正气歌》:"天地有正气,杂然赋流形……为张睢阳齿,为颜常山舌。是气所磅礴,凛然万古存。当其贯日月,生死安足论!"

睢阳虽然最终失陷,但三天之后,唐军重新夺回了睢阳;七天之后,安庆绪逃离洛阳,唐军收复东都。一度攻占睢阳的尹子奇,则在汴州的治所陈留即今日开封,被当地军民所杀。汴州和睢阳一样,重新回到唐军手中。此后,虽然战争有反复,但无论是安庆绪还是史思明,都没有能够跨越睢阳、染指江淮,张巡、许远和坚守睢阳的将士、百姓,用他们的血肉之躯,筑成了江淮的真正屏障,使江淮地区避免了一场大的劫难,江淮地区也为唐朝平定"安史之乱"及此后的统治提供了坚实的物资支持。为了表彰张巡、许远,长安的凌烟阁加上了二人及南霁云的画像,睢阳则为张巡、许远建起了"双庙",岁时祭祀。

但是,不同的声音也发出了。"安史之乱"平定不久,张巡的儿子张去疾上书唐代宗,说父亲张巡与许远同守睢阳,但有分工,睢阳城破时,叛军是从许远所守之处先登。这是其一。其二,尹子奇杀了张巡及其部下,许远及其部下却没有被杀。第三,张巡临死时曾长叹"可恨",尹子奇问:是恨我吗?张巡说:"恨(许)远心不可得,误国家事,若死有知,当不赦于地下!"张去疾在书中表示:我与许远不共戴天,请求追夺许远的官爵以洗刷张巡与其共事之耻辱。这个事情闹得有点大了,英雄被抹黑,张巡、许远的战斗友谊被质疑。唐代宗命尚书省集众官合议,并且让张巡的儿子张去疾、许远的儿子许岘参议。

文献上没有记载两位英雄的儿子是如何当面对质的,只是记载了最后的结论:张去疾抹黑许远的唯一理由,是张巡死而许远生。但许远本来就是睢阳太守,陷城以俘虏主将为功,这是惯例。所以,尹子奇杀张巡将许远送往洛阳,没有什么可怀疑的。如果按你张去疾的逻辑,在张巡之前死去的将士,也可以说张巡有降敌的嫌疑,你张去疾同意吗?况且,睢阳城破之时,你张去疾年纪尚幼,根本不知道事情的原委,更不知先人的艰难。自"安史之乱"以来,论忠论烈,有比张巡、许远更可歌可泣的吗?他们的事迹已载入史册,怎么可以捕风捉影,胡乱猜疑?

不知道由《新唐书·许远传》记下来的是否群臣合议的全部内部。

如果是，并没有回答张去疾的另外两个质疑：一、为何没有被杀的不但有许远，还有许远的部下，而张巡及其部下皆被杀；二，张巡和尹子奇的对话是否有其事？如果有，如何解释？如果没有，为何不否定？所以，此后仍然有人对此提出质疑。所以有人对于睢阳之战，只说张巡而不提许远。

长安、洛阳收复了，江淮保住了，"安史之乱"仍然在延续。一方面，安禄山虽然身死，但他打造了十多年的战车，却不是说停就可以停下来的。安禄山父子、史思明父子的骨肉相残、朋友相煎，既使叛军内乱不断，但又表现出"前赴后继"的势头；而由这场动乱挑动起来的本来就存在的民族之间的矛盾，更不是说平息就可以平息的，甚至有扩大的趋势。另一方面，在北方回纥族的帮助下，唐朝依靠西北诸镇的军事力量收复了两京，却被胜利冲昏头脑，唐肃宗李亨重犯父亲李隆基渴望"速胜"的错误，唐军多次遭到惨败，洛阳得而复失，平叛过程不断出现反复。这也十分正常，一场战争就像一场足球比赛，足球是圆的，双方都会犯错。

直到唐肃宗李亨去世、代宗李豫（原名李俶）继位后的宝应元年即762年10月，形势才发生根本性变化。唐军在回纥部的帮助下，再度夺回洛阳，史朝义从洛阳逃到河北，叛军的几位实力派人物，据守今河南北部的邺郡节度使薛嵩，据守今河北中南的恒阳节度使张忠志，和史朝义一起逃到莫州即今河北任丘的睢阳节度使田承嗣，先后降唐。广德元年（763年）正月，据守今北京一带的叛军范阳节度使李怀仙，在史朝义自杀后，将其首级送到长安，以示归降。"安史之乱"，终告平息。

所有这些消息，通过各种方式传遍各地，饱受"安史之乱"荼毒的大唐军民，欢呼雀跃。远在梓州即今四川梓潼的杜甫，欢喜若狂：

剑外忽传收蓟北,初闻涕泪满衣裳。

却看妻子愁何在?漫卷诗书喜欲狂。

白首放歌须纵酒,青春作伴好还乡。

即从巴峡穿巫峡,便下襄阳向洛阳。(《闻官军收河南河北》)

四、风光不再

但是,历时七年多的"安史之乱"所造成的后果,影响却十分深远。就唐朝的历史来说,"繁荣强盛"已成追忆;就中国历史来说,"开天盛世"成为"绝唱"。为什么这样说?

"安史之乱"造成的第一个也是最直接的后果,是人口锐减、社会残破。

什么样的战争对社会破坏最大?毫无疑问是旷日持久的拉锯战。玄宗天宝十四年即755年11月,安禄山范阳起兵,迅速攻占洛阳、长安;长安失陷一年多后,唐军夺回了长安、洛阳。但在此后的五年时间里,双方在中原大地反复争夺,轮番洗劫,洛阳也再度落入叛军史思明之手,直到唐代宗即位之后的762年才被唐军重新夺回。代宗广德元年即763年正月,史思明的儿子史朝义被传首长安,"安史之乱"勉强平息。如此的折腾,导致中原人口大量死亡、流亡,对社会经济造成极为严重的破坏。

仅以睢阳为例,战前有居民三万、军人一万,战后仅剩不到一千人,虽然史料记载说叛军战死十多万人并非事实,但至少与城中死亡人数相当。而且,人口的死亡和社会的破坏不仅仅出于叛军,也出于唐军和友军。史朝义逃往河北,收复洛阳的"友军"回纥部肆行杀略,洛阳居民死者以万计;朔方等镇唐军,认为洛阳及附近各州皆为"贼境",抢掠三个月。

杜佑《通典》列举了两组数字:唐玄宗天宝十四年即"安史之乱"

前夕,唐朝的在册户口为891万余户、5291万余口,这是唐朝的最高统计数,杜佑说:"此国家之极盛也。"承平百年,刚刚超过隋炀帝大业年间的数字,统计显然偏低,但恰恰说明唐朝,特别是"开天"时代的大气与包容,并没有做类似于隋朝的清查户口、核实年龄的工作,而是"藏富于民"。到"安史之乱"期间的乾元三年即760年,有193万余户、1699万余口,六年之中,减少了598万户、3592万口。也就是说,户减四分之三,口减三分之二。虽然这是国家掌握的户口数而非真实的户口数,但大量人口的死亡、流亡,以及战争对长安、洛阳、睢阳、常山等诸多中心城市和华北的广袤乡村的摧毁性破坏,使这些地区的经济社会退回到"十六国"时期。

"安史之乱"造成的第二个结果,是藩镇割据、宦官专权。

"安史之乱"最后的平息方式,是叛将的纷纷归降和唐朝的大度接纳。早在安庆绪逃离、唐军收复洛阳之后不久,"安史之乱"的主要策划人之一严庄降唐,不但保住了性命,而且被命为"司农卿"。唐肃宗的这个举措,对于瓦解叛军起了重要作用,也开了"善待"叛军降将的先河。当然,所谓"叛军"的将领,大多本来就是唐军将领。如叛军的相州节度使薛嵩,就是唐代名将薛仁贵之孙。

这种政策的延续,使得最后降唐的几位叛军"节度使"都被"既往不咎",并且得到了各自的地盘:一、张忠志赐名李宝臣,为成德节度使,节制恒、赵、深、定、易、冀六州,驻节恒州即今河北正定;二、田承嗣为魏博节度使,节制魏、博、德、沧、瀛五州,驻节魏州即今河北大名;三、李怀仙为幽州卢龙节度使,节制幽、营、平、蓟、妫、檀、莫七州,驻节幽州即今北京。三人之中,张忠志是奚族将领,李怀仙是柳城"胡"将,他们和安禄山一样,是"汉化"比较深的少数民族将领。田承嗣虽然说是汉人,却世代居卢龙,是一定程度上被"胡化"的汉人将领。他们的这种民族特征,其实反映着当时河北一带的民族关系和民族状态。他们为节度使的成德、魏博、卢龙三镇,就是后来著名的"河朔三镇",表面上是唐朝的"镇",却并不听从唐朝调遣,成为唐朝后期"藩镇割据"的"样板"和"策源地"。

"安史之乱"的爆发,倍受宠信的安禄山的叛乱,令唐玄宗李隆基及其继承者加大了对将领的猜忌,所以有了宦官的监军。高仙芝、封常清的被杀,便是因玄宗听信了监军宦官边令诚的意见。唐肃宗的上位,真正的导演是宦官李辅国,李辅国也成为肃宗的腹心,开始执掌禁军;代宗继位,李辅国有拥立之功,被封为司空兼中书令,成了唐朝第一位成为宰相的宦官。而在前方,郭子仪、李光弼等九位节度使与安庆绪、史思明相持于相州,全军不立统帅,却以宦官鱼朝恩为"观军容宣慰处置使",其实就是总监军。唐朝后期的宦官专权由此拉开序幕,严重程度更超过东汉,不但进退宰相,乃至废立皇帝。

"安史之乱"造成的第三个结果,甚至可以说影响最为深远的结果,是"大唐"的"国家认同""国际认同"的下降,是唐朝朝廷及汉民族对于周边少数民族的心态的变化。

"安史之乱"既是一场军事暴乱,也是一场民族动乱。但是,这场民族动乱和以前的"五胡乱华"不同,它没有发展为公开的民族仇杀;也和后来的"靖康之难"不同,不是两个民族国家之间的战争。"安史之乱"是发生在隋唐大一统的局面下的一场局部民族动乱。但即使如此,经历了"安史之乱",特别是唐朝在平定"安史之乱"过程中所表现出来的无能,导致民众对"大唐"的自信开始发生动摇,周边民族也不再像过去那样仰视"大唐",国内及边疆从此多事;"非我族类,其心必异"的狭隘民族主义重新抬头,贞观、永徽、开元、天宝及武则天时代的那种大气不复存在。可见,建立一种信仰、一个认同,需要几代人、上百年的努力,但摧毁一种信仰,弱化一个认同,只需一场动乱,只需八年的时间。

那么,"安史之乱"后的唐朝,就此一蹶不振?那倒不是,唐朝的经济、文化、社会将以另外一种方式继续发展。

第二十三讲　中兴不易

一、谁人之过

延续了近八年的"安史之乱",既是唐朝之觞,更是中华之痛。从唐朝建立,经历了"贞观之治"和"则天"时代,经过百年的积累,才发展到"开天盛世"。但是,这个"盛世"的坍塌,只用了不到八年的时间,可见建设之难而破坏之易。在唐朝以前,曾经有多个大一统皇朝发生断崖式的坍塌,各有各的道理:秦因苛政,晋因内乱,隋因扰民,唐朝的"安史之乱"则演绎了另外一种模式,一种"乐极生悲"的模式。百年承平,上上下下都在享受着经济发展、文化繁荣、四裔尊重的成果,都在以"大唐"而自豪,谁也没有想到,这百年的承平竟然被一阵"渔阳鼙鼓"震塌。

那么,对于这样一场灾害,应该由谁来承担责任?

第一个受到谴责的,自然是入相19年、首相17年的李林甫。人们认为,是李林甫让安禄山有了发动叛乱的可能。

李林甫被列出的罪状主要有:一、陷害太子和一切可能威胁到自己地位的人;二、压制并排斥一切想对皇帝提出建议和批评的人;三、满足并推动皇帝尽可能地享受生活。人们认为,李林甫这样做目的只有两个字——"固宠"。从主观上说，是满足个人的政治权力和经济利益；从客观上看，则和后来的"安史之乱"脱不了干系。如果不是李林甫排斥异己、压制批评，诱使皇帝贪图安逸，"营州杂胡"安禄山怎么可能身兼三镇节度使，大唐怎么可能如此不堪一击？所以，人们认为，"开天盛世"早在开元时期已经露出了败相，标志则是李林甫为相：

> 安危在出令，存亡系所任。玄宗用姚崇、宋璟、张九龄、韩休、李元宏、杜暹则理，用（李）林甫、杨国忠则乱。人皆以天宝十五年禄山自范阳起兵，是理乱分时，臣以为开元二十年罢贤相张九龄，专任奸臣李林甫，理乱自此已分矣。用人得失，所系非小。（《旧唐书·崔群传》）

第二个受到谴责的，是李林甫的继任者、杨贵妃的族兄杨国忠。人们认为，是杨国忠使安禄山叛乱由可能变为现实。

杨国忠被列出的罪状主要有：一、为与安禄山争权，不断建议对其进行制裁，使得安禄山加速了叛乱的步伐；二、命人捕杀安禄山在长安的亲信，贬谪安禄山在长安的代理，激怒安禄山迫使其公开起兵；三、玄宗得知安禄山叛乱，拟以太子监国，御驾亲征，杨国忠为了家族利益，通过贵妃进行阻止；四、哥舒翰守潼关，力请坚守，杨国忠怀疑对自己不利，唆使玄宗勒令哥舒翰出战，导致兵败被俘，潼关失守。

第三个受到谴责的，是本来的寿王妃、后来的杨贵妃。人们认为，正是因为杨贵妃的"天生丽质"，使得"君王从此不早朝"。

欧阳修《新唐书·玄宗本纪》历举了唐朝从高祖李渊、太宗李世民、高宗李治到武则天的"女子"之祸，并且指出，唐玄宗亲手平定了韦氏及安乐、太平之乱，本应以为鉴，却以另外一种方式败于杨贵妃之手，故连连发出惋惜和警告："呜呼，女子之祸于人者甚矣！……可不慎哉！可不慎哉！"

但是，本来应该对"安史之乱"承担主要责任的最高统治者李隆基，却得到人们太多的宽容。这既是因为"安史之乱"后，唐朝仍然在延续，也是因为唐玄宗李隆基的上位，本是经历过一场"拨乱反正"，而在位期间的大唐盛世，又给人们留下了太多美好的回忆。

生逢"安史之乱"的杜甫，不断追忆"开元全盛日"；生于"安史之乱"后的元稹，不断追忆"开天全盛日"："四十年间，海内滋殖，风俗谨朴，君臣平宁，人无争端。"（元稹《元氏长庆集》）和元稹并称"元白"的白居易，对唐玄宗和杨贵妃的爱情更带有同情乃至向往："天长地久有时尽，此恨绵绵无绝期。"（白居易《长恨歌》）

其实，不需要等到"安史之乱"平定，至德二年年底，公元758年初，唐玄宗在逃离长安之后的一年半，因为形势好转，被儿子肃宗迎回长安。当时的场面极为感人："文武百僚、京城士庶，夹道欢呼，靡不流涕。"（《旧唐书·玄宗本纪》）人们如同原谅小孩一样，原谅了这位年逾七十的犯了错误的老人，原谅他受了小人的蒙蔽，用《旧唐书》的话说："以百口百心之谗诣，蔽两目两耳之聪明，苟非铁肠石心，安得不惑。"皇帝再圣明，双目两耳也架不住众多"小人"的蒙蔽。但关键在于，你的身边为何尽是"小人"？因为你喜欢"小人"。君主既然喜欢"小人"，本来可以做"君子"的人，可能也就变成小人了。我们可以相信，宋璟、张九龄不管遇上什么样的君主，都可能保持"本色"；但李林甫之为李林甫，是因为他正好遇上了贪图安逸的唐玄宗，如果遇上励精图治的唐玄宗，也许就是姚崇、张说了。即使是安禄山，如果遇上的是励精图治的唐玄宗，那可能就是唐太宗时代的阿史那社尔、契苾何力。

中国古代历史学家的一项伟大贡献，是把人们对做了一些好事却也铸成大错的君主的宽容，上升到一个"套路"。这个"套路"由欧阳修在《新唐书》中创《奸臣传》开始，到《明史·奸臣传》最终完成。一个什么"套路"？国家、社会一旦出问题，一定是有坏女人、坏男人在捣乱。这些坏女人被称为"祸水",这些坏男人被称为"奸臣",这是"小人"的升级版。《奸臣传》的创立,是中国政治文化的一大创举,既可在"史"的阵地上维护君主形象并影响舆论及人们的观念,又可使统治者较为灵活地改变统治方针。无论发生任何弊端,均可拎出一两个奸臣"背黑锅",缓和矛盾,化解危机。从这个角度说,无论是李林甫、杨国忠还是杨贵妃,虽然都有各自的不是,但如果追究他们对"安史之乱"的责任,却是在给唐玄宗"背黑锅"。但是,如果完全追究唐玄宗一人的责任,也是冤枉。为什么这样说?我们将在宋、明时期做进一步的分析,因为和唐朝一样,宋、明也经历了类似的"乐极生悲"。

二、初行两税

一千年后,王夫之带着"了解之同情",分析唐朝为何在经历了"安史之乱"后仍然能够延续,而没有像秦和东汉、隋和北宋那样就此灭亡。

王夫之认为,"安史之乱"与唐玄宗的"失德"直接相关:"淫荒积于宫闱,用舍乱于朝右,授贼以柄而保寇以滋,斁伦伤教。"内廷荒淫,朝政紊乱,养寇为患,伤风败俗。正是这些"失德",造成"安史之乱"。但是,玄宗虽然"失德",却没有失道。第一,"诛杀不淫",既没有像东汉桓帝、灵帝那样大肆杀戮,也没有像宋哲宗、徽宗那样放逐贤良;第二,"赋役不繁",既没有像秦始皇那样筑长城、治骊山,也没有像隋炀帝那样征高丽、开汴渠。也就是说,唐玄宗个人纵然有种种不是,却有一件事情他没有做,就是没有动摇大唐江山的根本:民心。

所以,虽然"天不佑玄宗",但"人不厌唐德"。所谓"天不厌唐德",也就是我们不断说到的民众对唐朝的"国家认同"。这种"国家认同",既是因为"大唐"的持续繁荣与强盛,更是因为民众在"大唐"的统治之下有相对安定的生活。虽然这种认同经过"安史之乱"而产生动摇，却不愿意轻易抛弃。所谓"民心即天心"，唐朝不但挺过"安史之乱"，并且有过两度"中兴"的景象。这两度"中兴"，一次发生在德宗李适时期，一次发生在宪宗李纯时期。前一次的"中兴"，主要表现在财政上；后一次的"中兴"，更多表现在政治上。

所有读过高中历史课本的朋友都知道，唐朝前期有两项重要的经济政策，一是"均田制"，这是土地政策；一是"租庸调"，这是税收政策。这两项政策始行于北魏冯太后执政时期，为隋、唐沿袭并有所改进。但是，这两项政策的出台，是以经过"十六国时期"的战争动乱，中原大地人口锐减、抛荒土地亟待开垦、国家财政急需充实为背景的。隋、唐对这两项制度的继承，也表现出农业立国的特色。但是，随着经济的恢复，特别是商品经济的发展，随着人口增长对土地的需求，土地买卖和兼并日渐加剧，"均田制"的瓦解也就不可避免，"租庸调"的实物地租也难以征收，更满足不了军费开支和市场需要。这种状况在"安史之乱"前已经日趋严重，只是在"形势一片大好"之际，唐朝政府没有决心改革而已。

"安史之乱"及此后部分地区的藩镇割据，既冲击了唐朝政治上的"大一统"，也逼迫唐朝政府对财政进行改革，"两税法"的推行就是这一改革的主要成果。

公元780年，唐德宗建中元年，宰相杨炎请废"租庸调"、行"两税法"。主要内容是：

一、"量出制入"。本着节俭的原则及上一年的税收状况，对朝廷每年的用度做出预算。根据这个预算，定下"两税"的数额，这就是国家的"财政预算"了。通过这个原则，既节省官府开支，也减轻民众负担。

二、"就地征税"。不管入籍农户，还是外来农民，一概在现居住地按贫富不同定出户等，向国家交税；商人按三十税一的标准，在经商地交税。通过这个原则,压缩逃税人口。

三、"夏秋两税"。各地农业税按夏、秋两季交纳,夏税在六月之前,秋税在十一月之前交纳完毕,无论夏税、秋税,皆改实物为铜钱。由于分夏、秋两季征税,故称"两税法"。

四、废除租庸调及一切杂税。

从上述内容看,"两税法"囊括了户税、田税和工商营业税,所以有"除两税外,辄率一钱,以枉法论"(《旧唐书·德宗本纪》)的禁令。

如同过去说"均田制""租庸调",我们对"两税法"做最为简洁的归纳,其实是十分复杂而艰难的事情,不仅许多细节需要完善,而且和古今中外任何改革一样,都因为涉及既得利益者的利益,同时也因为感情的因素而受到重重阻碍。两税法刚颁布,就有人以租庸调实行四百年,"旧制不可轻改"为由,进行反对和抵制。不能不说,此时的唐德宗表现出"中兴"之主的气魄,不为所动。两税法在全国的推行一定程度上缓解了唐朝的财政困难,也减轻了民众的负担,所以有评价说:"人不土断而地著,赋不加敛而增入,版籍不造而得其虚实,贪吏不诫而奸无所取。自是轻重之权,始归于朝廷。"(《旧唐书·德宗本纪》)不强制农客民入籍,但不妨碍在居住地纳税;以上一年税收为基础,民众不加税额而政府收入增加;不重新登记户口,但贫富等级已经确定;不必对贪官污吏进行警告或处置,但他们已经没有敛财的门路。特别是,一切税收都由朝廷掌控,为唐朝的"中兴"及延续奠定了财政基础。

三、"财神"刘晏

虽然杨炎以推行"两税法"而著名,但为唐朝"中兴"奠定财政基础的,却并不仅仅是"两税法",被杨炎陷害而死的刘晏更功不可没,他应该是"安史之乱"后唐朝真正的"财神"。

刘晏字士安，曹州南化即今山东东明人，从小聪明好学，写得一手好诗文。开元十三年，唐玄宗到泰山"封禅"，宣告大唐的繁荣昌盛，感谢皇天后土对大唐君臣士庶的关爱。皇帝向天地致意，朝野上下则掀起一场歌颂朝廷、歌颂皇帝的热潮，歌功颂德的诗文雪片般飞向行在。

在唐玄宗看中的诗文中，有一篇名为《东封书》，令他惊讶的是，这篇锦绣文章，据说是出于一位八岁小孩之手。不知道唐玄宗是想考察一下作者的真伪，还是急于要见能够写出如此好文章的小天才，命人立即将刘晏带到御前，让当时的文坛领袖宰相张说亲自面试。

张说自然不会以成年人标准为难一个八岁小孩，但经过几轮交流，不仅张说，在场文学之士不由得交口相赞。张说向玄宗李隆基祝贺：此子乃"国瑞也"。这是国家祥瑞！八岁的刘晏，由此被带到京师长安，授"秘书省正字"，陪太子读书。后来的儿童启蒙读物《三字经》，把刘晏的这段故事编了进去："唐刘晏，方七岁，举神童，作正字，彼虽幼，身已仕。"只是为了突出刘晏之"幼"而说"七岁"，为刘晏"周岁"，不符合习惯上的"虚岁"。

在中国历史上，有无数的"神童"后来成了庸才，王安石笔下的《伤仲永》就是一个著名的例子。庆幸的是，从小负有盛名的刘晏后来成为真正的"国之祥瑞"。但是，刘晏之成为"国之祥瑞"，并不是因为他的文采，而是他的"经济"。"安史之乱"的爆发和持续，对多年来惯性运转的唐朝国家财政形成严峻的挑战，洛阳、长安两京丢失，本来的财赋之地黄河南北陷为"贼境"。虽然后来长安收复，已经"府库一空"；洛阳则得而复失。支持朝廷的运转需要钱财，调集西北各镇，特别是礼聘回纥之兵平叛更需要钱财，钱财从哪里来？刘晏正是在这个时候发挥出他的"经济之才"，成为中国历史上最为著名的理财专家之一。

刘晏之前，唐朝政府为了获取财富，采用了诸多措施：铸造大钱，食盐专卖，加征商税，等等，而最为直接的办法，是向富商"举贷"。具体办法是：对富商财产进行估算，按"五贷一"的比例兴贷。但无论是朝廷还是富商都清楚，有借无还，所以朝廷给空头官名，以行补偿。这属强制性质，也有自愿性质。商人如果在"五贷一"基础上，再以"五之一"支持军费，可终身不服徭役。这些措施取得了一定的成效，但多为权宜之计，无奈之举。

"安史之乱"期间，公元760年，唐肃宗以当时为"京兆尹"即京城长安行政长官的刘晏为户部侍郎，充度支、铸钱、盐铁等使，开始参与财政管理。刘晏所承担的这些职务，是唐朝为了应对战时财政，在掌管财政的户部之外所增设的，为朝廷在"租庸调"之外筹集经费。但刘晏真正发挥他"财神"的作用，是在玄宗的孙子、肃宗的儿子、德宗的祖父代宗时期。从公元763到779年的十多年的时间里，刘晏曾任吏部尚书、同中书门下平章事，这是当时的副宰相，因为主持财政，所以被称为"计相"。他在纷纭多变的政治环境中推行各种措施，为唐朝中期的财政改革做出诸多贡献，最为重要者有二。

第一，改革漕运，保证长安及关中地区的粮食供给。

唐朝定都长安，遇上隋炀帝时期的老问题，即关中粮食供给问题。为了省去漕运困难，隋炀帝营建了东都，却为他人做嫁衣裳，洛阳成为武则天时代的"神都"。中宗复辟，唐朝都城回到长安，供给问题重新发生。李林甫干的第一件漂亮事，就是在关中储存大量的粮食。但是，那时的粮食及各种物质主要来自黄河流域，"安史之乱"后主要依靠江淮，江淮的漕运提到日程上来。

刘晏在前人的基础上改造运船、疏通运道、改革运程，又改民运为官运，将士兵训练为船工，士兵自有军粮，免除额外费用。特别是对黄河三门峡段进行了仔细勘察，采取了各种安全措施，改陆运为水运，大大节省了开支，避免了浪费。当第一批来自江淮的粮食运到长安时，军民欢呼，唐代宗更将刘晏比作萧何。《新唐书·刘晏传》记："天子大悦，遣卫士以鼓吹迓东渭桥，驰使劳曰：'卿，朕鄒侯也！'"此后，每年大约四十万斛粮食从江淮运到长安，缓解关中粮食的不足。

第二，改革盐政，盐税成为财政支柱。

唐朝开国，以租庸调为主要税源，食盐由商人购于盐户，运销各地，盐商挣得钵满盆盈。开元前期有人建议实施盐铁官营，以补租庸调的不足。但唐朝正值全盛时期，没人愿意背上"敛财"恶名。"安史之乱"爆发，大书法家颜真卿在自己抗击叛军的河北实施食盐的专卖，以盐利充军饷；接着，御史中丞、理财家第五琦在全国范围内推行食盐专卖，国家对食盐实施统购、统销，获取盐利。收益固然多了，但官府经营，成本也高，各种弊病随之而来。

刘晏在第五琦的基础上推行改革，官府只控制食盐"统购"，收购盐户所产之盐，但不"统销"，将盐卖给商人，由商人经销各地。有学者称之为"就场专卖"或"产地专卖"。同时严禁盐户私自卖盐，以保证官府对盐的控制。此法一行，唐朝每年的盐税收入，从刘晏初主盐政的40万贯，逐渐增加到600万贯，当时唐朝财政的全年收入为1200万贯，所以有"天下之赋，盐利居半"（《新唐书·食货志》）之说。

无论是《读通鉴论》还是《宋史》，在王夫之眼中，凡敛财之人包括王安石在内，皆为"小人"，唯独对刘晏赞赏有加：

> 言治道者讳言财利，斥刘晏为小人。晏之不得为君子也自有在，以理财而斥之，则倨骄浮薄之言，非君子之正论也。夫所恶于聚财者，以其殃民也。使国无恒畜，而事起仓卒，危亡待命，不能坐受其毙，抑必横取无艺以迫民于死，其殃民又孰甚焉？故所恶于聚财之臣者，唯其殃民也，如不殃民而能应变以济国用，民无横取无艺之苦，讵非为功于天下哉？晏之理财于兵兴之日，

非宇文融、王鉷、元载之额外苛求以困农也，察诸道之丰凶，丰则贵籴，凶则贱粜，使自有余息以供国，而又以蠲免救助济民之馁瘠，其所取盈者，奸商豪民之居赢，与墨吏之妄滥而已。仁民也，非以殃民也。榷盐之利，得之奸商，非得之食盐之民也；漕运之羡，得之徒劳之费，非得之输挽之民也。上不在官，下不在民，晏乃居中而使租、庸不加，军食以足。晏死两年，而括富商、增税钱、减陌钱、税闲架，重剥余民之政兴，晏为小人，则彼且为君子乎？（《读通鉴论·德宗》）

四、"山人"李泌

刘晏等人在财政上为唐朝的"中兴"提供基础，李泌等人则在政治上帮助唐朝稳定大局，推进"中兴"。刘晏是"神童"，比刘晏小几岁的李泌也是"神童"。李泌七岁被召进皇宫时，玄宗正和太平宰相张说观摩下棋。张说让李泌以棋而赋方、圆、动、静。李泌请张说示范，张说赋了四句："方若棋局，圆若棋子。动若棋生，静若棋死。"张说这是以棋说棋。李泌应声也是四句："方若行义，圆若用智。动若骋材，静若得意。"（《新唐书·李泌传》）这是视棋局为人生、为天下。这里的"得意"，不是我们通常所说的"得意忘形"的"得意"，而是指"天下归心"。《管子·小匡》说："管仲者，天下之贤人也，大器也。在楚，则楚得意于天下；在晋，则晋得意于天下；在狄，则狄得意于天下。"我们无法知道李泌的这个"得意"是奉承当今皇帝，还是阐发自己的抱负，但一个小孩如此遣词造句，让人惊讶。玄宗赞不绝口：年龄虽小，抱负却大！

同是"神童"，李泌后来的道路和刘晏不同。刘晏做"秘书省正字"后，走上仕途，从此在"体制内"效力，做的是"实事"；李泌四处游历，遍访异人，尤精"易"学，熟谙兵法，又习长生不老术，虽然时时被召入宫中,与太子成了好朋友,但并不接受官职,游离在"体制"之外,行的是"虚活"。虽然如此,李泌对天下形势却是洞若观火,对"开天盛世"表现出深深忧虑,这恐怕也是"旁观者清"。但当"世人皆醉"的时候,别说李泌,任何人都无能为力。

"安史之乱"后,肃宗在灵武即位,身边除了宦官李辅国、皇后张良娣外,并没有人能够为其出谋划策,所以广求人才。这个时候,为太子时的好朋友李泌不请自来。见了李泌,肃宗喜出望外,觉得有了主心骨。李泌一袭布衣白袍,入则议国事,出则陪巡视。皇帝身边多了一个神秘人物,人们不免议论:"着黄者圣人、着白者山人。"穿黄袍的,那是当今皇上;穿白袍的,那是个"山人",活神仙。此时李泌的作用,酷似当年刘邦身边的张良,不接受官职,没有公开的身份,但所出的主意皆有关大局。

一、稳定皇储。我们上一集说,唐肃宗有两个不错的儿子,广平王李俶、建宁王李倓。肃宗即位后,广平王被立为太子,为业平稳,打算让建宁王为元帅,主持前方战事。李泌悄悄问道,皇上是否打算让太子让位于建宁王?肃宗说不是啊,太子是太子,元帅是元帅。李泌正色道:如果元帅有功,日后如何处置?一句话点醒梦中人,如果建宁王立了大功,"玄武门"就是前车之鉴。一个提醒,避免了日后的皇储之争。若干年后,唐德宗想废太子李适、立侄子李谊,也为李泌所劝阻,避免了一次可能发生的动荡。

二、示人以广。李林甫在世时,与当时为太子的肃宗不和。肃宗即位后,欲行报复,对李林甫掘墓焚骨,李泌坚决反对:"以天子而念宿嫌,示天下不广。"(《新唐书·李泌传》)叛军得知皇上如此狭隘,必然拼死作战,乱局何时能息?肃宗闻言,十分不悦。李泌见李亨不开窍,换了一个角度说,这只是其一。其二,李林甫为太上皇效力二十年,陛下此举,置太上皇于何地?天下人怎么看皇上?肃宗这才醒悟,抱着李泌失声痛哭,真是愚蠢,虑不及此啊!

三、坚定信心。长安收复，肃宗派人迎请"上皇"玄宗复位，表示自己仍回东宫做太子。看似"孝道"，实为试探。李泌不便点破，但断定上皇不会返京。肃宗问何故？李泌答道：上皇年逾古稀，皇上忍心以庶务相劳？李泌此答，是为肃宗继续在位提供"人性"依据。肃宗心领神会，李泌以群臣的名义，向"上皇"上了一份"通奏"，说天子日夜思念上皇，敦请上皇回到长安，以便尽孝。不出李泌所料，"上皇"得到请其复位的文书，回书谢绝，我还是在成都终老吧！为何不回？回得来吗？儿子不是把老子放在炉上烤吗？等见到李泌代写的文书，老子放心了，欣然就道。看起来是皇帝的家事，却向天下人表明皇家的团结，坚定军民与叛军决战的信念。

四、力保西北。公元783年发生兵变，乱军占据了长安，唐德宗出逃。为了尽快平息兵变，德宗既调集各镇军队，又请兵吐蕃，许诺事成之后以安西、北庭两镇奉送。兵变平息之后，吐蕃要求"践约"，德宗打算向吐蕃兑现，但李泌坚决反对：吐蕃虽然出兵，但迁延观望，又大肆掠夺，违约在先。同时特别指出："安西、北庭，控制西域五十七国，及十姓突厥，皆捍兵之处，以分吐蕃势，使不得并兵东侵。今与其地，则关中危矣。"（《新唐书·李泌传》）有理有力，力保唐朝的西北屏障。

或许李泌有张良的见识和谋略，但这时的唐朝宗室，不但产生不出刘邦，也产生不出李隆基。所以，对于李泌最具战略眼光的平定"安史之乱"的谋略，唐肃宗完全搁置不用。为了应对已经出现的皇帝猜忌、宦官当权，李泌的处境其实十分凶险，所以不得不以求长生、讲神仙自保，表示完全无意于仕途。在这种状态之下，唐朝的所谓"中兴"，也委实不易。但是，仍然有人前赴后继，通过自己的努力，换来唐朝政治一时的"中兴"和经济、文化上的相对繁荣。

第二十四讲 夕阳余晖

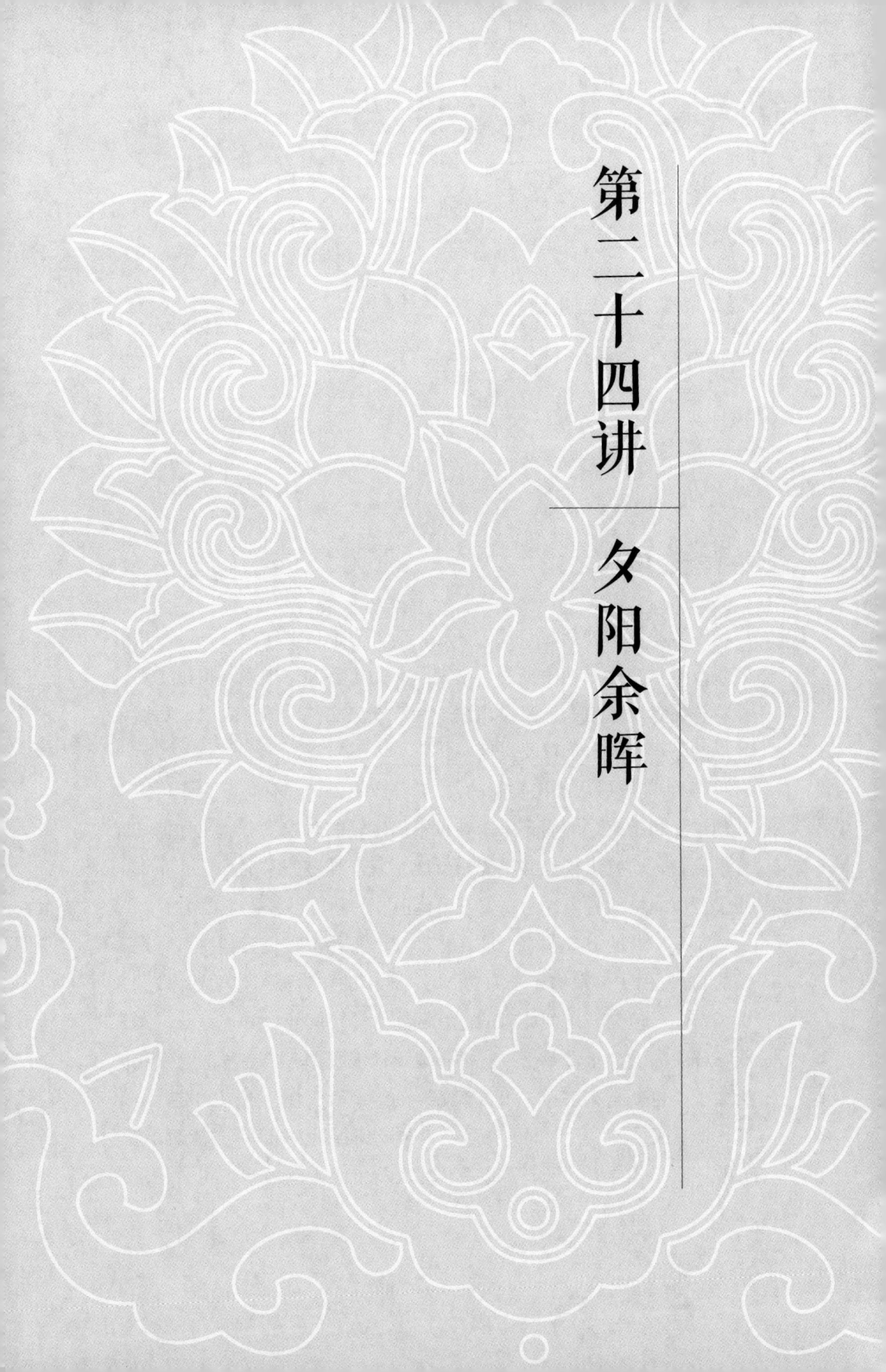

一、田兴之兴

中唐的两位神童，刘晏、李泌，前者力推后"安史之乱"时代的财政改革，成为唐朝中期的"财神"，为唐朝的"中兴"提供了财政保障；后者以"山人"身份出现，为"安史之乱"的平定及此后唐朝政局的稳定，做出了重要贡献。

当然，能够做出杰出贡献的，未必都像刘晏、李泌那样"少年得志"。开创"元和中兴"的唐宪宗李纯，不但年轻的时候没有做出任何"光辉事迹"，而且出场也并不光彩。唐宪宗李纯是德宗的孙子、顺宗的儿子，他继位的时候，距离"开天盛世"的陨落已经半个世纪了。

宪宗李纯的父亲顺宗李诵在位期间，有几位官员策划对宦官及藩镇的制裁。由于顺宗的年号为"永贞"，他们的作为被当代学者称为"永贞革新"。但是，唐朝此时的宦官问题、藩镇问题，并不是几位文官能够解决的。"永贞革新"打虎不成反被虎咬，久病在身的顺宗让位给太子，也就是宪宗；"永贞革新"的组织者王伾、王叔文被贬出京城，骨干成员柳宗元、刘禹锡等八人被贬到各州为司马，"永贞革新"失败。由于领导者"二王"以及柳宗元等八人贬为各州"司马"，这一事件被称为"二王八司马"事件。

这些变故的推手是当权宦官，宪宗李纯的继位及其父顺宗的退位一样，也是当权宦官的操纵，所以，李纯理所当然被认为是傀儡。但是，谁也没有想到，被认为是"傀儡"的宪宗李纯，后来竟然在一定程度上实现了唐朝政治上的"中兴"，和太宗李世民、玄宗李隆基一道，被认为是唐朝最值得称道、最有作为的三位皇帝之一。

李纯实现的唐朝政治上的"中兴"，和一次机遇的出现直接相关。这倒应了庄子的一个观点：即使你是鲲鹏，能南冥击水，能扶摇上天，也得要有三千里的水、九万里的天。那么，唐宪宗李纯赶上了什么机遇？制裁藩镇的机遇。

这里要说到一个现象。唐朝后期在各地都设置了节度使、观察使等，称"节镇"，"节镇"成为唐朝后期的地方行政制度。所以，并非见到节度使就是"藩镇"，就是"割据"。只有那些拥兵自重、不听中央号令的地方，才是"藩镇"，时间长了，才称得上"割据"。当时的"藩镇割据"，以"河朔三镇"即卢龙、成德、魏博最为强悍。但是，最为强悍的魏博镇，竟然出了一位真心实意要归属朝廷的节度使，这完全出乎人们意料。

宪宗元和七年（公元812年），"河朔三镇"崛起半个世纪后，第一代魏博节度使田承嗣的孙子田季安去世，其子年幼，为家奴所制，杀戮将士，敲剥民众，魏博一片乱象。在众将的拥戴之下，田承嗣的堂侄田弘正成了节度使。这位田弘正既不同于本来就是奚族出身的成德节度使张忠志、"杂胡"出身的卢龙节度使李怀仙，也不同于汉人出身却有"胡"性的魏博节度使田承嗣。史书记载，田弘正"少习儒书，颇通兵法，善骑射，勇而有礼"（《旧唐书·田弘正传》），是位受传统儒家学说熏染较深，既能以勇力服众，又能以规矩节制的将领。

有记载说，当时有数千名牙兵结队来到田弘正的住处，高声呼喊其官号，但田弘正闭门不出。牙兵们继续鼓噪，不肯离去。田弘正不得已而现身，环拜作揖，并将为首者请入客厅。当人们告知欲推其为节度使时，田弘正顿时跌坐在地，半天说不出话来。将领们反复劝说，田弘正只是不从。实在没有办法推辞，田弘正开始谈条件了，说诸公不以我为不肖，必让我主持军务，欲与诸公约法三章，不知能从否？众人见田弘正终于松了口，连忙表态，说只要做我们的头儿，一切唯公是命。田弘正最终亮出底牌："吾欲守天子法，举六州版籍请吏于朝，苟天子未命，敢有请吾旗节者死，杀人及掠人者死。"（《新唐书·田弘正传》）如果拥戴我，我将带着你们走正道，以魏博镇之魏、博、相、贝、卫、澶六州归顺朝廷，未得朝廷任命之前，有擅自打我旗号者杀，有伤人者杀，有劫掠者杀。诸公能从否？这段情节颇具戏剧性，田弘正显然已经得知牙兵们的意思，成竹在胸，于是进行了一番表演，进行交涉。

这在"安史之乱"后是个闻所未闻的故事，一个感动当年中国的故事，竟然有人主动放弃割据，归顺朝廷。宪宗李纯喜出望外，给田弘正加官：银青光禄大夫、检校工部尚书、魏州大都督府长史兼御史大夫、上柱国、沂国公，充魏博等州节度、观察、处置、支度、营田等使，一切可能加的官全加。田弘正本名田兴，是堂伯父田承嗣取的，意为"必兴吾宗"。由于归顺朝廷，宪宗特赐其名为"弘正"。田承嗣是有眼光的，他看准了这位堂侄大有作为。而且田兴所"兴"的，不仅仅是田氏，更是大唐的"中兴"。

田弘正率众归附朝廷，一石激起千层浪。与魏博一道抗衡朝廷的以幽州为中心的卢龙、以恒州为中心的成德、以蔡州为中心的淮西等镇，都感觉到"唇亡齿寒"，纷纷派来使者，警告田弘正不要走得太远，不要离朝廷太近，你归顺朝廷，置我们这些兄弟于何处？但是，田弘正坚定不移地走自己的路，不但更加尊重朝廷，而且在唐朝讨伐淮西节度使吴元济及成德、平卢、淄青等镇时，派兵策应，对于宪宗时期打击与铲除藩镇，做出了重要贡献。

田弘正助力于唐朝"中兴",固然是出于自己的选择,但能够在"反正"之后使魏博镇保持稳定,却和另外一位人物直接相关。这位人物,就是推动"元和中兴",被认为可以与汉诸葛亮、明王守仁、清曾国藩比肩的裴度。

二、裴度之度

和宪宗李纯一样,裴度少年时代也没有表现出太多的过人之处。但裴度出身的山西闻喜裴氏,却是一个久负盛名的大家族。有人统计,说这个家族的成员进入"正史"的有六百多人,其中包括因制作《禹贡地域图》而开中国古代地图绘制先河的魏晋名臣裴秀,唐高宗时期威震西域的名将裴行俭,唐玄宗开元时期曾任宰相并以改革漕运而著名的裴耀卿,等等。

裴度步入政坛,是在唐玄宗的曾孙、推行两税法的唐德宗时代,而真正显示出其与众不同的,则是在宪宗李纯的元和时代。而裴度成为一代名臣,正是从这魏博镇开始。

田弘正归顺朝廷,裴度奉命前往魏州安抚。当年安禄山为范阳节度使时,出使河北是官员们的肥差。凡朝廷使者到来,安禄山必让其满载而归,回到长安即为安禄山说好话。但裴度到魏博,秋毫无犯,纤细不取,又遍行各州,宣谕朝廷"德音":一、以往种种,概不追究;二、赏三军将士150万缗,免除所属魏、博等六州民众徭役;三、慰劳鳏寡孤独及其他生计艰难者;四、对田弘正的识大体、顾大局,归属朝廷,以及革除过去的奢侈,大加赞赏。魏博军民,心悦诚服。

回到长安之后,裴度建议朝廷继续推进对魏博的各方面支持,从而引起卢龙节度使李师道、成德节度使王承宗的忌恨。这也十分正常,李师道、王承宗为了维持卢龙、成德的现状,企盼"反正"的魏博动荡,以说明田弘正选择的错误。但是,由于裴度、田弘正的配合,魏博的动荡没有发生，于是他们采取新的行动。魏博镇归属的三年后，元和十年六月初三日黎明时分，同样主张对藩镇进行制裁的宰相武元衡，在刚出家门前往早朝时遇刺身亡，头骨被刺客挖去，场面十分惨烈。武元衡家住长安的靖安坊，住在通化坊、时为御史中丞的裴度，也同时遭到三名刺客的袭击，背部、头部皆被刺伤。裴度从马上跌落，拼命奔跑。一名刺客持剑追赶，裴度随从王义将其死死抱住并大声呼救。刺客眼见裴度踉踉跄跄摔入深沟之中，以为其必死无疑，便反手将王义刺伤，与同伙扬长而去。几天之后，八名刺客被捕，供认是成德节度使王承宗所遣。

宰相遇刺身亡，御史中丞遇刺受伤，刺客的身份已经确认，但朝廷之中，竟然有人建议罢免已经受伤的裴度，以安卢龙、成德二镇之心，可见当时对藩镇的容忍和姑息到了何种地步。但是，此时的宪宗李纯显示出"中兴之主"的见识和气魄："若罢度官，是奸计得行，朝纲何以振举？吾用度一人，足以破此二贼矣。"（《旧唐书·裴度传》）如果因此罢裴度之官，朝廷体统何在？有一裴度，足以对付卢龙、成德两镇。宪宗说到做到，事发三天后，以裴度为门下侍郎、同中书门下平章事，这是副宰相了。本来人心惶惶的长安，随着裴度的拜相而逐渐安定，人们和宪宗一样，寄希望于裴度，认为他能够给大唐带来复兴。而经过这一事件，裴度更坚定了平灭叛藩的决心，但其首先开刀的，并非派遣刺客的成德王承宗，而是淮西节度使吴元济。

这就是裴度的眼光了。与"河溯三镇"在唐朝东北部各民族杂处，又本为安禄山的地盘不同，淮西镇在今天河南省东南部，扼淮河上游，故名"淮西"；治所在今汝南，本名"豫州"，为避肃宗的"名讳"，改名"蔡州"。当时的人们认为，豫州、蔡州居华夏、天下之中，故有"天中"之称。这是其一。其二，"安史之乱"后，唐朝的财政来源主要在江淮，蔡州正处京师长安与江淮之间，阻隔江淮到长安的通道。从唐德宗时期开始，淮西镇前后三位节度使吴少诚及吴少阳、吴元济,皆拥兵自重,只受朝廷封赏,不受朝廷节制,而且侵扰他镇。唐朝多次对淮西用兵,屡战屡败,只得姑息。

宪宗李纯继位,特别在裴度为相之后,重新对淮西用兵。前后四年,虽然局面有所变化,由过去的屡战屡败到互有胜负,但劳师费饷,兵无了期,宪宗不免有些灰心,召集宰相商议对策。当时的宰相有三四位,除裴度之外,其他几位都主张罢兵,承认淮西的现状。宪宗见裴度不吭声,询问他的意见,裴度表示愿督师淮西。宪宗大喜,将裴度单独留下,问道:"卿必能为朕行乎?"你真的打算亲自督师,有把握平淮西吗?裴度胸有成竹,据理力陈:淮西乃腹心之疾,若不除去,必为大患,不但朝廷与江淮阻隔,他镇也将仿效,天下安有宁日?说罢,以首叩地:"臣誓不与贼偕全。"(《旧唐书·裴度传》)我和淮西誓不两存。宪宗的信心又被裴度激活了。君臣一心,其利断金。

元和十二年(817年)八月,裴度以宰相的身份督军淮西,和当年安抚魏博一样,慰劳前线将士,并询问胜负之机。原来,和当年"安史之乱"期间一样,调往淮西的各镇官军也没有统帅,且各有宦官为监军,攻战进退,皆操其手。打了胜仗,功劳是宦官的,一旦战败,将领遭受羞辱,故将士离心、军无斗志,这个仗怎么打?宪宗采纳裴度的建议,撤回监军宦官,让将领有独立作战的权力;又改淮西镇为彰义军,裴度为节度使,统帅全军。唐军上下,军心大振。

裴度以自己的信心和胆略鼓舞宪宗李纯,也以自己的人格和气度征服了宦官首领。试想,没有宦官首领的支持——至少是默认,撤得了监军宦官?而且,裴度善于识拔将士,充分发挥他们的才智。裴度抵达淮西两个月后,当年十月,名将李愬在其支持下,采纳被俘吴元济将领的建议,突袭蔡州,一举占领当年北魏太武帝南下攻宋时无法攻破的"悬瓠城",以为"悬瓠城"固若金汤的吴元济成了俘虏。淮西在割据三十年后,被重新收归朝廷,江淮到长安再无障碍。裴度得到李愬的战报,心中狂喜,奔赴蔡州,却见李愬率领前线将领,跪在道旁迎接。这也是"安史之乱"后没有过的事情。裴度连忙将其扶起。李愬的一番话,令裴度感慨不已:"蔡人顽悖,不识上下之分,数十年矣。愿公因而示之,使知朝廷之尊。"(《资治通鉴·唐纪》)李愬说的是一个"分"字。淮西自从割据以来,各镇自"安史之乱"后,骄兵悍将唯恃武力、以下犯上成了常态,李愬希望用自己对裴度的敬重,告诉早已没有规矩的蔡州军民和天下藩镇,重新建立起对朝廷的敬畏。

裴度和李愬一道,在淮西推行种种善后措施:一、除吴元济之外,淮西镇的文官武将,一概免罪留任。因和官兵交战而背有"血债"的人们,稍稍心安。二、除抢劫、偷盗及斗殴杀人外,割据时期对军民的种种禁令,一概废除。军民人等如同得到解放,"始知有生人之乐";三、以归降淮西镇兵为护卫,以示公心无二。有人提醒当防反侧,裴度笑道:"吾受命为彰义军节度使,元恶就擒,蔡人即吾人也!"(《旧唐书·裴度传》)淮西镇已是彰义军,我为节度使,蔡州之民是我子弟,对自己的子弟用得着防范吗?裴度以其大度,安定了唐朝的"腹心之患"。

趁着平定淮西的势头,经裴度调度,唐朝在对卢龙、范阳及现在山东一带与朝廷抗衡的藩镇逐个进行打击。卢龙节度使李师道、成德节度使王承宗兵败被杀,依附于李师道的山东淄、青十二州也相继平定。

三、不克其终

宪宗虽然因宦官之力而上台,却以他的胆略和作为,通过逐个铲平割据的藩镇,让人们看到了唐朝的强势"中兴",但十分不幸的是,还是应了《诗经》中的一句话:"靡不有初,鲜克有终。"

前线的将士在拼命,统帅在安抚,后方已经有人在放冷箭,说裴度及将士吞没淮西的珍宝佳丽，放纵蔡州的骄兵悍将。虽然提出问题的是某些官员，持这种看法的却大有人在。唐宪宗虽然公开宣称，讨伐淮西乃为民除害，珍宝非所求，但内心也被淮西的所谓"珍宝佳丽"产生兴趣，并且开始对前线将士乃至裴度产生猜疑。在宦官首领们的鼓捣下，宪宗派出宦官，直驰蔡州，既要争夺传说中被裴度等人侵吞的佳丽珍宝，更要对降将尽行杀戮，以除后患。这也说明了一个事实，即唐朝后期藩镇割据得以延续、宦官专权得以强化，唐朝朝廷，特别是最高统治者负有相当的责任，虽然他们也有诸多的苦衷。

安顿好淮西，裴度本来要回长安复命，却在郾城遇上了来蔡州的宦官。一问使命，裴度大吃一惊，如此折腾，淮西岂不又乱套了？怎么办？裴度决定与宦官一道返回蔡州。回蔡州干什么？尽可能地把宦官的破坏，其实也是皇帝的破坏、朝廷的破坏控制到最低程度。如果宦官按照皇帝的旨意，按照自己的意志在蔡州胡来，蔡州说不定又反了。不仅降兵降将可能降而复叛，平叛将士也难免加入叛军行列，这种情况在唐朝后期已经不止一次发生。

宪宗一面对将相开始猜测，一面则对宦官更加信赖，同时和诸多宦官一样，也是虔诚的佛教徒。平定淮西的第二年，元和十三年，负责朝廷佛教事务的官员上表，说凤翔法门寺的护国真身塔内，藏有佛祖释迦牟尼的指骨一节，这就是"佛骨"，被称为"舍利"或"舍利子"。说这节"佛骨"三十年一开，届时岁丰人安，天下太平。明年即元和十四年，值三十年一开之期，奏请将佛骨迎至京师长安，以表信佛敬佛之意，以应佛光普照之瑞。

隋唐是中国佛学发展的鼎盛时期。梁启超认为，自秦汉以后，中国可以称得上是"学术思潮"的，只有两汉经学、隋唐佛学、宋明理学、清代朴学即考据学。隋唐和南北朝一样，也是佛教传播的极盛时期，上自皇室，下自黎庶，不说是人人信佛，也差不了多少，有的到了如醉如痴的地步。说起来宗教也是很有意思的事情。天下大乱，民不聊生，人们崇信宗教，为的是祈求平安；天下太平，丰衣足食，人们崇信宗教，为的还是祈求平安。三十年前我读过一位居士写的小册子，叫《佛学与人生哲学》，说人类有三种科学：一是自然科学，解决人与自然之间的矛盾；二是人文社会科学，解决人与人之间的矛盾；三是佛学，解决人自身头脑中的矛盾。人可以不理会与自然、与他人的矛盾，但你回避不了自身的矛盾，所以佛教乃是最高境界的科学。当然，我们也可以把这里的"佛学"置换成"宗教"，置换成"信仰"。从某种意义上说，从"贞观之治"到"则天时代"，再到"开天盛世"，唐朝极度的开放自由，与佛教的盛行其实有着极大的关系。唐太宗、武则天、唐玄宗固然受到民众的顶礼膜拜，但他们也和民众一道，对佛祖释迦牟尼顶礼膜拜。在皇帝之上，还有佛祖。

国家要承平，民众要平安，唐宪宗希望得到佛祖的保佑。欣闻佛骨将开，岂非天佑大唐？于是选择吉日，命宦官首脑率领长安名僧前往法门寺，迎请佛骨。

元和十四年即公元820年正月十三日，"佛骨"被迎至京城。虽然谁也看不清楚那长约寸许的佛骨到底是何物，但仍然是观者如潮，长安城内万人空巷。人们渴望已久的刀兵消弭、岁丰人安的太平时光就应在这佛骨之上。唐宪宗亲自将佛骨迎入宫中，供奉三天，然后命人遍送长安诸寺院，王公庶民赡奉布施，唯恐不及。

但是，就在这沸沸扬扬的迎佛礼狂潮中，却有人痛心疾首，此人便是名列"唐宋八大家"之首、当时为刑部侍郎的韩愈。佛骨被迎进长安的当天，韩愈写了一篇烁古震今但被司马光认为有些过激的《论佛骨表》，说信佛崇佛是否能带来"福"，我不知道；但我不相信不信佛、不崇佛就会有灾。并且公然宣称："佛如有灵，能作祸祟，凡有殃咎，宜加臣身。"韩愈是清醒的，佛并不能对他施加任何殃咎。但是，信佛崇佛的唐宪宗和当时的舆论却是可以给其殃咎的。唐宪宗见到韩愈的《论佛骨表》，极其恼怒，立时要加以极刑。幸亏当时的宰相是裴度、崔群，力陈韩愈虽然"愚狂"，却是发于忠恳，别无坏心。第二天，身为刑部侍郎的韩愈被贬为潮州刺史，开始了他的流放之路。

这一年，即元和十四年，佛骨是否真的开了，史无记载。倒是迎请佛骨到长安的一年之后，元和十五年（820年）的正月，唐宪宗暴死，倒似乎为韩愈所说的"事佛渐谨，年代尤促"加了注脚。宪宗死因不明，有记载推测说是因为随着"元和中兴"，宪宗越来越不听宦官的摆布，甚至想削弱宦官的权力，故被宦官所害。

四、扬一益二

宪宗死后，裴度在一定程度上仍然是大唐的依靠。继位的穆宗、敬宗、文宗，遇到疑难问题、棘手事情，会不断征询裴度的意见乃至请裴度亲自出马。唐朝出使邻国的使者，常常要面对邻国国君的问询：裴度今年有多大岁数？长得什么样子？是否还受到大唐天子的信任？等等。但是，由于宦官的权力越来越大，裴度的处境也越来越艰难。于是干脆把家搬到东都洛阳，颐养天年，和白居易、刘禹锡等人相互唱和，写诗、作文、喝酒、游乐，虽然忘不了天下治乱，却再也不过问朝廷之事。

虽然已经无法恢复昔日的强盛，但唐朝后期的经济，特别是商业经济发展的水平，并不逊于前期。"安史之乱"对黄河流域的经济造成了极大的破坏，但人口的大量南迁却造就了长江流域经济的繁荣。用历史学家的话说，发生了中国经济重心的整体南移。

我在《国史通鉴》的"两晋南北朝"中曾经揭示因躲避战乱而发生的人口迁徙的两个十分明显的特点：第一，远离战争，这是保护生命的需要。第二，不过于远离战争，这是保护财产即家乡田地、房屋等不动产的需要。所以，两晋之际的战乱期间，北方的"衣冠之族"主要迁徙到江淮之间及江南。"安史之乱"期间，北方人口主要有两个流向：一、步两晋之际北方移民的后尘，迁往江淮之间及江南；二、追随唐玄宗的步伐，迁往四川盆地。他们和当地的民众一道，在这两大区域营建起两个极度繁荣的城市：隋炀帝向往并最终于之安葬的扬州，和唐玄宗住了一年多并打算作为终老之地的益州即今成都。

长江下流的扬州，依托着江淮及东南地区的财富；长江上游的益州，依托着有"天府之国"美誉的四川盆地，成为那个时代人们向往的乐园。元和八年完成的《元和郡县志》称："扬州与成都，号为天下繁侈，故称扬、益。"而且，人们将两地排了个序——"扬一益二"。

扬州为天下第一繁华之地，《旧唐书·秦彦传》说："广陵大镇，富甲天下。"其实不用等到唐朝，隋炀帝下扬州已经说明了扬州的魅力。李白的名句"故人西辞黄鹤楼，烟花三月下扬州"（《黄鹤楼送孟浩然之广陵》），使人们对扬州有了更多的向往。杜牧的"十年一觉扬州梦，赢得青楼薄倖名"（《遣怀》）、"二十四桥明月夜，玉人何处教吹箫"（《寄扬州韩绰判官》），更加引发了人们对扬州的遐想。

虽然排在扬州之后，但益州并不逊色。杜甫的《春夜喜雨》专颂益州："好雨知时节，当春乃发生。随风潜入夜，润物细无声。夜径云俱黑，江船火独明。晓看红湿处，花重锦官城！"还有不服气的，唐人卢求的《成都记序》说：

> 今之推名镇为天下第一者，曰扬益。以扬为首，盖声势也。[然益州]人物繁盛，悉土著。江山之秀、罗锦之丽、管弦歌舞之多、技巧百工之富，其人勇且让，其地腴以善熟，较其要妙，扬不足以侔其半。

当然，扬州为首，并非全在"声势"，而在"实力"。实力有三：一是江淮及东南地区的财力支持；二是为当年海上"丝绸之路"主要出海口岸，"胡贾"众多；三是有一专业市场，那就是"盐"。时有"盐铁谚"说："唐世盐铁转运使在扬州，尽管利权，商贾如织。天下之，扬为首而蜀次之，故谚曰'扬一益二'。"强调扬州之盛，在个"盐"字。

但是，唐朝最后终结，在某种意义上说也恰恰是因为这个"盐"字。

第二十五讲 再现乱局

一、成盐败盐

扬州的繁荣，在一定程度上是因为一个"盐"字。盐商用其从"盐"中挣来的钱，使得扬州更加繁荣；官府用其从"盐"中挣来的钱，使得扬州更加气派。而"安史之乱"后唐朝财政的"中兴"，很大程度上也是因为这个"盐"字。经过第五琦，特别是刘晏的盐法改革，"天下之赋，盐利居半"（《新唐书·食货志》）。

但是，天下之事，有其利必有其弊，最后冲垮唐朝根基的，从某种意义上说，竟然也是这个"盐"字。成也萧何，败也萧何；成也在盐，败也在盐。为什么这样说？

因为无论是第五琦理财时对食盐的统购统销，即官买官卖，还是刘晏理财时对食盐的官府统购、商人包销，都是以禁止私盐为前提的。盐户只能将生产出来的盐卖给官府，否则就是私盐；官府对买卖私盐者进行严厉惩罚。这样，本来围绕着作为商品的"盐"所产生的盐户与盐商、盐商与消费者之间的矛盾，因为官府的垄断，转化为官府与盐户、官府与盐商乃至官府与消费者之间的矛盾。下面，我们简略地分析一下它的逻辑过程。

第一，虽然刘晏改革盐法一度被认为是官府得盐利而民不知盐贵，这是因为盐法改革的初期，官府的买价和卖价相对合理。但官府所得之利，毕竟还是官府从盐户手中的"买价"和转手给商人的"卖价"之间的差价，这个差价商人当然是要转嫁给消费者的。随着政府对盐税越来越重视，差价由刘晏接手时的40万贯到后来的600万贯，商人向消费者的加价自然也就相应提高，这就是通常所说的"羊毛出在羊身上"。但是，这个时候发生的还是盐户、盐商和官府的矛盾，不涉及消费者，消费者直接面对的是盐商，是和盐商的矛盾。

第二，刘晏改革盐法时，官府从盐户手上买盐并将盐批发给盐商，价格既根据市场的客观，也反映官府的主观。后继者为了有更多的"差价"支持政府的财政，买价尽可能地压低，卖价尽可能地提高，站在政府的立场上是可以理解的，因为政府此时成了"生意人"。但是，站在盐户和盐商的立场却是盘剥。而且，官府挣的"差价"越大，向盐户出的买价也就压得越低，向商人收的"卖价"也就抬得越高，这就背离了市场规律。于是，有盐户、盐商瞒过官府，直接进行交易。这样，省去官府统购、转销的中间环节，盐户还可以从盐商处获得高于官府"定价"的"市场价"，商人也可以通过低于官府转销的"市场价"获得盐户的优质盐。但是，这些由盐户直接卖给盐商的优质盐，恰恰属于官府明令禁止的"私盐"，受到官府的缉捕，这就使得官府和盐户、盐商的矛盾趋于尖锐。

第三，盐商从盐户手上获得的非法"私盐"，比通过官府批发的合法"官盐"质更优、价更廉，或者是品质相当而价更廉。价格相当而质更优，消费者自然乐于购买。这同样也是天经地义的事情，谁放着价廉物美的私盐不买而去购买价高物次的官盐？所谓"利之所在，人必趋之"。由于有了市场，不仅仅是盐商，一切敢于铤而走险且有一定机缘的各色人等，也希望通过贩卖私盐改变自己的命运，食盐的"走私"遂愈演愈烈。由于市场被挤占，官府获取的盐利越来越少，于是不但缉捕"私盐"的生产者、销售者,也打击消费者。这样,官府就成了围绕食盐构成的多边矛盾的中心,普通民众也因为"盐"而加深了对官府的不满。

第四,任何一项政策,"日久弊生"本是常态,需要与时俱进地加以修正。以情理而言,随着经济的发展,物价,特别是作为垄断商品的盐的价格也随之而涨,但食盐的"缉私"官吏及兵丁的报酬却未见提高。更为重要的是,官府对食盐的统购统销或者官购商销,是以政府的控制力及各级管理人员、执行人员的严格执法为前提的,一旦这个前提发生变化,所有的"禁令"就成了相关人员牟取私利的"法律依据","上下其手"自不可免。食盐缉私者可以放水养鱼,听任走私,但走私者需要向缉私者行"陋规",否则即"依法"进行拘捕或监禁。一方面是执法者的中饱私囊和政府的"盐"财政危机;另一方面,走私者结成组织,形成了武装走私,与官府对抗,并且产生出自己的首领,被官府称为"盐枭"。大家熟悉的王仙芝、黄巢,便是当年大小"盐枭"中的两位。

二、"流寇"黄巢

王仙芝是濮州(今山东鄄城)人,以贩卖私盐为生。在与官府的长期周旋中,王仙芝不但练就了一身武艺,而且显示出过人的谋略和担当,成为当地著名的"盐枭"。当然,从"盐枭"到"领袖"是需要条件的,而这种条件又往往是官府提供的。

王仙芝做"盐枭"的时候,唐朝在位的皇帝是懿宗李漼(859—874年在位)、僖宗李儇(874—888年在位),前者沉湎游乐、热衷戏曲;后者继位时才12岁。皆由宦官所立,也由宦官控制。但当时唐朝的问题是整个统治层的问题。其一,皇帝受宦官的控制固然不是好事,不受宦官控制的皇帝未必就是好皇帝;其二,文官集团也是朋党对立，各行其是，皇帝不相信宦官难道相信你吗？其三，藩镇虽然有所节制，但中央的权威却在持续下降，整个社会已经处于涣散之中。公元874年前后，山东、河南、河北等地连年饥荒，唐朝政府没有也没有能力通过行政手段赈济灾民，官府催交两税却毫不放松。在饥民的拥戴之下，王仙芝、尚君长等人在濮阳（河南今市）振臂而起，自号"草军"，以示其平民的性质，饥民从者如流。他们渡过黄河，冲入现属山东的曹州（菏泽）、濮州（鄄城）、郓州（东平），劫府库、夺粮食，声势越来越大。

黄巢出身于世代盐商之家，生活富裕，能读书、善应对，擅长击剑骑射。有记载说黄巢曾多次参加科举，但与官场无缘。《全唐诗》中还收录了他的一首诗："待到秋来九月八，我花开后百花杀。冲天香阵透长安，满城尽带黄金甲。"（《不第后赋菊》）当然，这首诗不知是否真出其手。科举不第，黄巢遂操持卖盐的家业，同时也干着走私食盐的勾当，可以说是位隐性"盐枭"。这种经历，使得黄巢比王仙芝更有见识、更有格局。此前曹州就有民谣流传，说"金色虾蟆争努眼，翻却曹州天下反"，金色为"黄"，曹州为黄巢的家乡。或许是受这个民谣的鼓励，黄巢在曹州起事，率众投奔王仙芝的部属尚让。王仙芝战死之后，尚让出于对黄巢的钦佩，率余部共推黄巢为王，号"冲天大将军"，建元"王霸"。黄巢成了这支被唐朝朝廷称为"草贼"，被后人称为"唐末农民起义军"的最高统帅，继承王仙芝的事业，继续向大唐的江山、大唐的"天"发动冲击。

黄巢军先是转战在山东、河南、湖北、湖南、江苏、安徽、江西，再入浙江、福建，越南岭至广东，然后返回江西、湖南、湖北，屡挫官军，也屡遭失败。有许多文章斥责王仙芝一度想投降唐朝，其实黄巢也有过降唐而复叛的经历。宋人洪迈《容斋随笔》中不无遗憾地说："凶暴如王仙芝、黄巢，不过饶觊一官而已，使君相御之得其道，岂复有滔天之患哉！"如果唐朝的官员们大度一点，对王仙芝、黄巢进行收编,怎么可能有后来的结果呢?但是,阶级的成见和朝廷的脸面,使唐朝容不得"草贼"王仙芝、黄巢,却忘记了高祖李渊、太宗李世民创业期间,多得"草贼"之力。但从根本上说,当年的李渊、李世民是"革命"者,此时的唐朝已经是"革命"的对象,完全丧失了驾驭"草贼"的能力。

在这之前,王仙芝、黄巢大军的行为特点,被人们归纳为两个字——"流寇"。所到之处,攻不下即走,能攻下则洗劫一空而走,不占城池,不建据点。

转折点发生在公元880、881年之交,黄巢大军横扫黄河南北,一改以往的做派,变得军纪严明,洛阳守将献城而降,黄巢军"供顿而去,坊市晏然"(《旧唐书·僖宗本纪》)。继攻潼关,守关将士望风而溃。广明元年十二月初三,即公元881年1月6日,唐僖宗在当权宦官、神策军中尉田令孜的护卫之下,带着后、妃和几个儿子,潜出长安,几乎无人知晓,故"京城晏然"(《旧唐书·僖宗本纪》)。逃往哪里?学先祖玄宗,逃到了成都。僖宗出逃的两天后,黄巢前锋进了长安。十二月十三日,即公元881年1月16日,黄巢在长安称帝,国号"大齐",年号"金统"。留在长安的唐朝文官、武将,除了被杀、自杀及藏匿者外,三品以上等候处置,四品以下全部留任,成了"大齐"的官员。曾经写下过《汴河怀古》、为隋炀帝开凿运河颂功的著名诗人皮日休,受命为"大齐"的翰林学士,帮助起草文书。

有一段记载很有意思:"巢众累年为盗,行伍不胜其富,遇穷民于路,争行施遗。"黄巢所部一路抢劫,人人都成富翁,路上遇见穷人,争着施舍,是一支杀富济贫的队伍。从长安春明门进城时,坊市百姓争先恐后,要一睹"黄王"风采。黄巢的二号人物尚让一路向长安百姓宣告:"黄王为生灵,不似李家不惜汝辈,但各安家!"(《旧唐书·黄巢传》)李家皇朝长期欺压百姓,黄王才是你们真正的救星,以后各安生计,共享太平!这种宣传在当时极具鼓动性。

黄巢宣布为帝之后，用"天命"宣告自己的"正统"与"合法"："唐帝知朕起义，改元广明，以文字言之，唐已无天分矣。"唐朝皇帝知道我起义师，改年号为"广明"，已经在无知中传播了上天的意思，日、明已经是我"黄"家的了。唐属土德，土生金，我就是金王，所以年号为"金统"。当然，这番解读也许是读过书的黄巢自己的解释，也许是降官皮日休等人的主意。一句话，就是布告天下，"大唐"完蛋了，以后是"大齐"的天下。这种打击极其有效，唐僖宗君臣为此把不吉利的"广明"年号改为"中和"，希望改改运气。

三、"反贼"朱温

按理说，黄巢可以结束"流寇"方式，在关中创立基业了。但事情没有这么简单。

第一，开始的王仙芝，后来的黄巢，其队伍的基本构成是本来在一起的盐贩盐枭以及后来追随的饥民，并以饥民为主体，哪里能够弄到粮食、财富，就冲向哪里，没有也不可能有建立"根据地"的想法。

第二，虽然唐朝中央对地方的控制力十分虚弱，但"节度使"的普遍设置，使得地方控制力增强，王仙芝、黄巢所到之地，似乎处处空虚，但又处处受到地方武装和中央武装"群狼"式围攻。在这种形势下，无论是王仙芝还是黄巢，可以利用空隙攻占不少地方，却又很难真正有立足的空隙，只能四处流动，成为"流寇"。

第三，终于到了关中，占领了长安，建立了政权，但由于"胜利"来得过快，成分也没有改变，所以思维仍然停留在"流寇"层次上。从"黄齐"政权，人们仿佛听到另一个人物在召唤：西楚霸王项羽。"衣锦还乡"是当年项羽的追求，"西楚霸王"也反映了项羽的志向。而此时的"大齐"，也反映了黄巢及追随他转战万里的人们的共同心愿：回到故乡去！否则，明明在关中，在"秦"地，怎么弄出一个大"齐"？

或者是为了宣告"齐"人对"秦"人的征服？事实也正是这样，黄巢的"大齐"没有建立起关中的秩序，却很快对关中展开了掠夺，近乎当年的项羽"联军"，自称"义军"的"大齐"军也演变成了"匪军"，杀戮唐朝的宗室和大臣，劫夺民众的财物和女子。民心一失，问题就严重了。人们宁愿要一个似乎气数将尽却还在苟延残喘的"大唐"，也不愿意接受由一帮"齐"地盐枭创立的所谓"大齐"。本来近乎一团散沙的各地唐军及名义上归属于唐朝的北方铁勒部，在逃到成都的唐僖宗的旗号之下，对长安的黄巢"大齐"进行围攻。在这种形势下，黄巢和他的同伴即使想再"流"回到"齐地"，也并不那么容易。

那么，留在长安怎么样？不但民心已失，而且还面临隋唐定都长安的同样挑战。关中的供给很大程度上需要黄河流域和江淮地区"漕运"的接济，唐军围攻长安，城中发生粮荒，军心大乱。中和三年四月十日，即公元883年5月20日，黄巢在占领长安的两年多后，撤出长安，回到曾经流动过的河南，并且围攻陈州三百天。陈州在今河南淮阳，既是古都，又是"形胜之地"，为西周分封时陈国所在地，春秋时期一度为楚国都城；陈胜起义在此定都，建国号为"张楚"。

可以看出，通过在长安的一段日子，黄巢和他的将领们并不希望也已经不习惯像以往那样四处游弋，再做"流寇"了，他们希望有一个"安乐窝"。而且，经过了一段在长安的"好日子"，也不像过去那样敢于战斗了。一面是黄巢军难以死战，一面是陈州守军特别顽强，黄巢久攻不下，唐朝援军却大批集结。此时正值雨季，连日大雨，平地水深三尺。黄巢全军溃散，逃到泰山虎狼谷（又称狼虎谷），自杀而死。

关于黄巢之死，有多种说法。其一说黄巢的外甥林言（有记为"朱彦"的）杀黄巢及其妻子兄弟，并将首级献给唐军，但自己也被唐军所杀。我没有也不忍心采用这一说法。其二说黄巢走投无路，让林言杀了自己，以首级请功，但林言不忍。黄巢自刎不死，林言不得已而动手，尚未献首级，就被闻讯而来的沙陀兵所杀，连同黄巢首级，一并献功。我采用的是这一说法。还有一种说法比较好玩，说黄巢不但让林言杀自己，还有一番临终遗言："我欲讨国奸臣，洗涤朝廷，事成不退，亦误矣。若取吾首献天子，可得富贵，毋为他人利。"但是，《新唐书·黄巢传》的这段记载成为后人的笑柄，因为黄巢竟然说得出起兵是为了肃清奸臣，并且后悔自己没有功成身退的话。而且，当事人都被杀光了，黄巢的这段"临终遗言"又是谁传递出去的？或者是林言被杀前的传递或杜撰？

王仙芝死了，黄巢也死了，本来已经在动摇的唐朝的根基却在这场大动荡中被摧毁了。有两股力量在打击黄巢的过程中得到了壮大，一股是沙陀李克用的势力，另一股则是黄巢降将朱温的势力。

朱温是宋州砀山即今安徽砀山人，兄弟三人，父亲为乡里教师，家境清贫。父亲死后，母亲带着朱温兄弟在邻县富人家做佣工。兄弟三人性格不同，志趣也不相同：老大朱全昱忠厚老实，和母亲一道，本本分分做佣工；老二朱存喜欢斗殴，老三朱温尤为凶悍，二人总盼着荣华富贵、出人头地。心想事成，出人头地的一天还真是等到了。王仙芝、黄巢起事，朱存、朱温追随黄巢转战中原，挺进浙闽，进取广东，虽然朱存战死，朱温却是战功累累。黄巢在长安称帝，以朱温为东南面行营先锋、同州防御使，为独当一面的大将。

但是，随着唐军对关中的反攻，形势越来越凶险。于是有人给朱温出主意，说黄巢起于草莽，尽管称帝，却既无帝王福份，也无帝王气度，不足以成大事。唐朝皇帝尽管逃到成都，各镇之兵却日集夜合，围攻长安，可见天不厌唐。所谓"识时务者为俊杰"，该是当机立断、弃黄而归唐的时候了！此说正中朱温下怀。

朱温兄弟投奔黄巢，本来就是一场人生赌博，希望通过这场赌博改变命运。用安禄山谋主高尚的话，宁可为贼而死，也不窝囊而活。老二朱存已经战死，老三朱温成了黄巢大将，如果黄巢的"大齐"能够取代"大唐"，朱温就是开国重臣，命运将彻底改变。但是，眼看黄巢大势将去，朱温得重新寻找富贵之路，不能让自己在一棵树上吊死。唐僖宗中和二年八月，黄巢称帝后一年零八个月后，朱温杀了监军严实，率部降唐。远在成都的唐僖宗闻讯大喜："是天赐予也。"（《旧五代史·梁书》）这是上帝赐给大唐的礼物啊！

朱温的反叛，加速了黄巢"大齐"的瓦解。朱温一面对黄巢余部大肆接纳，一面对唐朝在黄淮地区的节镇逐个打击，主观上是扩大自身的势力，客观上却是在通过黄巢的打击之后，继续铲平自"安史之乱"以来形成的地方割据势力。经过近二十年的经营，朱温的势力控制了传统意义上的"中原"地区。公元903年，朱温尽杀唐朝宦官七百多名。唐朝后期一百多年的宦官专权、藩镇割据，被人们诟病了一千多年，但它们恰恰是后期唐朝的生存方式，如同我们过去说东汉后期的宦官、外戚轮流专权是后期东汉的生存方式一样。一旦宦官、藩镇这两种生存方式被朱温铲除，唐朝也就失去了它自身的存在方式了。

公元907年，经历了前138年由草创到鼎盛，又经历了后161年由中兴到残喘，持续了近三百年的唐朝，最终退出历史舞台。朱温取唐而代之，建国号"大梁"，定都汴州即开封，称"东京"。中国历史告别"大唐"，开始进入另外一个时代，"五代十国"的时代。

四、统乎乱乎？

虽然创建了"大梁"，后来又被"大梁"尊为"太祖"，但朱温在中国历史上，大概是名声最坏、最受诟病的"太祖"，没有之一。

什么原因呢？第一，人们对唐朝太过怀念。尽管"安史之乱"以后的唐朝已经不复繁荣强盛，但唐朝的经济、文化仍然在继续发展。只要列举一串名字，就令人神往：韩愈、柳宗元、白居易、刘禹锡、李贺、李商隐、杜牧、温庭筠，无论放在哪个朝代，也是一流的文化人。

第二，朱温本人太过小人。为了追求富贵，朱温投奔了黄巢；为了不使富贵成为泡影，朱温背叛黄巢而降唐；为了得到更大的富足，朱温又废唐而自立，这就是"小人"；而且凶残歹毒，为达目的不择手段。第三，更为重要的是，人们认为朱温取代唐朝之后，破坏了全国的统一，从而造成了北方的兵革不断，南方则割裂成了若干个政权，出现了"五代十国"的分裂局面。朱温为罪魁祸首。

所谓"五代"，指的是从公元907年朱温代唐开始，到公元960年赵匡胤建立北宋止，这54年的时间里，中国的黄河流域或者说"中原"地区，先后出现的五个政权。"五代"对于电视机前的朋友应该耳熟能详，因为中学的历史教材中就有：

第一，朱温建立的"梁"，定都开封，时间在公元907—923年，存在16年。

第二，李存勖建立的"唐"，定都洛阳，时间在公元923—936年，存在13年。

第三，石敬瑭建立的"晋"，定都开封，时间在公元936—947年，存在10年。

第四，刘知远建立的"汉"，定都开封，时间在公元947—950年，存在3年。

第五，郭威建立的"周"，定都开封，时间在公元951—960年，存在10年。

各位可以看出，从时间看，所谓"五代"，是前后衔接的，梁、唐、晋、汉、周相继取代前朝而立。类似于我们过去说到的"南北朝"时期的"南朝"，东晋之后，宋、齐、梁、陈，相继取代前朝。所以，虽然有"五代"，中原地区大抵只有一个政权存在，不管这个政权如何短暂，如何动荡，却代表着"正统"。

还有一个十分有趣的现象。虽然"五代"依次是梁、唐、晋、汉、周，但每一个后来者都取了一个早于前代的国号。李存勖的"唐"是宣布终结"梁"而恢复"唐",石敬瑭的"晋"是终结"唐"而恢复"晋",刘知远的"汉"是终结"晋"而恢复"汉",郭威的"周"更有创意,终结"汉"而恢复"周"。由于这些国号在中国历史上都有过,所以后来的人们将这"五代"统统加一"后"字,以示区别,遂成了后梁、后唐、后晋、后汉、后周。

还有一个环节要向诸位做个说明。虽然"五代"在当时属"正统",但其创建者,后梁的朱温、后周的郭威固然是汉族人,中间三代,后唐的李存勖、后汉的刘知远以及公开向契丹称臣、称儿,公开承认契丹对"燕云十六州"的占有,在中国历史上有"儿皇帝"之称的石敬瑭,皆为沙陀人。

中原有"五代",南方则先后或同时出现了多个规模不同的政权,人们为之取了一个整数——十国:在四川盆地先后出现的两个政权都以"蜀"为号,被称为"前蜀""后蜀";以扬州为中心的吴,取代吴而以南京为中心的(南)唐;以杭州为中心的吴越、以福州为中心的闽、以广州为中心的(南)汉、以荆州为中心的南平、以长沙为中心的楚,这九个政权都在南方;除了汉,都在长江流域。还有一个以太原为中心的"汉",被称为"北汉"。

我们一说这些名称,脑子里就是一团麻、一团糟,似乎是倒过来的"五胡十六国"。但是,这一团麻、一团糟的过程,却同样是中国历史上的一个重要时代,出现了许许多多有意思的人和事,特别是在这个公开的大分裂中,孕育着新的统一。

第二十六讲 五代群雄

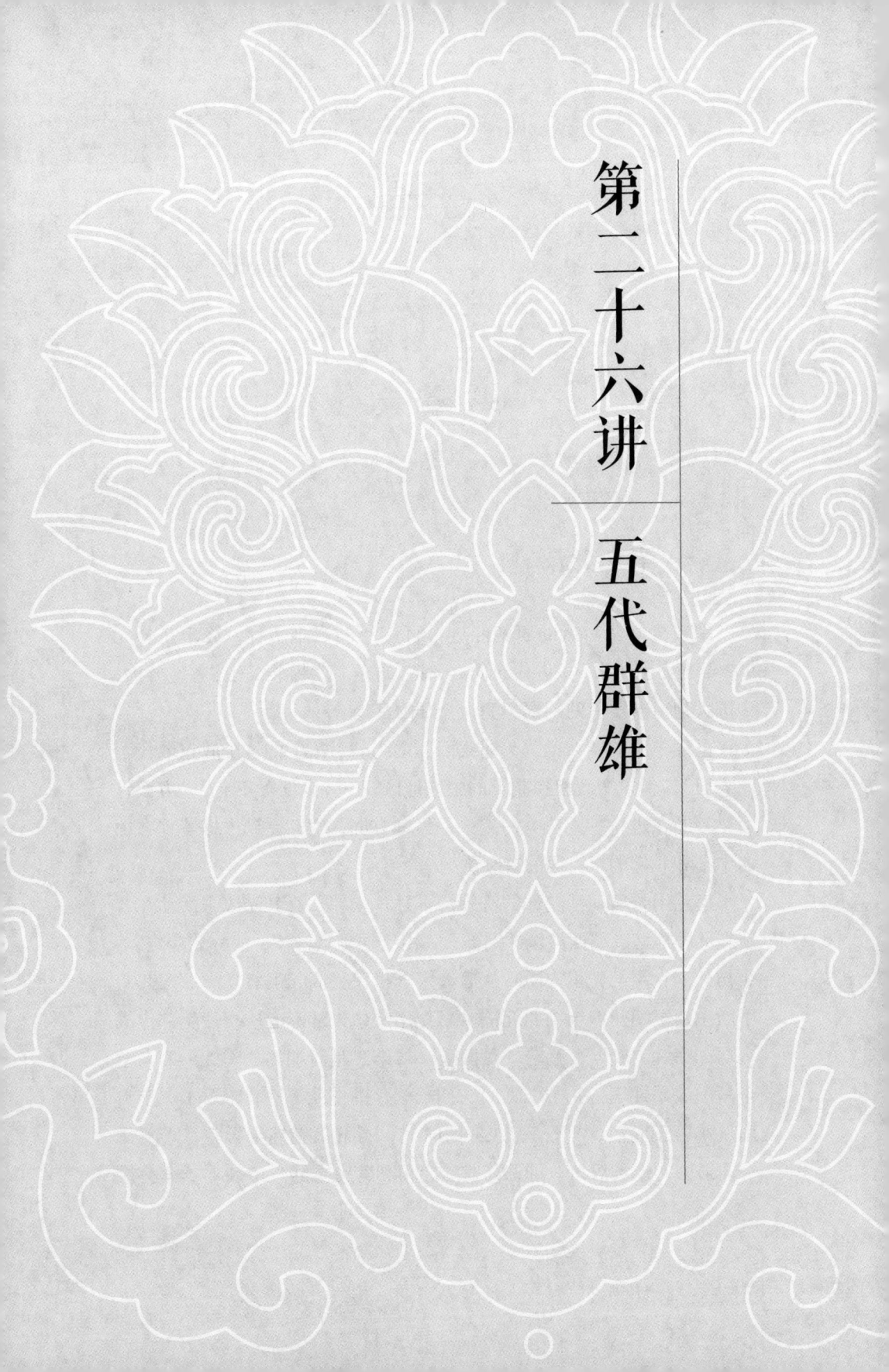

一、朱李交恶

"安史之乱"后的唐朝经过一百多年的艰难历程，终于在公元907年走到了尽头。朱温代唐而立，北方"五代"相继，南方各地分治，中国大地由事实上的割据裂变为公开的乱局。

虽然朱温的"大梁"，即我们称之为"后梁"的这个政权取代了"大唐"，但这个政权控制下的中原地区，一天也没有安宁。一方面，后梁不断在进行扩充势力的战争；另一方面，它又受到占据着现在山西中部和北部的李克用的持续挑战。

李克用是唐朝沙陀部的首领，本姓"朱邪"。其先原来活动在今新疆北疆地区，属西突厥"别部"，由于居地近沙漠，故称"沙陀"。唐初，李克用的先祖内附，从唐太宗李世民征高句丽有功。后来其族不断东迁至朔州即今山西北部。李克用父亲朱邪赤心所率沙陀部作战有功，赐姓"李"，赐名"昌国"。"李"是唐朝的"国姓"，老子李昌国被赐姓李，儿子李克用、孙子李存勖也就都姓"李"了。李克用从小善于骑射，据说其13岁的时候，有群鸟翱翔于天空，李克用一箭射去，连贯双鸟，可见其射术之精和臂力之健。15岁时，李克从父往讨唐朝的兵变，冲锋陷阵，勇不可当，人称"飞虎子"，被唐朝授为"云中牙将"。一代名将，由此诞生。

时值唐末乱局，内地藩镇林立，边境部落自立，李昌国、克用父子也以朔州为基地，闹起了独立，并且四处攻战，掠夺邻州的地盘。王仙芝、黄巢起兵，既使乱局更乱，又使得唐朝朝廷放弃了与藩镇、部落的矛盾恩怨，携手对付黄巢。所谓时势造英雄，在打击黄巢的战争中，李克用显示出更为凶悍的本色，连战皆捷，黄巢军闻沙陀而色变。

唐僖宗中和四年即公元884年5月，黄巢余部在李克用部的打击之下，逃往山东。李克用率部来到汴州即开封城外休整，当然，也许是为了争夺战利品。这时的朱温是"宣武节度使"，开封为其"治所"。由于李克用曾经多次解朱温之围，所以，朱温听说李克用到了城外，立即让人将其请入城内，并在城内的上源驿设宴接风。这时的朱温32岁，李克用28岁。这个年龄放在当下，就是高校中的"青年教师"，或者部队中的连营干部。但当时的朱温为宣武节度使兼"东北面都招讨使"，李克用为"河东节度使"，都是叱咤风云、独当一面的大将。这就是战争年代的特点了，也有点像我们今天的"互联网+"行业。

宴席上，声乐俱佳，菜肴皆精，朱温"礼貌甚恭"，极尽地主之谊。主人恭敬，客人不免张狂。酒喝多了，话也就多。二人的历史都有些不光彩，李克用和他的父亲李昌国姓了唐朝的国姓，却一度和朝廷闹独立；朱温更曾经追随黄巢和唐朝为敌，后来弃大齐而降大唐。不知道朱温是否问及李克用这个"李"姓的来历，反正李克用说了朱温追随黄巢、反叛黄巢的往事，当然，也一定眉飞色舞地描述自己是如何打黄巢给朱温解围的故事。这就触犯忌讳了。朱温当时已经有些不痛快，只是不说而已。酒宴结束，李克用醉得不省人事，随从进城的三百多人也都带醉意，尽在上源驿中酣睡。

这个时候，朱温再一次显示了"小人"的禀性，当然，也可能是把李克用看成潜在的对手，或者是想减少一个争功的对手。朱温趁着李克用醉酒，调集兵马，先是用车辆和树枝堵塞上源驿和外界的所有通道，然后将上源驿团团围住，一面放火烧驿站，一面发起攻击。李克用醉卧驿站，全然不知。亲兵卫队大多醉而不醒，但仍然有人保持警惕，一见有变，立即组织抵抗。侍从亲兵将李克用拖下床来，以避箭弩，再用冷水泼面，李克用这才醒了过来。醒来的李克用，就是一只"飞虎"，持弓翻身而起，和众人一道，拼死抵抗。但是，火势越来越猛，围攻越来越急。指挥围攻的朱温心中得意，被困驿站的李克用则心中焦虑。此时此刻，就算李克用是"飞虎"，也插翅难飞。

谁也没有想到，夜空中突然响起几声霹雳，接着就是狂风大作、暴雨倾盆，不但把驿站的大火浇灭，也完全打乱了朱温的部署，四下一片漆黑，敌我不分。贴身卫士保护着李克用翻越驿站围墙突围，当然应该有熟悉开封地形的人引路。李克用一行借着电光来到开封的南门，缒城而下，逃离险境。一道入城的三百多人，或者在突围中被杀，或者在醉梦中被杀。

这里有个很有趣的插曲。和朱温一道策划这次阴谋的将领名叫杨彦洪，眼看功败垂成，黑暗中难分敌我，眉头一皱，计上心来，向朱温出主意，说"胡人"有事则乘马，不能让李克用乘马而逃。于是传令，见乘马者即射杀。但是，事情一紧急，杨彦洪忘记自己向朱温的建言，骑着马指挥对李克用余部的围歼。黑暗之中，朱温模模糊糊见一骑者左右奔跑，以为是李克用或沙陀将士，一箭射去，杨彦洪落马身亡。

李克用不但自己能征惯战，还有一位遇事有主见的妻子刘氏。史载刘氏"为人明敏，多智略，颇习兵机"（《新五代史·唐太祖家人传》）。《新五代史》说刘氏是"代北人"，应该是和李克用一样，是用了"汉姓"的"胡人"。李克用起兵，刘氏常常随军，这次也一样，从征黄巢，但没有随李克用进汴城，而是坐镇城外大营。城中发生变故，有先逃归者，哭诉李克用遇难。刘氏神色不变，立斩来者，说是扰乱军心，暗中却召集将领，商议全军而退之策。等到李克用从城中逃回，夫妻二人恍如隔世，相向恸哭。李克用打算立即起兵，攻打汴城，但刘氏极力劝阻："公本为国讨贼，今梁事未暴，而遽反兵相攻，天下闻之，莫分曲直。不若敛军还镇，自诉于朝。"（《新五代史·唐太祖家人传》）这里说的"贼"，自然是指黄巢。刘氏提醒李克用，将军征讨黄巢，立了大功，没有必要和朱温争一时之气，不如暂且领兵回太原，同时向朝廷报告事情的原委，请朝廷处置。在当时的唐朝，能有如此见识的女子，难能可贵。

二、父志子承

虽然农历五月为雷雨季节，但以时人的认识，李克用大难不死，那就是天意。朱温心中也是暗算惊奇。但作为乱世枭雄，朱温的"厚黑学"那是炉火纯青，没杀成李克用，竟然修书一封，送至军前，深深表示歉意。说昨日之事，老哥我完全不知情，是朝廷在军前的使者和杨彦洪背着我相与为谋。杨彦洪已经死在混战之中，对老弟你也算是有个交代，希望不要因为这场误会影响你我之间的交情，我们一如既往，共辅大唐。

李克用当然不能就此罢休。他听从刘氏的劝告，一面撤兵回太原，以免日久生变；一面修书，请求朝廷为其讨回公道。但是，这时的唐朝朝廷自身难保，既不能得罪受了委屈的李克用，也拿朱温没有办法，只得"优诏和解"，封李克用为"陇西郡王"，以示安抚。

在此后的二十多年里，李克用一直在和朱温抗争，虽然处于下风，却也让朱温一日不得安宁。其间朱温干的两件事情，使得李克用逐渐获得主动。

第一件事：公元904年农历八月，朱温在将唐昭宗迁到洛阳之后，予以杀害。消息传到太原，李克用向南哭祭，命三军缟素，发誓与朱温誓不两立。

第二件事：907年农历四月，朱温取代唐朝，自立为帝。长江以北和各地节镇，除了据有太原一带被封为晋王的李克用、凤翔一带被封为岐王的李茂贞、淮南一带被封为吴王的杨行密，以及占据川中被封为蜀王的王建之外，不管服与不服，都公开向朱温称臣。而在这四股反朱势力中，蜀王王建占地最广。眼见唐朝完了，王建打算在川中称帝，想拉李克用同进退。但李克用坚决不从，致书王建：

仆经事两朝，受恩三代，位叨将相，籍系宗枝……誓于此生靡敢失节。仰凭庙胜，早殄寇仇。如其事与愿违，则共藏洪游于地下，亦无恨矣。（《旧五代史·唐武皇本纪》）

我世代受大唐厚恩，位列将相，又蒙赐以国姓，攀附皇室，此生誓与朱温不共戴天。希望大唐列祖列宗保佑，让我恢复大唐。即使不能成功，死而无憾。这段文字固然由文官写就，却代表着李克用的态度。不管动机如何，一位沙陀首领有如此态度，也让当时所有拿了唐朝俸禄而钻营投机者汗颜。

从此以后，李克用以"宗枝"即大唐的宗支自居，以恢复大唐为号召，在与朱温后梁的搏杀中，获得了道义上的主动。但是，李克用在生之年并没有能够动摇朱温的地位，虽然比朱温小四岁，却比朱温早四年去世。

没有关系，老子死了有儿子。有记载说，李克用临死之前，取出三支箭交给儿子李存勖，让他完成自己没有完成的三件事情。第一，夺幽州。只有夺取了以北京为中心的今河北中南部，才能够撼动朱温的后梁。第二，击契丹。契丹首领阿保机曾经与我结盟，共同复兴唐朝，却背盟不行，反而火中取栗。第三，灭后梁。朱温既是我个人私敌，更是天下公敌，必灭之。

李存勖在唐末五代，可以说是个奇葩。传说李存勖从小体貌奇特、沉稳有度，但体貌如何奇特，却没有具体记载。李存勖不但精通骑射、胆略过人，且"手读"《春秋》。怎么"手读"？就是一边读书，一边抄书。更有一奇，即通晓音律，有艺术天赋。11岁的时候，李存勖随父征战，并代表父亲向后来被朱温挟持到洛阳的唐昭宗报捷。昭宗一见李存勖，顿感惊讶："此儿有奇表。"（《旧五代史·庄宗本纪》）一做交流，更是感叹："此子可亚其父。"（孙光宪《北梦琐言》）这个小孩将来和他父亲一样有出息，是国家的栋梁之材。昭宗鼓励少年李存勖向父亲学习，好好效忠朝廷。消息传出，李存勖从此多了一个称号——"李亚子"。

李存勖不辱父命，占领了幽州，击退了契丹，并且在公元923年灭了后梁，大抵上统一了黄河中下游地区。李克用的死敌朱温初次和李存勖交手，就发现这个青年比他父亲更难对付，再看看自己的儿子，不由得哀叹："生子当如李亚子，克用为不亡矣！至如吾儿，豚犬耳！"（《资治通鉴·唐纪》）生子当如李存勖，有子如此，李克用虽然死了，却后继有人。自己的一群儿子在李存勖面前，就是一群猪犬。

三、"千古骂名"

灭了后梁之后，李存勖建国号为"大唐"，并且把都城迁到洛阳，以示完成了父亲的遗愿，复兴唐朝。当然，人们并没有把这个由李存勖建的"大唐"视为唐朝的复兴，而是称其为"后唐"，为五代的第二个王朝。

十分遗憾的是，李存勖是一位杰出的军事统帅，战场上几乎战无不胜，却没有能够完成从军事统帅到政治领袖的过渡。建立后唐之后，李存勖觉得已经"超额"完成父亲交付的使命，开始发挥他另外一方面的特长——戏曲。于是，人们看到了一个完全不同的李存勖，一个整天涂脂抹粉、衣着怪异的李存勖，整天被一群伶人包围，后唐的朝廷成了剧场。刚刚稳定的社会秩序，在皇帝及其亲信的带头破坏之下，重新陷于混乱，兵变四起，李存勖本人也死于兵变之中。欧阳修记载这段历史时发出感叹：

> 方其盛也，举天下豪杰莫能与之争；及其衰也，数十伶人困之而身死国灭，为天下笑。夫祸患常积于忽微，而智勇多困于所溺，岂独伶人也哉！（《新五代史·伶官传》）

作为军事统帅的李存勖，天下无敌；作为政治领袖的李存勖，一群"戏子"就可以乱天下。为此，欧阳修在《新五代史》中专辟《伶官传》，但辟这个《伶官传》的目的，却不仅仅是要展示作为"君主"的李存勖是如何因为热衷于自己的艺术爱好而身败名裂的，而是提醒所有为君者，不能玩物丧志，不能因为个人喜好而视国家大事为儿戏，不能因为个人的喜好而被"同道"包围、蒙蔽。

李存勖并没有复兴"大唐"。后唐虽然在李存勖死后经过其从兄李嗣源的治理，一度有过兴旺的气象，但终因一而再、再而三的内乱，被石敬瑭的"后晋"所取代。

说到这位"石敬瑭"，只要读过初中的中国人大概都知道。但是，人们知道的"石敬瑭"，却是和一件事情联系在一起的，那就是"燕云十六州"。

石敬瑭和李克用、李存勖父子一样，也是沙陀人。年轻时候的石敬瑭，和年轻时候的李存勖一样，沉稳而有勇气，少言而有主见，并且喜欢钻研兵法，对战国时期赵国名将李牧、西汉名将周亚夫特别佩服，希望自己也和他们一样，成为当代名将，所以深受李克用的养子、后唐"明宗"李嗣源的器重。李嗣源将女儿嫁给石敬瑭，从此多了一位战场上的猛将和政治上的帮手。后唐存在的时间总共只有13年，李存勖死、李嗣源称帝之后，石敬瑭可以说是后唐最有声望的将相，作战勇猛，为政清廉。但也正因为如此，却受到李嗣源继任者的猜疑，并因此失足而背上"千古骂名"。

公元936年，后唐军队围攻石敬瑭所在的晋阳即今山西太原，危机之时，石敬瑭向契丹求救。契丹我们曾经说过，在唐朝武则天时代就南下到河北一带，唐玄宗天宝时期兵力最为雄厚的"范阳节度使"，主要就是为了对付北边的契丹。当然，那个时候的契丹，也给唐朝提供了如李光弼这样的名将。随着"安史之乱"的爆发，唐朝内乱，契丹势力迅猛发展，占有了大漠南北及辽东地区，并深入河北、山西的北部。朱温代唐之后十年，公元916年，契丹王耶律阿保机称帝。阿保机死后，耶律德光继位，正要寻找机会南下扩大地盘，现在机会不但来了，而且来得令人振奋。为什么？因为石敬瑭承诺的酬谢太过丰厚。

石敬瑭为了得到契丹的支持，派出使节来到契丹，说如果契丹能够出兵并帮助他取代后唐，将进行以下酬谢：第一，称子称臣。双方约为"父子"，35岁的耶律德光为父，45岁的石敬瑭为子，历史上称石敬瑭为"儿皇帝"，也因此而来。当然，这个父与子的关系，不仅仅是耶律德光和石敬瑭的关系，更主要的是确立耶律德光的"契丹"和石敬瑭随后建立的"后晋"之间的关系，契丹为宗主国，石敬瑭的政权为藩属国。第二，割让"燕云十六州"。将本来由后唐控制的幽（今北京，又称燕州，以下北京）、檀（密云）、儒（延庆）、顺（顺义）、涿（今河北涿州，以下河北）、武（宣化）、蓟（蓟县）、瀛（河间）、莫（任丘）、蔚（蔚县）、新（涿鹿）、妫（怀来）、朔（今山西朔州，以下山西）、云（大同）、应（应县）、寰（朔州东）等十六州送给契丹。这十六州就是著名的"燕云十六州"或"幽云十六州"，覆盖燕山南北、太行山北段的东西，包括今北京、天津的全部及山西北部、河北北部和中部。

可以认为，石敬瑭完全是为了自保而不顾后果，但当时已经有人提出警告。提出警告的是谁？同样是沙陀人的刘知远。刘知远当时为石敬瑭的亲兵指挥，多次从征并且在危难中解救石敬瑭，深得石敬瑭的信任。《新五代史·汉高祖本纪》把刘知远的告诫整理成以下文字：

> 称臣可矣，以父事之太过；厚以金帛赂之，自足致其兵。不必许以土田，恐异日大为中国之患，悔之无及。

刘知远并不反对石敬瑭向契丹称臣，这是形势所迫，不得已而为之。但是，称比自己小十岁的耶律德光为父就太过了。这是第一。第二，许诺重金财物，契丹也必然出兵，没有必要给予土地。第三，刘知远特别警告，如果割让燕云十六州，日后将给中国造成巨大的灾难。刘知远说的"中国"，当然是指中原地区以及在这里建立的政权。应该说刘知远是真"知远"，具有比石敬瑭更加清醒的认识。同时也说明，虽然为"沙陀"人，但刘知远已经自觉地认为自己是"中国人"。但旁观者清，当局者迷，石敬瑭病急乱投医，坚持己见，从而对此后中国的政治格局产生巨大的影响，也为自己留下了千古骂名。

四、黄袍加身

石敬瑭如此慷慨的馈赠，令耶律德光欣喜万分。契丹长驱而入，后唐迅速瓦解，石敬瑭取而代之，建国号为"大晋"，定都开封，这就是历史上"五代"的第三代"后晋"。这是公元936年的事情。但是，石敬瑭死后，公元947年，耶律德光率契丹大军南下，占领开封，结束了后晋的统治。也许贪欲太过，天不佑之，耶律德光不久即病死，一路"打草谷"的契丹大军也无法在中原立足，只得撤回。此时为后晋镇守太原的刘知远乘机起兵，夺取开封，建国号为"大汉"，这是"五代"的第四代"后汉"。

但是，刘知远在称帝的第二年就死去，他19岁的儿子刘承佑继位，急于掌控权力，却无法驾驭大臣。这在唐末五代是一个普遍的问题，并不仅仅发生在后汉。"五代"所有的"开国君主"，都是靠军队起家，而且都是前朝将领，这也和当年南北朝时期南朝的宋、齐、梁、陈极其相似。朱温、李克用都是战场上九死一生的幸存者，石敬瑭多次救过李嗣源的命，刘知远又多次救过石敬瑭的命。同样，在刘知远征战的过程中，将领郭威建立起了极高的威望。刘知远建立后汉、刘承佑继位之后，郭威为"天雄军节度使"也就是魏博节度使，兼枢密使，节制黄河以北诸州事，拥有极大的权力。但是，新的一轮君臣猜忌也迅速发生。

刘承佑继位后，启用自己信任的"新人"，而对辅佐父亲打天下的"旧臣"进行清理。公元950年农历十一月，刘承佑先是铲除了在京城开封的"旧臣"，然后，让人带着密诏，前去杀害郭威及其他将领。但是，奉命杀害郭威之人权衡利弊，反将刘承佑的密诏交给了郭威。郭威怎么办？等死？没有，那个时代面对君主的猜忌，几乎没有坐以待毙者。石敬瑭为了抗争后唐，甚至不惜割让燕云十六州给契丹。但郭威比要铲除他的刘承佑力量强大得多。他召集将领，公布刘承佑的密诏。有记载说郭威玩了个花样，把杀他的密诏改为让他杀众将的密诏，结果当然是群情激愤。

郭威要的就是这个效果，但反过来安抚众将，说这一定不是皇上的本意，而是朝中出了奸臣。怎么办？兵发开封，以清君侧。

郭威率领大军，向开封进发。"后汉"的皇帝刘承佑派出军队迎击，自己亲自观战。结果，军队一战而溃，刘承佑也死于敌军之中。郭威率军进城，往皇宫见太后，也就是刘知远的皇后、刘承佑的母亲，商议善后事宜，商议迎请刘知远的一位侄子、湘阴公刘赟继位。在新皇帝没有来到之前，由太后临朝称制。这边正在商议，那边却来了紧急军情，说是契丹大举入寇，河北各州告急。

由于前几年契丹曾经南下占领开封，所以太后李氏六神无主。此时，郭威挺身而出，请命率军抵御契丹。当然，后来有人指出，这个情报其实是假情报，是郭威或郭威亲信所为。三天后，郭威率军来到黄河南岸的滑州。湘阴公刘赟还没有做皇帝，却急不可耐地跑到军前犒劳，结果没人理睬。为什么？第一，将领都向着郭威，没人把刘赟放在眼里。第二，如果真是这位刘赟继位，会比刘承佑更好？

这就是五代时期的"特色"。组织起来的士兵可以要挟将领，组织起来的将领可以选择皇帝。人们相与商议，说你我跟着郭公攻打京师，如果不是刘姓做皇帝，你我不是面临灭族之祸吗？那怎么办？得另立皇帝。立谁？人人心中都清楚，郭威也清楚，只是装糊涂，继续率军前进，来到澶州，也就是后来宋辽立"澶渊之盟"的澶州，今河南濮阳。一直在酝酿中的兵变终于发生。诸军将士集结在一起，据记载是"如墙而进"，前往郭威所住驿站。郭威闭门不出，有人翻墙跨屋而入，拥戴郭威为帝。更有人干脆撕开一面黄旗披在郭威身上，以代皇帝的赭袍。众人跪满台阶，高呼"万岁"，声震天地。

这个情节，似曾相识。但人物、时间、地点和人们熟悉的都不同：人物是郭威而不是赵匡胤，时间在五代的公元951年而不是在公元960年，地点在开封北边两百里开外的澶州而不是二十多里外的开封陈桥驿。郭威在万般无奈之中，其实是在精心策划之中，半推半就地顺从军心，率兵渡过结冰的黄河。据说大军一过，冰就解冻了。兵临开封城下，后汉李太后怎么办？没有任何办法，自然有人以她的名义宣布顺应天意，请郭威为帝。

"五代"中的第五代"大周"即"后周"，在"黄袍加身"中诞生。而郭威"后周"的诞生，却迎来了五代时期的第一奇男子。

第二十七讲 世宗柴荣

一、汉辽联兵

公元951年，郭威"黄袍加身"，创建了五代的最后一代"大周"即后周，同时也迎来了"五代"时期的第一奇男子。

郭威创建后周的第四年初因病去世，时年51岁。郭威本来有两个儿子，但在兵发开封时被后汉皇帝刘承祐所杀。那怎么办？没关系。随着唐代藩镇的崛起，流行起一种风气，几乎所有的节度使都收养了数量不同的"义子""干儿"。这种风气可以追寻到安禄山。当年安禄山招募八千奚、契丹等族的少年勇士为"假子"即"义子"，称"曳落河"。通过这种"父子"关系，结成了感情加利益的双重关系，"义父"身边集结了一批死士，"义子"也有建功立业的靠山。其后"河朔三镇"的李怀仙、李宝臣、田承嗣乃至淮西的吴元济，"五代"的朱温、李克用、石敬瑭、刘知远等人也无不如此。风尚所至，贤者不免，郭威也有"义子"若干，最受器重的是柴荣。

柴荣是郭威皇后柴氏的内侄，因父亲去世，家道中落，往依姑母，所以也就在郭威身边长大。郭威当时无子，家境也贫，视柴荣为己出，柴荣也视郭威为己父，感情自非一般。柴荣尽心理家，任劳任怨，并

第二十七讲 世宗柴荣

与人往各处贩卖，接济家用。又喜读书，尤好黄老之术，并且和那个时代河北一带的年轻人一样，学习骑射，练就"文武术"。后来，郭威投奔到刘知远军中，柴荣也随军征战，保卫郭威。郭威为后汉的枢密使，柴荣为左监门卫大将军；郭威为天雄军节度使，柴荣为牙内都指挥使；郭威从邺城率军进攻开封，柴荣奉命留守；郭威代汉而立，以柴荣为开封尹、封晋王。这些都说明郭威对柴荣的信任。但是，由于不事张扬，也没有独立建功立业的机会，所以人们并没有发现郭威的这位义子有何过人之处。但郭威心中有数，病危之际，更命柴荣为侍中，"判内外兵马事"，就是宰相兼掌管内外军队了。临死之前，郭威还把殿前都点检即禁军统帅、比柴荣年长的外甥李重进召来，让其当面参拜柴荣，以定君臣之分，更可见郭威虑事的周到。

后周显德元年即公元954年正月，郭威去世，柴荣继位，这就是我们所说的五代第一奇男子，后来庙号为"世宗"的柴荣。

柴荣继位的时候，后周面临的形势并不乐观。郭威代汉而立，刘知远的一位弟弟名叫刘崇，时为河东节度使，在晋阳即太原自立为帝，国号仍然为"汉"，表示"汉"并没有亡，要与"周"势不两立，史称"北汉"。"北汉"占据着现在山西的中部和北部的部分地区，时时图谋出兵开封。听说郭威已死、柴荣继位，刘崇认为复仇的时机到了，请兵于契丹，想趁别人服丧事的时候，一举灭了郭威的周，恢复刘知远的汉。这个事情放在春秋时期，是要受到谴责的，但战国以后已经没有这么多顾虑了。此时的契丹已经改国号为"辽"，在位的"穆宗"耶律璟，命杨衮率兵万骑，增援刘崇。刘崇起北汉兵三万，与杨衮合兵，直扑潞州即今山西长治，这是周、汉对峙的前沿。

汉辽联军首战告捷，直逼潞州。告急文书接二连三发到开封，继位才一个月的柴荣决定"御驾亲征"。但是，几乎所有大臣都表示反对。第一，一个北汉已经难以对付，何况还和契丹联手；第二，皇上刚刚即位，内外尚在观望，只可命将出师，不可亲征。这两个理由都成立，但其实还有一个重要原因，便是新继位的皇帝不放心。但柴荣豪气勃发，力排众议，亲自调兵遣将：命驻扎在磁州即今邯郸一带的军队向西翻越太行山，出潞州之北；命驻扎在晋州即今山西临汾一带的军队向东进发，出潞州之西；自己亲率京军，从开封出发，直趋潞州之南的泽州。三路大军对汉辽联军形成夹击之势。从这一军事部署看，柴荣是懂得兵法的。但到底是纸上谈兵，还是克敌制胜，是骡子是马，得在战场上见分晓。

柴荣催军急行。有近侍官悄悄劝皇帝，说汉辽联兵，声势浩大，陛下当持重，不可轻进。柴荣闻言大怒："汝安得此言，必为人所使，言其人则生，不然必死。"（《资治通鉴》）近侍无法，说是亲兵某指挥使教我。柴荣即命将二人下当地州狱，以为扰乱军心者戒。大军来到泽州东北，在高平即今山西高平之南，汉、辽联军也到了高平。

刘崇料定柴荣刚刚继位，又缺乏实战经验，不敢亲临前线，所以只留少量军队牵制潞州，大军直取泽州。公元954年农历三月十九日，两军在高平以南相遇。后周前锋初战告捷，柴荣催动大军，逐步逼近汉辽联军。刘崇列阵以待，自己居中，大将张元徽为左路居东，杨衮率领辽兵为右路居西。

柴荣的后周大军也分三路：马军都指挥使樊爱能、步军都指挥使何徽居东为右军，义成节度使白重赞、侍卫马步都虞侯李重进居西为左军，宣徽使向训、郑州防御使史彦超率精骑为中军。柴荣自己和战马都披上铠甲，在中军指挥，殿前都指挥使张永德率禁兵保护。这些官名比较复杂，只是为了从将领的身份，说明当时开封周边的军队即"京军"尽出，为后周的精兵。

二、一战成名

刘崇遥遥望去，见后周军队不多，有些后悔，觉得真没必要请求契丹出兵。因为请人帮忙是要酬谢的，这个债很难还。当年石敬瑭请契丹出兵，割让了燕云十六州，自己如果真的到了开封，恢复了"大汉"，得给契丹多少酬谢？左右将士也这样认为，就眼前的周兵，完全可以靠自己的力量收拾。刘崇决定尽可能少让辽兵出力，到时在酬劳方面可以讨价还价。仗还没打，就在考虑如何还债、赖债，这也是十分滑稽的事情。刘崇战前动员："吾自用汉军可破也，何必契丹！今日不惟克周，亦可使契丹心服！"（《资治通鉴·后周纪》）汉将士斗志昂扬，要让契丹看看，汉军也是好汉。

辽将杨衮久经沙场，策马而前，仔细观察，但见周军部伍严整、井然有序，掉转马头，来见刘崇，说面前周军虽少，但皆精锐，实为劲敌，不可小看。刘崇怕他扰乱军心，奋然道："时不可失，请公勿言，试观我战！"杨衮见刘崇卖勇，不再言语，拨马回归本队。

当时正刮着东北风，对位于北边的汉军十分有利，但是，刘崇攻击号令刚发出，风向转了，转为南风。有人以为风向不利，刘崇大怒，军令已出，焉有收回之理！让张元徽的左军率先行动，攻击对面后周的右军。左军对右军，右军对左军，有点像春秋时期晋楚的"城濮之战"。谁也没有料到，后周的右军将领马军都指挥使樊爱能、步军都指挥使何徽，竟然带着骑兵稍稍抵抗，即往后撤，丢下千余步兵，解甲降汉。汉将张元徽觉得奇怪，周军是否有诈？因为"城濮之战"中的晋军就是以退诱敌的。

柴荣正在中军观战，却是见状大惊，亲自挥动中军冲杀。后来的宋太祖赵匡胤，当时是殿前都指挥使张永德的部下、亲兵将领之一，见柴荣亲冒矢石，身先士卒，十分感动，高声疾呼：主上尚且奋不顾身，我等还惜性命吗？和张永德各带士兵，分两路奋力搏杀。李重进、向训等将领在柴荣的感召之下，也率兵拼死搏斗，汉兵顿时大乱。张永徽为北汉骁将，慌乱中马失前蹄，为周兵所杀。汉兵见状，更无斗志，大溃而逃。

刘崇这才知道柴荣亲在阵中，深悔自己轻敌，亲自挥动红旗收兵，以便再战，却止不住兵败如山倒，只得带领亲随落荒而逃。但慌不择路，本来应该向北，却向西跑到了后周控制的晋州，连忙折而向北，一夜三惊。刘崇此时刚届六十，年老力衰，一路上连惊带寒，回到晋阳已是精疲力竭，不久病死。

北汉兵和后周兵血战，前来助战的杨衮和辽兵怎么不见人影？原来，杨衮见刘崇不听自己的劝告，心中不快：既然你认为可以不用我们动手，那也很好，士兵不用流血，酬谢一文也不能少。特别是目睹了后周将士以一当百的强悍，不敢轻易出击，率军而退。

这位名叫"杨衮"的辽将，应是一位契丹化的汉人，曾随耶律德光南攻开封，因为立有战功，被赐以国姓"耶律"。后来流行"杨家将"的传说，把这位"杨衮"拉了进来，说是其自称"火山王"，为"令公"杨继业（即历史上的杨业）的父亲、"六郎"杨延昭的祖父。虽然十分离谱，但历史上的杨业的父亲杨信确实和杨衮同时代，又都是朔州一带有些契丹化的汉人，所以民间艺人用名气更大的"杨衮"，置换掉没有什么名气的"杨信"，同时给杨业加了一个"继"字。于是，杨延昭的父亲由杨业成了杨继业，杨继业的父亲换成了杨衮。这种张冠李戴、移花接木的事情，在中国古代的小说戏曲、当代的网络逸闻中，时时发生。所以，不能以小说戏曲为历史，也不能把网络逸闻当真实。

高平之役，柴荣一战成名。人们这才知道，过去不显山不露水的柴荣，竟然有如此的勇气。原来的低调，完全是为了自保的"韬晦"，关键时刻才露"峥嵘"。高平战罢，事情未了。当天晚上，柴荣和将士一样在野外宿营，凡步兵之降敌者，统统格杀勿论。大军继续北上，来到潞州，樊爱能等人也陆陆续续回归。诸位说，回来不是送死吗？远走他乡啊！但是，像他们这样有身份、有地位的人，又哪里舍弃得了自己的身份和地位？这是其一。其二，自己远走他乡，家人怎么办？其三，那个年代，将领临阵脱逃，屡见不鲜，樊爱能等人的稍战即走，恐怕也不是一次两次，每次受点责罚也就没事了。回来受责罚，总比远走他乡牵连家人的风险小得多。

樊爱能等人在纠结，柴荣也在纠结。既想诛杀樊爱能等人，以整肃军纪政令，又碍于众人都是宿将，怎么办？这天晚上，张永德正在柴荣帐中。张永德既是禁军统帅，又是郭威的女婿，与柴荣感情不比一般。柴荣问道，降敌士兵已杀，脱逃将领如何处置？张永德态度明朗："（樊）爱能等素无大功，悉冒节钺，望敌先逃，死未塞责。且陛下方欲削平四海，苟军法不立，虽有熊罴之士、百万之众，安得而用之！"（《资治通鉴·后周纪》）军无军纪，如何号令？

柴荣正躺卧榻之上，听了张永德一席话，翻身而起，将睡枕摔在地上，连声说好。立即将樊爱能、何徽及所部军使以上七十余人，统统收押，厉声喝道："汝曹皆累朝宿将，非不能战。今望风奔遁者无他，正欲以朕为奇货，卖与刘崇耳！"你们不是没打过仗，而是心怀二志，想把主人卖给敌人！说罢，立令斩首。但是，对于何徽，念其曾经有功，让人将其尸体车载以归，予以厚葬。

违令者斩，有功者赏。一面处死临阵逃跑的樊爱能、何徽等七十余人，一面奖赏冒死杀敌的李重进、向训、张永德、史彦超等数十人，不少士兵因为奋勇杀敌而直接提拔为将领。张永德极言赵匡胤的奋不顾身和智勇双全，柴荣即以赵匡胤为殿前都虞侯，与殿前都指挥使、副都指挥使同掌亲军，并兼严州刺史。

柴荣固然是一战成名，赵匡胤也是一战成名。

从此以后，骄将悍卒固然知道柴荣不行姑息之政，气焰有所收敛；全军上下，在朝在野，也尽知柴荣赏罚分明。整个国家的气象、社会的风气开始发生变化。

三、冯道不倒

虽然说战争都有风险，都无十分的胜算，但坦率地说，使柴荣一战成名的"高平之役",其实十分冒险,胜得十分侥幸。第一,由磁州西进从北边夹击刘崇、由晋州一带东进从西边夹击刘崇的军队,并没有出现在高平南原战场,因为这两路军都是奔向潞州而去的,而刘崇却弃潞州而趋泽州,说明柴荣的"庙算"有些纸上谈兵。第二,高平对垒时,河阳节度使刘词所率的后军尚未赶到,柴荣即向汉兵推进,不能不说是冒险。所以刘崇说后周兵少,后汉兵足以应付。第三,樊爱能、何徽的右军一战即溃,更是柴荣万万没有想到的,可见对将领并不了解。如果不是张永德、赵匡胤等人誓死捍卫柴荣,结局会怎样?第四,如果刘崇不是那样轻敌,契丹杨衮部也投入战斗,后果又会怎样?

但是,高平之役毕竟胜了,人们也就没有追究柴荣的失误。但这个失误,柴荣自己倒是有所认识,所以战后一面处置樊爱能等、奖赏李重进等,一面让人释放认为不应冒进的亲兵某指挥使和传话的内侍。但是,内心的一个榜样,使得柴荣一心一意要扫平"四海",所以有进而无退。

柴荣以谁为榜样?唐太宗李世民。得知刘崇联合契丹南下的消息之后,围绕着是否"御驾亲征"之事,刚刚继位的柴荣和一位老资格政治家发生了一场论战。这位老资格政治家就是人称"不倒翁"的冯道。

我们曾说李克用的儿子、后唐的创建者李存勖是五代时期一大奇葩,冯道更是奇葩中的奇葩。当然,奇葩各有不同。李存勖之奇,奇在战场上是杰出的战略战术家,战场外则是天才的表演艺术家;冯道之奇,奇在"五代"更替纷繁,却历事后唐、后晋、后汉、后周四朝,侍候十个皇帝,不离将相、三公、三师之位,是真正的"不倒翁"。契丹耶律德光进开封,冯道照样"不倒",并自称"无才无德,痴顽老子"。直到郭威称帝、柴荣继位,冯道又以后汉的宰相转身为后周宰相,越做越滋润。

司马光《资治通鉴》记载了冯道和柴荣之间关系李世民的论战。

柴荣御驾亲征，众臣开始反对，见柴荣主意已定，不再吭声，唯独冯道喋喋不休，切谏不已。

柴荣发怒了："吾见唐太宗平定天下，敌无大小，皆亲征。"

冯道见柴荣不听劝说，反要效法唐太宗，不觉可笑，情急之下，反唇相讥："未审陛下能为唐太宗否？"这就太过分了，不是当面损人吗？

柴荣豪气不减，说以我兵力之强，破刘崇就像以山压卵耳！

冯道咄咄逼人地又问了一句："未审陛下能为山否？"（《资治通鉴·后周纪》）

柴荣没有再和冯道理论，而是御驾亲征，一战成名，但正如冯道所言，周军并无以山压石的优势。对于这件事情，欧阳修作《新五代史》时觉得奇怪，说"道前事九君，未尝谏诤"。柴荣刚要做出第一个重大决策，冯道竟然一反常态，做出了自己一生最为激烈的抗争。有学者解释，冯道认为柴荣是他一生以来所遇到的第一奇男子、第一明君，所以才知无不言、言无不尽。此说有理，但更重要的，恐怕还是冯道不希望看到刚刚稳定下来的后周，因为新君的莽撞而重新陷入战乱之中。但是，尽管君臣之间有这场论战，柴荣又一战成名，却并没有忌恨冯道。高平之战后，73 岁的冯道去世，柴荣给了冯道崇高的礼遇：辍朝三日，册赠尚书令，追封瀛王，谥曰"文懿"。

薛居正的《旧五代史》高度评价冯道："道历任四朝，三入中书，在相位二十余年，以持重镇俗为己任，未尝以片简扰于诸侯。""道之履行，郁有古人之风；道之宇量，深得大臣之体。"而且，冯道居官廉洁、生活节俭。（《旧五代史·冯道传》）但是，批评冯道事四朝，如一女嫁多夫。所以，谥号也只能是"文懿"，而不得为"文贞"或"文忠"。薛居正矛盾，欧阳修、司马光也很矛盾。

欧阳修客观记载冯道在五代受到的崇高礼遇。冯道死去之后："时人皆共称叹，以谓与孔子同寿，其喜为之称誉盖如此。"（《新五代史·冯道传》）孔子死时 73 岁，冯道死时也是 73 岁。这种评价，在整个五代时期，没有第二人。但同时，欧阳修对冯道做了比薛居正严厉得多的抨击，直斥其全无廉耻："廉耻，立人之大节。况为大臣而无廉耻，天下其有不乱，国家其有不亡者乎！"因为冯道不但事四朝，还写了一篇《长乐老自叙》，不以事四朝为耻，反以为荣，津津乐道。

司马光也承认，冯道是以"孝谨清俭""滑稽多智"，特别是以"德量"为世人所称，但鞭挞更为猛烈，斥其为"奸臣之尤"，奸臣中的奸臣，奸臣中的典型。

应该说，薛居正、欧阳修、司马光都没有错，但冯道也没有错，错的是时代。他们之间价值观的不同，是时代所造成。薛居正等人生逢北宋，正是"三纲五常"的"忠孝"观上升为中国"道统"核心的时代，忠君即爱国，爱国得忠君。但唐末五代不同，朝代更替，生灵涂炭，社会的安定、民众的生死才是第一位的。

严格说来，冯道才是孟子"君臣观"的真正践行者："民为贵，社稷次之，君为轻。"不管谁建皇朝、谁做皇帝，在冯道的眼里，统统都是"过客"，他一如既往做自己该做的事情。救死扶伤，安顿百姓，尽快恢复战后秩序，在冯道看来，这才是当时的头等大事。所以，在那个时代，无论是统治者还是普通民众，都认同冯道。哪个皇朝的创建者、统治者不希望恢复秩序、不希望稳定？生逢乱世的民众，是关心谁做皇帝、是哪家皇朝，还是关心社会尽快安定、生活尽快安稳？如果怪罪冯道没有效忠一朝，五代又有哪一朝真正能代表道义？

说到柴荣给冯道的谥号，"懿"为美，为美德。古代"谥法"，"柔克"为懿，"温柔圣善"为懿，"文懿"恰恰表现了冯道的行事作风。"文懿"就一定比"文贞""文忠"差？至于冯道的《长乐老自叙》，实为"心灵鸡汤"。无法改变大环境、大格局时，难道一味唉声叹气、怨天尤人？我们常说，最好的歌声、最好的舞蹈，是民众在劳动中创造。但创造这些美好歌声、美好舞蹈的劳动人民，不正是在"水深火热"

中进行创作吗？

严格地说，冯道和司马光以及他们的作品所表现出来的价值观的不同，正反映出从隋唐五代到两宋中国社会和社会观念的重大变化。

四、天护英才

柴荣为冯道之死而"辍朝"时，并不在开封，而是在往晋阳的征程之上。各路大军到齐之后，柴荣率军继续向北进发，打算在晋阳耀兵而回。但是，一路之上，官吏归降、民众拥护，柴荣感动又激动，决定趁势灭了北汉。但是，晋阳坚城，易守难攻，大军又没有做好长期作战的准备，契丹再一次出兵增援北汉。最终，后周损兵折将、辎重多弃，无功而返。周、汉之间的战争，严格地说，是一胜一负，后周先胜而后负。后周世宗柴荣，并不像一些教科书所说，所向无敌。

人是需要历练的。高平之役，增强了柴荣的信心；晋阳之退，则磨砺了柴荣的意志。应该说，经过这一胜一败，才逐渐成就柴荣成为五代时期的第一奇男子。

从晋阳回到开封之后，柴荣把更多精力放在了"内政"上，推行了一系列措施以发展经济、改革吏治。略举其要：

一、鼓励开荒，试图均田。国以民为本，民以食为天。柴荣将招徕、安抚因为战争而流失的人口，鼓励开垦因战争而抛荒的土地，以此为当务之急。同时，命人复制中唐元稹所编《均田图》，颁布各地，试图重新推行唐朝的"均田制"。虽然并没有真正实行，也难以实行，但柴荣的"重农"思想，于此可见。

二、整顿税法，均平田赋。唐末五代，各个政权如走马灯一般，为了抓紧搜刮民财，粮未收割、布未下机，就在开始征税。柴荣下令，夏税以六月、秋粮以十月开始起征，使得唐朝开始推行的"两税法"，真正重新按夏秋两季收税。这个措施的更大意义，是显示政府的稳定，民心也因此稳定。同时，免除民众所欠赋税，将唐末五代时期的身份性家族纳入征税范围，国家财政充实，民众的负担降低。

三、僧众还俗，增加财力。由于战乱，也因为逃避赋税及其他原因，大量人口进入寺院，导致国家税户大减。柴荣下令，将三万余所没有经过政府批准的寺院废除，数以十万计的僧众还俗。这是继北魏太武帝拓跋焘、北周武帝宇文邕、唐武宗李炎打击佛教即"三武灭佛"之后，对佛教的又一次重大打击，目的当然是国家控制更多的人力和财力。

同时，制定《大周刑统》，统一法律；兴修水利，改善农业条件；裁减冗官，节省财政节支。

这些措施，既巩固了后周政权，也为柴荣继续效法唐太宗李世民提供了经济保障。军事上的节节胜利，则为柴荣赢得了更大的支持。后周军队向西，攻占了由"十国"之中后蜀所占领今陕西与甘肃结合部的秦州（甘肃天水）、凤州（陕西凤县）、成州（甘肃成县）、阶州（甘肃武都）；向南，攻占了"十国"之中南唐江淮之间的十四州六十县，把势力推进到长江北岸。

此后，柴荣开始了他更大的军事行动。公元959年三月，北上伐辽，试图夺回由后晋石敬瑭时期割让给辽的"燕云十六州"。大军连取益津、瓦桥二关，以益津为霸州、瓦桥为雄州；又取宁、瀛、莫三州，皆兵不血刃。柴荣振奋起来，与诸将商议进取幽州。但众将对攻幽州没有信心，认为幽州与宁、瀛、莫诸州不同，乃辽国重兵所在，而且，辽国已经知会北汉，形成联军，不可轻敌。柴荣打算力排众议，继续进军，但就在当天晚上，突然病重，只得罢兵而归。前方来报，已经攻取了易州。但柴荣已经无法北上，五月回到开封，六月竟然病逝，时年39岁。

对于柴荣的去世，人们有诸多惋惜，难道是"天妒英才"？如果柴荣不死，是否应该夺回燕云十六州？其实未必。就我看来，柴荣此时病重去世，更准确地说是"天护英才"。柴荣如果力排众议，直取幽州，结果恐怕不会比五年前进攻晋阳的结果更好。

柴荣的去世，意味着"五代"的终结，新时代即将开启。"五代"以柴荣谢幕，应该说是比较圆满的句号。

大家可能要问，"五代十国"，"五代"谢幕，"十国"怎么样？"十国"仍然在持续，它将在北宋时期谢幕。我们也将在《国史通鉴》的"辽宋金元"篇，讲述"十国"的始末。